문제해결식 접근법에 따른 초등수학 지도법

문제해결식 접근법에 따른 초등수학 지도법

초판 인쇄 2020년 1월 13일
초판 발행 2020년 1월 20일
지은이 이대현
펴낸이 최국주
펴낸곳 동명사
출판등록 1950년 11월 1일(제1-76호)
주소 (우 10881) 경기도 파주시 회동길 50(문발동)
전화 031-955-7200(대표)~2, 7203(편집부), 7204(물류)
팩스 031-955-7205
전자우편 webmaster@dmsbook.com
홈페이지 www.dmsbook.com

東明社

ISBN 978-89-411-8209-2 93370
값 20,000원

머리말

현재의 수학교육은 4차 산업혁명 시대를 살아갈 학생들이 자기 주도적으로 지적 가치를 창출해 낼 수 있는 능력을 기르는데 관심을 두고 있다. 이를 위해 학생 스스로 수학적 지식을 탐구하고 문제를 해결해 갈 수 있는 학습 환경을 조성해 주는 것이 더욱 요구된다. 이에 2015 개정 수학과 교육과정은 창의·융합형 인재를 양성하고, 교과 역량을 갖춘 학생들을 기르기 위하여 개정·고시되기도 하였다.

수학은 오랜 역사를 가지고 있으며, 특히 생활 속에서 부딪치는 문제를 해결하는 과정에서 점진적으로 수학화 되어 마지막에는 형식화된 수학으로 안착되는 역사를 가지고 있다. 예를 들어, 균등분배 상황이나 정수로 측정되지 않는 양을 나타내야 하는 맥락에서 분수의 필요성이 대두되었고, 그런 과정으로 태동된 분수는 자연수의 부족한 부분을 메꾸는 수로 자리매김을 해 왔다.

오랜 역사를 통해 형식화된 수학을 '학문 수학'이라 한다면, 학교에서 다루는 수학은 이를 가르칠 학생들의 능력과 수준 및 인지 구조에 적합하도록 교수학적 변환을 하여 재구성한 '학교 수학'이라고 할 수 있다. 학교 수학을 경험하는 학생들은 수학을 어려워하며 힘든 과목으로 생각하고 꺼리기도 한다. 한 연구에 따르면, 수학에서 부진아 발생의 시초가 되며, 학생들이 수학을 싫어하는 단계가 분수를 배우면서부터라는 이야기도 있다. 그것은 수학이 구체에서 벗어나 본격적으로 형식화·추상화되기 시작하는 단계라고도 할 수 있으며, 학생들이 문제해결에 실패를 경험하는 단계라는 것도 이야기할 수 있는 것이다.

수학 문제해결의 경험을 통해 성공을 맛보는 학생들은 수학에 대한 긍정적인 생각과 도전정신을 지속적으로 가질 것이고, 실패를 경험한 학생들은 더 이상 경험하고 싶지 않은, 가능하다면 피하고 싶은 과목이 될 것이다. 학생들이 수학 문제해결에서 실패를 하지 않고 성공을 경험하도록 할 수 있는 방법의 하나는 수학자들이 수학을 탐구하는 과정과 방법을 따르면서 경험을 축적하는 것이 한 가지 답이 될 수 있을 것이다. 그렇지만 많은 수학자들은 자신의 성공적인 문제해결 경험을 기록해 두지 않았고, 따라서 성공적인 문제해결의 경험은 스스로 체득하는 방법만이 최선일 수 있는 것이다.

그럼에도 불구하고 몇몇 수학자들은 자신의 문제해결 경험을 되돌아보며 자서전적인 글을 남겼는데, 공통적인 관심 내용은 문제해결에는 직관적 탐구 단계와 형식적인 탐구 단계가 필요하다는 것이다. 때로는 직관적 사고의 힘을 통해 문제해결의 실마리나 단서를 찾아 즉각적으로 문제를 해결할 수 있고, 이것은 다시 논리적 사고 과정을 통해 형식화된 수학으로 재구성해 낼 수 있는 것이다. 학교 수학에서도 이러한 것을 자주 경험할 수 있는데, 때로는 그림을 그려서 즉각적으로 문제를 해결할 수도 있고 이를 식으로 정선하기도 하는 것이다.

이 책은 수학의 발견과 탐구 과정에서 중요한 기능을 하는 직관적 사고와 논리적 사고의 중요성을 인식하고, 수학 문제해결에 직관적 탐구 단계와 형식적 탐구 단계로 이루어진 문제해결식 접근법에 의한 문제해결 방법을 제시하였다. 물론 수학을 하는 이유는 이를 통해 실생활의 문제를 해결하기 위해서이기 때문에 문제해결식 접근법에서는 문제 만들기와 같은 적용 단계를 구성하였다. 초등수학의 내용을 직관적 탐구 단계와 형식적 탐구 단계, 그리고 적용 단계로 나누어진 문제해결식 접근법으로 경험함으로써 학생들은 문제해결 능력을 기르고, 학교 수학을 새로운 방식으로 경험하게 될 것이다.

이 책은 모두 10개의 장으로 구성되어 있다. 먼저 1, 2장에서는 문제해결 지도에 필요한 기본 지식을 탐구하도록 하였다. 수학 문제해결 지도의 중요성과 문제해결 이론 및 이 책에서 제안하는 문제해결식 접근법에 대한 안내가 이루어질 것이다. 3장에서 9장까지는 초등학교 교육과정에 제시된 학습 내용을 문제해결식 접근법으로 해결해 가면서 학교 수학 내용을 익히도록 구성하였다. 각 주제는 초등 수학의 모든 내용을 다룬 것이 아니라, 각 영역별로 주요 주제를 중심으로 구성하였다. 따라서 독자들은 이 책에 제시된 내용에 덧붙여 이 책에서 다루지 않은 내용에 대해서도 문제해결식 접근법으로 탐구할 수 있는 근간을 마련할 수 있을 것이다. 마지막 10장은 문제해결과 평가에서 과정중심 평가에 대한 간단한 아이디어와 국제학업 성취도 평가 문항을 예시로 제시하였다.

문제해결 능력은 단 시간의 훈련으로 길러지는 것이 아니라, 오랜 시간을 두고 꾸준히 생각하고 탐구해 가면서 점차로 길러지는 것임을 알고 있다. 이 책에서 제시한 문제해결식 접근법에 따라 여러 가지 방법으로 문제를 해결해 볼 수 있는 기회를 가지길 기대해 본다. 마지막으로 이 책이 출판되기까지 노력해 주신 동명사 관계자님들에게 감사의 말씀을 드립니다.

2019년 12월에 풍향골에서 저자

차례

1장 수학 문제해결 지도의 의의

함께 해결할 탐구 문제

어느 반 남학생의 $\frac{2}{3}$와 여학생의 $\frac{3}{5}$이 남학생과 여학생 각각 1명씩 프로젝트 팀을 구성하였다. 이 반의 전체 학생 중에서 프로젝트 팀을 구성한 학생과 팀을 구성하지 않은 학생의 비율을 구하시오.

문제해결 전략 1 시행착오 전략을 이용하여 남학생의 수와 여학생의 수가 같아질 때의 학생 수를 구해 본다. 남학생의 $\frac{2}{3}$가 프로젝트 팀을 구성하였으므로, 팀을 구성한 남학생과 팀을 구성하지 않은 남학생의 비는 $2:1=4:2=6:3=8:4=\cdots$이고, 여학생의 $\frac{3}{5}$이 프로젝트 팀을 구성하였으므로, 팀을 구성한 여학생과 팀을 구성하지 않은 여학생의 비는 $3:2=6:4=9:6=\cdots$이 된다. 따라서 남학생과 여학생의 수가 같아지는 경우는 남학생의 경우에 6:3이고, 여학생의 경우에 6:4가 된다. 그러므로 팀을 구성한 학생과 팀을 구성하지 않은 학생 수의 경우 중 한 가지는 12명과 7명이 되기 때문에 팀을 구성한 학생과 팀을 구성하지 않은 학생의 비율은 12:7이 된다.

문제해결 전략 2 그림을 이용하여 남학생과 여학생의 수가 같아지도록 그림을 재구성한다. 아래 그림에서 남학생과 여학생이 팀을 구성하려면 빗금 친 부분의 수가 같아야 하므로 남학생의 그림에서는 각 칸마다 3개씩, 여학생의 그림에서는 각 칸마다 2개씩 분할하면 오른쪽 그림이 된다. 따라서 팀을 구성한 학생과 팀을 구성하지 않은 학생의 비율은 12:7이 된다.

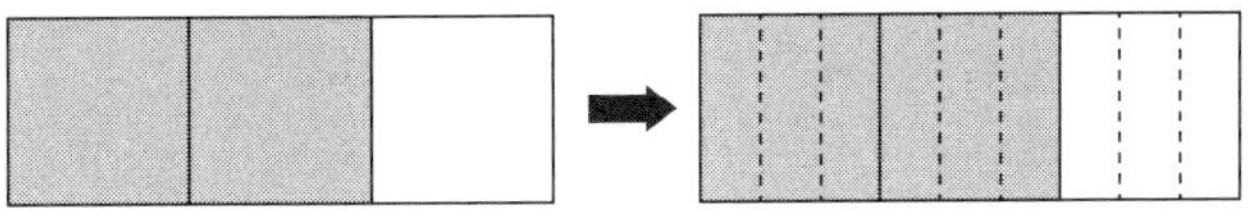

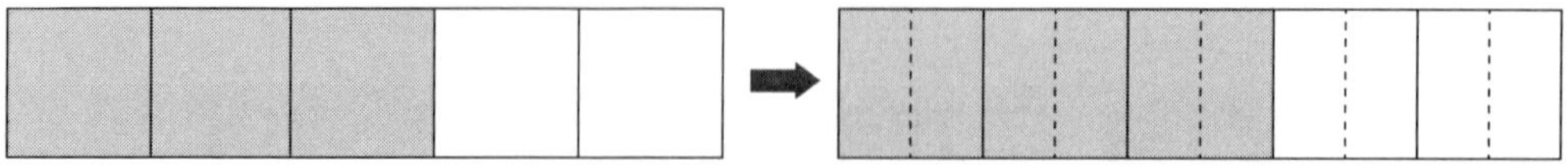

문제해결 전략 3 식을 이용하여 남학생의 전체 수를 x, 여학생의 전체 수를 y라 하면 다음 식이 성립한다.

$$\frac{\frac{2}{3}x+\frac{3}{5}y}{x+y}=\frac{\frac{10}{15}x+\frac{9}{15}y}{x+y} \quad \cdots\cdots ①$$

$$\frac{2}{3}x=\frac{3}{5}y \text{에서 } 10x=9y \quad \cdots\cdots ②$$

②를 ①에 대입하면 $\frac{12}{19}$이므로 팀을 구성한 학생과 팀을 구성하지 않은 학생의 비율은 12:7이 된다.

ㅁ위의 문제와 유사한 문제를 만들어 보고, 그 문제를 해결해 보시오.

내가 만든 문제	문제해결 전략

1-1. 문제의 의미[1)]

고대 바빌로니아와 이집트에서 태동되고 발전해 온 수학은 일상에서 부딪치는 문제뿐만이 아니라, 수학 자체의 심오하고 추상적인 문제를 해결하는 과정의 연속이었다. 오랜 기간 동안 유클리드의 원론(Elements) 탐구에 중점을 두었던 수학교육은 1900년대에 들어서면서 수학교육을 개선하기 위한 움직임으로 새로운 국면을 맞이하게 되었다. 이후에 수학교육 현대화 운동과 기초 기본을 중시하는 시기를 거쳐 'An agenda for action'을 계기로 1980년대에는 학교수학의 중요한 핵심으로 문제해결이 대두되었다(NCTM, 1980). 이를 계기로 학생들의 수학 문제해결력을 신장시키기 위한 다양한 방안들이 제시되었고, 그 중에서 가장 핵심은 학생들이 해결할 좋은 문제를 제공하는 것이 되었다(Lenchner, 1983).

일반적으로 문제(problem)라는 용어의 사전적 의미로는 pro(앞으로)와 ballein(던진다)이 합쳐진 단어로, '명료하지 않다. 알고 싶다. 해결하고 싶다.' 등의 뜻을 가지고 있다. 그럼에도 불구하고, 수학에서 문제에 대한 정의는 여러 가지로 제시되고 있는데, Lester(1978)는 '처음에는 정확한 답에 이르는 길을 알지 못하지만, 해결 결과가 요구되는 개인이나 단체에 부과된 양적인 장면, 즉 개인이나 집단이 해결하려는 과제로, 해결을 위한 구체적이거나 확실한 방법을 쉽게 얻을 수 없는 어떤 상황'으로 문제를 정의하고 있다.

또한, Krulik & Rudnick(1984)은 '어떤 해답을 요구하는 상황으로, 그 상황은 물음의 형태로 학생들에게 받아들여져야 하며, 학생들이 곧 바로 해에 이르는 올바른 경로를 찾지 못하고 당황하거나 어떤 장벽을 느끼는 것'이라고 문제를 정의하고 있다. Van De Walle(2004)는 '학생들이 외운 공식, 방법으로 곧바로 풀 수 없거나, 해결 방법이나 전략이 구체적으로 정해지지 않은 과제나 활동'으로 문제를 정의하고 있다.

일반적으로 학생들이 수학에서 해결해야 하는 상황으로 제시되는 과제와 관련하여 세 가지 용어가 거론되는데, 문제(Problem), 연습문제(Exercise), 질문(Question)이 그것이다. 이들 용어는 학교수학에서 각기 다른 의미로 쓰이며, 학생들의 문제해결력 신장을 위해서는 이를 구별하여 적절하게 사용할 필요가 있다.

---

1) 이 장의 내용은 이대현, 최승현(2011)의 내용을 발췌하여 재구성하였음.

① **문제**: 문제는 과거의 지식만을 이용하여 곧바로 해결할 수 없는 과제로, 이를 해결하기 위하여 이 전에 학습한 내용을 종합하고 분석하는 주의 깊은 사고뿐만 아니라, 문제를 해결하는데 필요한 방법이나 전략을 찾아 적용해야 하는 과제이다. 또한 아무리 좋은 문제라 할지라도 학생들이 문제를 적극적으로 해결하려는 의지가 있어야 도전적인 문제가 되는 것이다. 이런 면에서, 문제란 '문제해결자가 주어진 과제를 해결하고자 하는 의지를 가지고 있지만, 즉각적으로 무엇을 해야 할지 모르는 과제'를 가리킨다.

② **연습문제**: 연습 문제는 '문제해결의 절차가 이미 알려져 있으며, 한 두 개의 알고리즘을 적용함으로써 쉽게 풀 수 있는 과제'를 의미한다. 즉, 연습문제는 학습의 결과로 얻은 지식을 이용하여 곧바로 해결 가능하기 때문에 문제해결에 필요한 절차나 알고리즘을 상기하여 적용하면 해결할 수 있는 과제를 의미한다.

③ **질문**: 질문은 '이미 학습한 내용을 회상하도록 요구하는 물음'으로, 학습한 내용을 올바르게 이해하고 기억하고 있는가를 확인하기 위한 목적을 가진다. 즉, 문제해결 맥락에 필요한 지식을 묻고, 이에 답하는 과정에 제시되는 과제가 질문이다.

학생들의 수학 문제해결력을 길러주기 위하여 Lenchner(1983)는 문제와 연습문제를 구별할 필요성을 제기하고 있는데, 이 둘을 비교하기 위하여 다음과 같이 문제와 연습문제의 유형을 예로 들고 있다.

주머니에 10원 짜리 동전 3개, 50원 짜리 동전 3개, 100원 짜리 동전 2개가 있다.

(1) 주머니에 있는 동전의 개수는 몇 개인가?

(2) 주머니에 있는 동전은 전부 얼마인가?

(3) 주머니에 있는 두 개의 동전을 이용하여 살 수 있는 가장 비싼 물건 가격과 가장 싼 물건 가격은 얼마인가?

위의 예에서 (1)~(3)은 알고리즘을 이용한 간단한 계산을 통하여 답을 쉽게 구할 수 있는 연습문제이다. 한 가지 예를 들어 (2)번의 경우에는 곱셈과 덧셈 알고리즘을 이용하여 10×3+50×3+100×2=380원을 구할 수 있는 연습문제인 것이다.

그렇지만 다음에 제시되는 문제는 즉각적으로 해결할 수 있는 방법을 적용하기에 어려움이 있다. 따라서 다음 (4)~(5)는 문제를 풀기 전에 문제를 해결할 수 있는 적절한 문제해결 전략을 결정하여야 한다. 그래서 이들을 문제라고 부를 수 있다.

(4) 이 동전을 이용하여 지불할 수 있는 돈의 양은 모두 몇 종류인가?
(5) 이 동전을 이용하여 지불할 수 있는 모든 방법의 수는 몇 가지인가?

문제와 연습문제의 구별에도 불구하고, 각각의 용어는 학생들에 따라 상대적인 의미를 가지고 있으며, 학생 자신에게도 그 과제를 다루는 시간에 따라 다른 의미를 가질 수 있다. 즉, 문제와 연습문제의 구별은 모든 학생들에게 공통의 척도를 가지고 판정할 수 있는 것이 아니며, 학생들의 수준과 시간에 따라 달라질 수 있다. 어떤 학생에게는 문제로 분류될 수 있는 반면에, 다른 학생에게는 알고리즘의 단순한 적용을 통해 쉽게 해결할 수 있는 연습문제로 인식될 수 있고, 또 다른 학생에게는 단순히 기억하고 있는 사실을 회상해 내기만 하면 되는 질문이 될 수도 있다. 다음 문제를 살펴보자.

문제 한 상자에 14개씩 들어 있는 과자를 5상자 사면 모두 몇 개의 과자를 사게 되는지 구하시오.

이 문제의 경우에 (두 자리 수)×(한 자리 수)의 계산 원리를 배우고 기억한 학생들은 14×5를 생각해 내고, 이를 계산하여 70을 답할 수 있을 것이다. 이 학생에게 이 문제는 '연습문제'에 불과한 것이다. 그렇지만, 아직 (두 자리 수)×(한 자리 수)의 계산 원리를 배우지 않은 학생의 경우에도 다음과 같은 문제해결 방법을 적용하여 이 과제의 답을 구할 수 있는 '문제'인 것이다.

- 10개씩 5상자이면 50개이고, 4개씩 5상자이면 20개가 되므로 70개가 된다. 이러한 사고 방법에는 14×5=(10×5)+(4×5)와 같은 분배법칙이 적용되고 있는 것이다.
- 어떤 수를 곱할 때 그 수를 분해하여 10의 곱이 되도록 하여 계산하면 편리하게 구할 수 있다. 이러한 방법에는 14×5=(7×2)×5=7×(2×5)=7×10=70과 같은 결합법칙이 적용되고 있는 것이다(Empson & Levi, 2011).

수학 교실에서 다루어지는 많은 문제는 교사나 교과서에 의하여 제시된다. 이러한 문제는 현실 세계를 반영하기보다는 주로 인위적으로 조작된 가공의 세계를 반영한다. 또한 문제해결의 경로가 정형화되고 문제해결 과정과 결과가 유일하다는 단점을 가질 수 있다. 따라서 학생들의 문제해결력을 신장시키기 위하여, 교사는 제시할 문제가 학생들에게 적합한 문제인지, 학생들의 다양한 수학적 사고를 열어줄 수 있는 문제인지를 평가하고 선택하는 것이 중요하다. Lenchner(1983)는 이러한 의미에서 좋은 문제를 선택할 수 있는 몇 가지 지침을 제시하고 있는데, 다음과 같은 것을 들 수 있다.

학생들이 문제 풀기를 원하도록 충분히 흥미 있고 도전적이어야 한다. 일반적으로 교과서에 제시된 문제들은 문장제와 같은 실생활 문제도 있지만, 표준화된 알고리즘을 활용하여 해결할 수 있는 정형화된 문제들이 대부분이다. 이에 반해, 퍼즐이나 게임과 같은 문제들은 학생들에게 문제해결에 흥미와 재미를 줄뿐만이 아니라, 다양한 전략을 구사할 수 있는 도전적인 문제이다. 다음 예시 문제를 살펴보자.

문제 한 나그네가 늑대와 염소, 그리고 아주 커다란 양배추와 함께 강둑에 도착하였다. 나그네는 강을 건너기 위한 배가 하나밖에 없다는 걸 알았다. 그 배는 둘까지만–나그네와 두 동물 중 하나 아니면 양배추–태울 수 있다. 만약 셋 중 둘을 내버려두고 떠나는 상황이라면 염소는 양배추를 먹을 것이고, 늑대는 염소를 잡아먹을 것이다. 늑대는 양배추를 먹지 않는다. 어떻게 하면 나그네가 그의 동물들과 양배추를 가장 적은 횟수로 강을 오가며 강 건너편으로 안전하게 옮길 수 있을까?

앨퀸의 퍼즐로 알려진 위 문제는 배열에 대한 수학적 구조를 찾는 문제이다. 이러한 퍼즐은 배열(경우의 수, 순열과 조합)과 관련된 여러 가지 경우의 수를 구하는 문제로 발전하게 되었다. 수학의 역사에서 이와 같이 퍼즐은 문제해결에 통찰이 요구되고, 일련의 추측을 통해 정리로 발전하고 결국 증명으로 이어지는 과정을 거치게 되었다.

다양한 문제해결 방법을 통하여 해결할 수 있어야 한다. 한 문제는 한 가지 방법만으로 해결되는 것이 아니라, 다양한 해결 방법으로 해결될 수 있다. 따라서 여러 가지 방법으로 해결할 수 있는 문제를 제시하여 다양한 사고를 이끌어 내는 것이 중요하다. 다음 예시 문제를 살펴보자.

문제 인생의 $\frac{1}{6}$은 어린 시절, $\frac{1}{12}$은 청소년 시절, $\frac{1}{7}$은 총각 시절로 보낸 사람이 있다. 그 사람은 결혼한 지 5년 후에 아들을 낳았는데, 아들은 아버지보다 4년 일찍 죽었다. 아들의 수명은 아버지 수명의

$\frac{1}{2}$이었다고 한다. 아버지는 몇 살에 죽었을까?

이 문제는 수학자 디오판투스의 묘비 문제로 알려져 있는데, 문제에 몇 가지 조건을 이용하여 식으로 표현해 보자. 그러면 x=아버지가 산 나이, y=아버지가 결혼 후 산 나이, z=아들이 산 나이라고 하여 다음의 식을 얻을 수 있다.

$$\frac{x}{6}+\frac{x}{12}+\frac{x}{7}+y = x, \qquad 5+z+4 = y, \qquad \frac{x}{2} = z$$

이것을 풀면 디오판투스는 84살까지 산 것이다. 다음으로 인생의 여정은 선형적인 시간 여행이라는 것에 착안하여 이를 선으로 나타내어 해결할 수 있다. 즉, 디오판토스의 인생을 아래와 같이 선으로 나타내면, 디오판투스의 나이 x에서 아들의 나이를 뺀 나머지의 합이 $\frac{x}{2}$가 됨을 알 수 있다. 즉 $\frac{x}{2} = (\frac{1}{6}+\frac{1}{12}\times\frac{1}{7})x+9$이므로 이를 풀면 디오판투스는 84살까지 산 것이다.

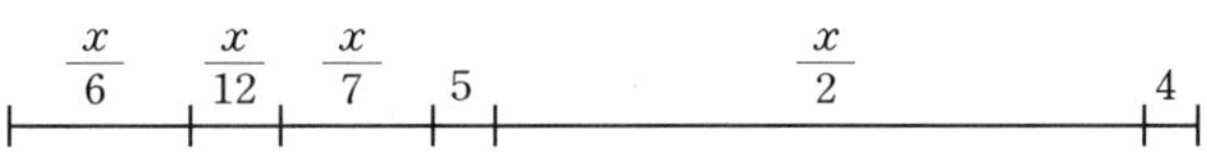

마지막 방법으로 인생의 각 시절을 나타내는 수는 자연수이고, 문제에는 이 부분을 나타내는 기간이 분수로 표현되어 있으므로 각 시절을 나타낸 수는 분모의 배수가 되어야 한다. 각 분수의 분모인 6, 12, 7, 2의 최소공배수를 구해 보면 84이다. 각 시절을 나타낸 분수에 이를 곱해보면 어린 시절은 14년, 청소년 시절은 7년, 총각 시절은 12년, 아들의 수명은 42년, 여기에 결혼 후 아들을 낳기 전 5년과 아들이 죽은 후 4년을 더하면 디오판투스는 84살까지 산 것이다(Evynck, 1991). 이와 같이 한 가지 문제는 여러 가지 방법으로 해결할 수 있으며, 이것은 학생들의 수학적 창의성을 길러주는 데에도 유익하다.

제시된 문제는 다른 문제와 관련되어야 하며, 다양한 영역으로 확장 가능해야 한다. 한 가지 문제는 그 문제에 대한 해결에서 끝나는 것이 아니라, 계속하여 문제를 제기하여 해결할 수 있으면 좋다. 다음 예시 문제를 살펴보자.

문제 아래 그림과 같이, 각 모서리의 길이가 3cm인 정육면체의 겉면에 페인트를 칠한 후, 각 면을 1cm씩 잘라서 27개의 $1cm^3$ 정육면체로 나누었다. 어느 면에도 페인트가 칠해지지 않은 $1cm^3$ 정육면체의 수를 구하여라.

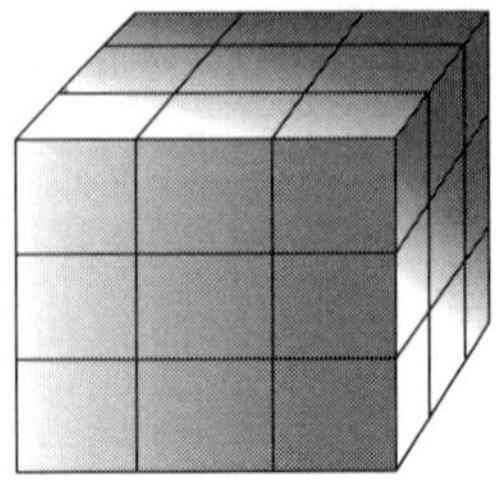

이 문제에서 어느 면에도 페인트가 칠해지지 않은 1cm³ 정육면체는 한 개임을 알 수 있다. 그러면 이 문제를 다음과 같이 확장할 수 있다. 또한 입체에서 평면으로, 선분으로 도형을 바꾸어 유사한 문제를 만들어 도전해 볼 수도 있다.

① 각 모서리가 4cm인 정육면체의 경우에 이 문제와 같은 조건에서 어느 면에도 페인트가 칠해지지 않은 1cm³ 정육면체의 수를 구하여라.
② 각 모서리가 5cm인 정육면체의 경우에 이 문제와 같은 조건에서 어느 면에도 페인트가 칠해지지 않은 1cm³ 정육면체의 수를 구하여라.
③ 각 모서리가 $n$cm인 정육면체의 경우에 이 문제와 같은 조건에서 어느 면에도 페인트가 칠해지지 않은 1cm³ 정육면체의 수를 구하여라.

학생들의 능력에 대한 적절한 기능 수준에 있어야 한다. 학생들에게 제시하는 모든 문제는 해결할만한 적절한 난이도를 갖춘 도전적인 문제이어야 하지만, 학생들의 지적, 정의적, 신체적 수준에 적합해야 한다. 이것은 문제의 배경 지식이 교육과정에 근거한 이론적 토대를 바탕으로 해결할 수 있는 수준을 유지해야 한다는 것이다. 그렇지만 교육과정 상의 상세한 진술에도 불구하고 학생들은 비형식적, 직관적 수준의 지식을 활용하여 해결할 수도 있기 때문에 제시되는 문제는 아이들의 해결 가능성과 탐구 정도를 판단하여 제시하여야 한다. 다음 예시 문제를 살펴보자.

문제 나는 막대 사탕을 7개 가지고 있다. 이 사탕을 동생과 똑같이 나누어 먹으려고 한다. 내가 먹을 수 있는 막대 사탕은 얼마만큼 인지 구하여라.

이 문제는 우리나라 교육과정(교육부, 2015)에 근거할 때 초등학교 5–6학년군의 '[6수01–

10] '(자연수)÷(자연수)'에서 나눗셈의 몫을 분수로 나타낼 수 있다'로 제시되어 있고, 그 해결 방법은 $7\div2=\frac{7}{2}$로 해결 가능하다. 그렇지만 어린 학생들도 일상에서 물건을 똑같이 나누어 본 경험을 통해 여러 가지 방법으로 해결할 수 있을 것이다.

학생 스스로 창안한 문제를 이용한다. 종전의 문제해결 수업에서는 주로 교과서나 교사에 의해 제시되는 문제를 학생들이 해결하는 과정으로 이루어져 왔다. 그렇지만 학생들이 스스로 문제를 만들어 해결해 보는 것은 원래의 문제와는 다른 새로운 문제를 만들고 그것을 분석함으로써 원래 문제를 그렇게 풀게 된 이유나 폭넓은 일반화, 형태에 대한 통찰을 통해 그 문제의 의미를 충분히 이해할 수 있다는 장점이 있다(이대현, 2019c). 다음의 예시 문제를 살펴보자.

문제 민이는 물통에 있는 물로 화분에 물을 주고 있다. 첫 날에 물통에 있는 물의 $\frac{3}{5}$만큼을 화분에 주었다. 다음 날에는 남아 있는 물의 $\frac{1}{4}$만큼을 화분에 주었다. 그랬더니 물통에는 3리터의 물이 남게 되었다. 처음 물통에 있는 물의 양을 구하여라.

이 문제를 해결하고 나서 학생들은 여러 유형의 문제를 만들어 낼 수 있는데, 다음은 학생이 만든 하나의 예시 문제이다. '저수통에 들어 있는 물을 A반에서 $\frac{2}{3}$만큼 이용하였고, 남아 있는 물의 $\frac{5}{6}$만큼을 더 이용하였더니 저수통에 물이 10ℓ가 남아 있었다. 처음 저수통에 있는 물의 양을 구하여라.' 이러한 문제의 경우에 문제에 포함된 분수나 나누어 쓰는 횟수 등에 따라 문제의 난이도가 달라질 수 있다.

한편, 문제해결에 대한 논의를 위해서는 문제 유형을 살펴볼 필요가 있다. Kantowski(1981)는 문제해결에 있어서 전략의 사용 정도와 방법에 따라 '언어적(verbal) 문제', '비정형적(nonroutine) 문제', '실생활 또는 응용(real-life and applied) 문제'로 그 유형을 구분하였다. Charles & Lester(1982)는 수학적 문제해결의 연구에서 문제 유형을 해결 단계와 활용 정도에 따라 다음과 같이 여섯 가지로 구분하였다. 첫째 '반복 문제'는 알고리즘을 사용한 반복 연습의 기회를 주는 문제로 주로 계산력을 신장시키는 데 도움이 된다. 둘째 '일단계 문제'는 문장제를 수식으로 번안하는 것이 필요하나, 하나의 연산을 포함하는 문제를 말한다. 셋째 '다단계 문제'는 문제 장면을 수식으로 번안하여 해를 구할 때 2개 이상의 연산이 요구되는 문장제를 말한다. 다음은 일단계 문제와 다단계 문제의 예이다.

[일단계 문제] 원이는 구슬을 63개 가지고 있고, 정이는 구슬을 47개 가지고 있다. 원이는 정이보다 몇 개의 구슬을 더 가지고 있는지 구하여라.

[다단계 문제] 영수는 8개씩 들어 있는 사탕을 5봉지 구입하였는데, 사탕이 부족하여 5개를 더 구입하였다. 영수가 구입한 사탕의 수를 구하여라.

넷째 '과정문제'는 단계적으로 사고하는 과정이 중시된 문제로, 몇 개의 연산을 이용해서는 해결할 수 없고 구체적인 해결 전략을 이용해야만 해결할 수 있는 문제를 의미한다. 다섯째 '응용문제'는 수학적 지식과 사고력을 활용할 기회를 주는 문제로, 일상생활 문제 장면의 해결에서 수학의 가치와 유용성을 느끼게 한다. 여섯째 '퍼즐 문제'는 오락적인 문제이지만, 사고의 유연성이 중시되며 교육적 게임도 이 문제의 유형에 포함된다. 다음은 과정 문제와 응용문제, 퍼즐 문제의 예이다.

[과정문제] 바둑대회에 5명이 참여하였다. 한 선수가 다른 선수와 각각 한 번씩 경기를 하면 모두 몇 번의 경기가 이루어지는지 구하여라.

[응용문제] 다음 두 그래프는 영수가 게임을 하는 시간을 다른 모양으로 그린 것이다. 영수는 아래 두 그래프를 그린 후, 평소 게임시간을 걱정하시는 부모님께 왼쪽 그래프를 보여드렸다. 왜 왼쪽 그래프를 보여드렸을지 생각을 써 보아라.

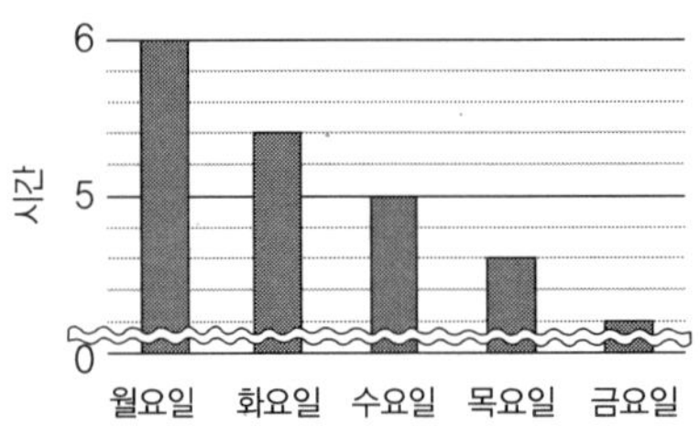

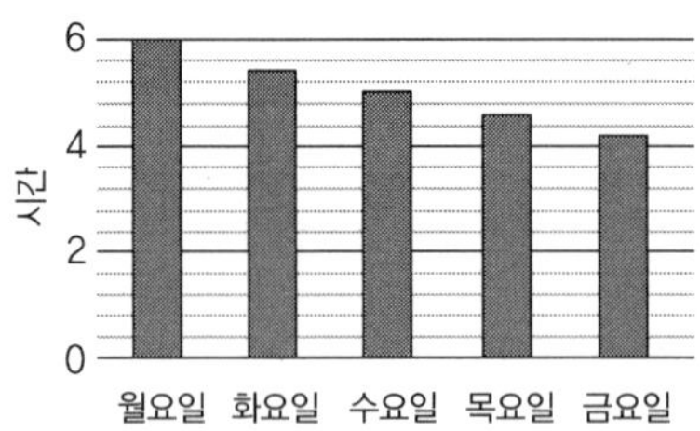

[퍼즐 문제] 파티에서 노란색, 파란색, 초록색의 3가지 색의 옷을 각각 입은 남자와 여자 세 쌍이 춤을 추고 있다. 이때 노란색 옷을 입은 남자가 옆에서 다른 남자와 춤을 추고 있는 초록색 옷을 입은 여자에게 이렇게 말을 했다. "우리 중에는 같은 색의 옷을 입고 춤을 추는 쌍이 하나도 없어." 그렇다면 노란색 옷을 입은 여자와 춤을 추는 남자가 입은 옷의 색깔은 무엇일까?

한편으로, 문제를 분류하는 보편적인 방법 중의 하나는 '정형 문제'와 '비정형 문제'로 구분하는 것이다. 정형 문제는 이미 제시된 알고리즘을 사용하여, 예를 들어 공식에 나오는 변수에 특정한 수를 대입하여 해결할 수 있는 문제나 전형적인 예제의 풀이 방법을 그대로 적용하여 해결할 수 있는 문제를 말한다. 비정형 문제는 문제를 해결하는 알고리즘이나 답을 얻는 방법을 모르는 상태에서 문제해결 전략이나 독자적인 해결 방법을 구안하여 풀어야 하는 문제를 말한다. 비정형 문제의 해결에서는 문제의 정답을 구했는가 하는 결과뿐 아니라, 문제를 해결하는 사고 과정 그 자체가 매우 중요하게 여겨진다. 다음에 제시된 두 가지 유형의 문제를 살펴보자.

문제 1 영수는 흰 구슬을 42개, 파란 구슬을 38개 가지고 있다. 영수가 가지고 있는 구슬의 개수를 구하여라.

문제 2 두 수의 합 42+38과 52+28은 어떤 점에서 같고, 어떤 점에서 다른지 가능한 많은 답을 적어 보아라.

위에 제시한 두 문제는 (두 자리 수)+(두 자리 수)라는 점에서 같지만, [문제 1]은 문제를 해결하는데 필요한 알고리즘을 적용하기만 하면 되는 반면에, [문제 2]는 두 식에서 공통점과 차이점을 수 개념이나 연산 감각 등을 활용하여 여러 가지로 제시할 수 있는 비정형화된 개방형 문제의 예이다.

1-2. 문제해결의 의미

문제해결은 수학 학습의 핵심으로, 수학 학습의 목적인 동시에 방법 중의 하나이다. 따라서 문제해결은 수학의 여러 프로그램과 분리하여 다루어질 대상이 아니라, 수학 학습의 통합된 부분이어야 한다(NCTM, 2000). 많은 수학적 개념과 절차는 수학 문제해결을 통해 가르쳐질 수 있는데(문제해결을 통한 수학 지도), 문제해결이 이루어지기 전에 수학적 아이디어에 대한 이해가 필요한 것이 아니라, 문제해결을 통한 활동의 결과로 수학적 아이디어를 얻게 되는 것이다.

문제의 의미가 학자마다 다양하게 정의되듯이 문제해결도 다양하게 정의되고 있는데, Polya(1962)는 문제해결을 '명확하게 인식하고는 있지만, 즉각적으로 성취할 수 없는 목적을 달성하기 위해 적절한 행동을 의식적으로 찾는 것'이라고 정의하고 있다. 또한 문제해결 과정을 통해 인간의 사고 과정을 탐구하고자 했던 컴퓨터 시뮬레이션 이론에서는 '원상태(Initial state),

목표상태(Goal state), 중간 문제 상태(Intermediate problem states), 조작자(Operator)'로 이루어진 문제 공간(Problem space) 개념을 이용하여 문제해결을 정의하고 있는데, 문제해결은 문제의 '원상태'로부터 '목표상태'까지의 문제 공간을 통과하는 하나의 경로(Path)를 탐색할 때 일어난다고 한다.

문제해결에 대한 정의를 종합하면 문제해결이란 '학생들이 주어진 문제 장면에서 부딪치는 장애를 해결하기 위해 기지의 수학적 지식이나 기능, 경험 등을 활용하여 새로운 해결책을 발견하여 해를 산출하는 것'이라고 할 수 있다. 종전의 학교 수업에서는 교사가 가르친 내용을 학생들은 연습하고 문제를 해결하도록 요구해 왔다. 이것은 문제해결이 학습과 분리되어 있고, 교사의 관점에서 교사의 시범과 학생의 수용이라는 수동적 관점에 의해 이루어지게 되어 진정한 학생 중심의 수학적 활동은 일어나기 어려운 상황이었다.

이에 반해, 문제해결을 바탕으로 수학 학습이 이루어지도록 이끄는 활동에서는 몇 가지 이유에서 가치가 있는데, 다음과 같은 것을 들 수 있다(Van De Walle, 2004).

- 문제해결은 아이디어와 이해에 대한 학생들의 관심에 초점을 둔다. 문제해결에서는 교사들의 설명을 그대로 따르기보다, 문제를 해결하는데 필요한 아이디어를 상기하고 기존의 아이디어와 통합함으로써 이해를 증진시킨다.
- 문제해결은 학생 자신이 진정한 수학적 활동을 할 능력이 있으며, 수학은 이해 가능한 것이라는 신념을 심어 준다. 학생들은 문제를 해결해 가면서 다양한 수학적 전략을 탐구하고 적용하여 감으로써 수학적 활동에 참여하고, 그 결과로 수학에 대한 자신감과 자아존중감을 기를 수 있다.
- 문제해결은 교수활동을 결정하고 학생들의 학력 향상에 도움을 주며, 학부모에게 자녀교육을 위한 유용한 정보를 제공하는데 사용될 평가 자료를 제공한다. 문제를 해결하는 동안 학생들은 스스로 문제를 해결하고 자신의 풀이 과정을 정당화하며 다른 사람에게 방법을 전달하고 공유하기 위해 보고서를 작성하게 된다. 이런 활동을 통해 교사는 차시 수업을 준비하고, 학생들의 발달 과정을 학부모에게 제공함으로써 학생에 대한 정보를 제공하고 공유할 수 있다.
- 문제해결은 수학적 힘을 발달시킨다. 문제해결을 하는 학생들은 문제해결, 추론, 의사소통, 연결성, 표현과 같은 과정 규준을 거치면서 진정한 수학적 힘을 기르게 된다.
- 문제해결은 다양한 범주의 학생들에게 출발점을 제공한다. 문제해결에서는 학생들이 다

양한 문제해결 방법을 생각해 내고 공유하며 아이디어를 확장해 나가게 된다. 학생들은 교사가 제공하는 표준화된 알고리즘을 활용하기보다, 자신이 할 수 있는 방법으로 다양하게 문제를 해결하도록 시도를 해 보게 된다.

- 문제해결은 학생들이 연습문제를 훈련하는 것을 최소화 시킨다. 교실에서 다루어지는 많은 연습문제는 학생들을 수학이 지루한 과목으로 인식하게 만든다. 문제를 다양한 자신만의 방법으로 해결하도록 하면 재미있고 즐겁게 문제해결 활동에 참여할 수 있다.
- 문제해결은 아주 재미가 있다! 학생들이 자신의 추론 과정을 통해 이해를 증진시키는 활동은 그 모든 노력을 보상하고도 남을 가치 있고 재미있는 활동이다.

학교 수학에서 문제해결에 대한 관심은 몇 가지 기존 교육에 대한 반성에서 출발한다. 즉, 문제해결에 관심을 가지게 된 배경으로 학교에서 강조되어 온 수학 내용이 개념이나 기능에 한정되어 있다는 점, 수학교육이 학교에서 배우는 수많은 지식과 기능을 연결시켜 주지 못하고 있다는 점, 수학 내용이 학생들에게 별로 매력적이지 못하다는 점 등을 들 수 있다. 이와 관련하여 남승인, 류성림(2002)은 학교 수학에서 문제해결에 관심을 가지게 된 학교 수학의 실태를 다음과 같이 제시하고 있다.

- 학교 수학에서 개념이나 기능의 숙달이 지나치게 강조되었다.
- 학교에서 배우는 수많은 수학적 지식과 기능들이 서로 연결·통합되어 있지 않다.
- 교육과정 및 교과서 내용 구성이 수학교육의 궁극적인 목적을 충분히 반영하고 있지 못하고 있다.
- 많은 학생들은 학교 수학의 내용에 대해 두려움과 부정적인 태도를 가지고 있다.
- 교사와 학생들이 문제해결의 본질과 의미를 잘못 이해하고 있다. 많은 교사들은 학습한 알고리즘을 적용하여 신속하고 정확하게 해결하도록 하는 것이 문제해결력을 기르는 방법이라고 생각하고 있다. 이러한 문제해결에 대한 교사와 학생들의 잘못된 인식을 바꾸는 것은 진정한 문제해결을 통하여 가능하다.

1-3. 문제해결의 역사

수학교육에서 시대적 흐름에 따라 문제해결을 강조해 온 문제해결의 역사를 간략히 살펴보면 다음과 같다. 먼저, 1930년대에 Dewey(1933)는 '반성적 사고'가 학교 교육의 목표나 지도 방법에 있어서 초점이 되어야 한다고 주장하였다. 그는 과학자들이 문제에 접근하는 방법에 기초하여 5단계의 문제해결 과정-① 어려움을 감지하는 단계 ② 반성 활동을 통해 문제를 더 명백하게 정의하는 단계 ③ 가능한 해결 대안의 출현 단계 ④ 가능한 해결책을 분석하는 단계 ⑤ 실험을 통해 해결책을 검증하는 단계-으로 반성적 사고 과정을 제시하고 있다.

브레인스토밍(Brainstorming)에서 유도된 Osborn(1963)의 창의적인 문제해결(Creative problem solving: CPS) 모델은 '사실의 발견, 아이디어의 발견, 해결책의 발견'의 과정을 따르며, 각 단계에서는 다음과 같은 활동을 포함한다.

- 사실의 발견: 문제를 정의하는 활동과 준비하는 활동을 포함한다. 문제를 정의한다는 것은 해결해야 할 문제가 무엇인지를 분명하게 하는 것을 말하며, 준비란 그 문제와 관련있는 자료를 수집하고 분석하는 것을 말한다.
- 아이디어의 발견: 문제를 해결하는데 필요한 아이디어를 생각해 내는 단계이다. 이 단계에서는 아이디어의 산출과 산출된 아이디어 중에서 문제해결에 가장 가까운 아이디어를 선택하고, 선택된 아이디어에 새로운 아이디어를 덧붙이고 수정하면서 아이디어를 발전시키는 활동이 포함된다.
- 해결책의 발견: 해결책을 평가하고 채택하는 활동이 포함된다. 해결책이란 창의적인 사고과정을 통해 산출된 것을 말한다. 평가는 산출물을 검증하는 것이며, 평가된 해결책은 최종안으로 채택되어 사용된다.

1970년대 중반부터 제기된 문제해결에 대한 논의가 1960년대까지의 논의와 구별되는 점은 문제해결에 대한 구체적인 방법이 고려되었다는 점이다. 이런 면에서 체계적인 문제해결 방법론을 제시하고 있는 Polya의 문제해결에 대한 아이디어가 1970년대 이후에 부각되기 시작하였다.

Polya(1957)의 '문제이해-계획수립-계획실행-반성'으로 이어지는 문제해결 4단계 과정은 창의적인 문제해결력을 강조한 학자들의 주장과 유사하다. 또한 제시된 문제가 해결되지 않을 때에는 원래 문제와 관련 있는 문제, 특별한 문제, 유사한 문제, 또는 문제의 일부분부터 해결해 보라는 그의 권고는 학생들이 다양한 문제해결 전략을 구사하여 문제의 답에 접근해 감으로써 답을 산출해 낼 수 있다는 것을 암시한다.

An Agenda for Action(NCTM, 1980)에서 '문제해결이 1980년대 학교 수학의 초점이 되어야 함'을 선언한 이래 1980년대에는 문제해결의 시대라고 할 만큼 다양하고 활발한 논의가 이루어졌다. An Agenda for Action은 1980년대의 10년 동안 수학과 교육과정 개발과 교수학적 강조 사항에 대한 지침을 제공한 문서로, 북미의 수학교육에 많은 영향력을 발휘하였다.

1. 문제해결은 1980년대 학교 수학의 중심이 되어야 한다.
2. 수학에서 기본 계산 기능에 대한 개념은 계산 능력 이상의 것을 포함해야 한다.
3. 수학 프로그램은 모든 학년에서 계산기와 컴퓨터의 이점을 최대한 활용해야 한다.
4. 효율성과 효과성 모두에 대한 엄중한 규준들이 수학 교육에 적용되어야 한다.
5. 수학 프로그램과 학생들의 학습의 성공은 전통적인 시험보다 넓은 범위의 방법에 의해 평가되어야 한다.
6. 모든 학생들에게 보다 많은 학습이 필요하고, 보다 넓은 범위의 선택권을 보유한 융통성 있는 교육과정이 학생들의 다양한 요구를 수용하기 위해 만들어져야 한다.
7. 수학 교사들은 스스로나 동료들에게 높은 수준의 전문성을 요구하여야 한다.
8. 수학 교육을 위한 대중의 지원은 개인과 사회에 대한 수학적 이해의 중요성과 같은 수준으로 높여야 한다.

| 그림 1.1 | An Agenda for Action의 권고안(NCTM, 1980)

또한, 1988년에 미국 수학 장학사회(NCSM)에서도 수학을 배우는 중요한 요소로 문제해결을 들고 있다(Reys, Suydam, Lindquist, & Smith, 1998). 한편 The Curriculum and Evaluation Standards for School Mathematics(NCTM, 1989)에서는 문제해결의 교수·학습에 관한 많은 제안을 하고 있다.

문제해결은 수학 교육과정의 주된 초점이 되어야 한다. 문제해결은 모든 수학 수업의 중요한 목적이며, 모든 수학 활동에 내재되어 있다. 문제해결은 개별적인 주체가 아니라, 전체 프로그램 전반에 스며 있으며, 개념과 기능이 학습될 수 있는 상황을 제공하는 하나의 과정이다(NCTM, 1989, p. 23).

이후에도 문제해결은 학교 수학에서 중요한 요소로 강조되고 있는데, NCTM(2000)은 여전히 학교 수학에서 강조할 중요한 사항으로 문제해결을 제시하고 있다. 이 규준집에 따르면, 문제해결은 모든 수학 학습의 통합된 부분이어야 하며, 수학 교수 프로그램은 수학을 이해하는 중요한 요소로서 문제해결에 초점을 맞추어 모든 학생들이 다음과 같이 하도록 해야 한다.

- 문제해결을 통하여 새로운 수학적 지식을 형성한다.
- 수학 내·외의 상황에서 제기되는 문제를 해결한다.
- 문제해결을 위한 다양한 전략을 적용하고 채택한다.
- 수학 문제해결 과정을 모니터하고 반성한다(p. 52).

1980년대 이후의 학교 수학에서 문제해결에 대한 강조에도 불구하고, 문제해결에 대한 연구는 여러 가지 이유로 미진하였다고 Lester(1994)는 지적하고 있다. 그는 이에 대한 이유로 의사소통·추론·연결성과 같은 이슈들이 문제해결에 대한 관심을 후퇴시켰고, 연구자들이 문제해결에 대한 모든 것을 이미 알고 있다고 생각하며, 구성주의가 수학교육 연구를 이끄는 혁신적인 이데올르기로 문제해결을 대신하고 있고, 문제해결은 우리가 생각하고 있는 것보다 복잡하다는 것 등을 들고 있다.

이러한 문제해결의 조류는 우리나라 수학 교육과정에도 서서히 등장하였다. 제3차 교육과정에서 급격하게 도입되었던 수학교육 현대화의 내용이 제4차 교육과정에서 경감되고 정선되면서 지나치게 어려운 내용보다는 수학의 기초적 기능을 배양하고 문제해결력을 신장시키는 일에 관심을 갖게 되었다. 이어 계속되는 교육과정의 개정에서도 문제해결은 학교 수학의 핵심이 되어 왔고, 최근에 제시된 2015 개정 수학과 교육과정에서는 6가지 교과 역량의 하나로 문제해결을 강조하고 있다. 여기서 문제해결은 해결 방법을 알고 있지 않은 문제 상황에서 수학의 지식과 기능을 활용하여 해결 전략을 탐색하고 최적의 해결 방안을 선택하여 주어진 문제를 해결하는 능력이라고 정의하고 있다.

1-4. 수학 교과 역량으로서 문제해결

2015 개정 수학과 교육과정에서는 '수학의 개념, 원리, 법칙을 이해하고 기능을 습득하며 수학적으로 추론하고 의사소통하는 능력을 길러, 생활 주변과 사회 및 자연 현상을 수학적으로 이해하고 문제를 합리적이고 창의적으로 해결하며, 수학 학습자로서 바람직한 태도와 실천 능력을 기른다(교육부, 2015, p. 4)'라는 목표를 설정하고, 문제해결, 추론, 창의·융합, 의사소통, 정보 처리, 태도 및 실천의 6가지 수학 교과 역량을 제시하고 있다. 이 중에서 문제해결은 '해결 방법을 알고 있지 않은 문제 상황에서 수학의 지식과 기능을 활용하여 해결 전략을 탐색하고

최적의 해결 방안을 선택하여 주어진 문제를 해결하는 것'을 의미한다. 이에 대해 교육과정에서는 문제해결의 교수·학습 방법을 다음과 같이 제시하고 있다(교육부, 2015, p. 38).

> ㅁ **문제해결 능력을 함양하기 위한 교수·학습에서는 다음 사항을 강조한다.**
>
> ① 문제를 해결할 때에는 문제를 이해하고 해결 전략을 탐색하며 해결 과정을 실행하고 검증 및 반성하는 단계를 거치도록 한다.
>
> ② 협력적 문제해결 과제에서는 균형 있는 책임 분담과 상호작용을 통해 동료들과 협력하여 문제를 해결하게 한다.
>
> ③ 수학적 모델링 능력을 신장하기 위해 생활 주변이나 사회 및 자연 현상 등 다양한 맥락에서 파악된 문제를 해결하면서 수학적 개념, 원리, 법칙을 탐구하고 이를 일반화하게 한다.
>
> ④ 문제 해결력을 높이기 위해 주어진 문제를 변형하거나 새로운 문제를 만들어 해결하고 그 과정을 검증하는 문제 만들기 활동을 장려한다.

그리고 문제해결 역량의 하위 요소로 5가지를 제시하고 있는데, 문제해결의 하위 요소, 하위 요소의 의미, 이를 구현하는 기능은 표 1.1과 같다(교육부, 2017).

표 1.1 문제해결 역량의 구성(교육부, 2017, p. 15)

하위 요소	의미	기능
문제 이해 및 전략 탐색	문제에서 구하고자 하는 것과 주어진 조건 및 정보를 파악하고, 적절한 해결 전략을 탐색하여 풀이 계획을 수립하는 능력	(문제) 이해하기, 분석하기, (조건, 정보) 파악하기, (관계) 파악하기, 계획하기, 탐구하기, 일반화하기, 특수화하기, 유추하기, 분류하기, 조사하기, 거꾸로 생각하기, 단순화하기, 그림으로 나타내기, 표 만들기, 식 세우기, (다양한 전략) 구사하기
계획 실행 및 반성	계획한 풀이 과정을 수행하고 검증 및 반성을 통하여 해결 방법과 해답을 평가하는 능력	계산하기, (절차) 수행하기, 문제해결하기, 적용하기, 활용하기, 점검하기, 반성하기, 평가하기
협력적 문제해결	균형 있는 책임 분담과 상호작용을 통해 집단적으로 문제해결을 수행하는 능력	설명하기, 정당화하기, 질문하기, 비판하기, (의견) 존중하기, (의견) 조정하기, 의사결정하기, 토론하기, 제안하기, 종합하기
수학적 모델링	실생활 문제 상황을 수학적으로 나타내고 분석하여 결론을 도출하고 이를 상황에 맞게 해석하는 능력	(상황) 모델링하기, 변환하기, 분석하기, 적용하기, 활용하기, 해석하기, 결론 도출하기, 점검하기
문제 만들기	주어진 문제를 변형하거나 새로운 문제를 만들어 해결하는 능력	(조건) 변형하기, 유사성 찾기, 비교하기, 관련짓기, 확장하기, 생성하기, (문제) 만들기

먼저, 문제 이해 및 전략 탐색과 계획 실행 및 반성은 Polya의 문제해결 4단계를 구현한 것이다. 이 요소에서는 주어진 문제에 대하여 구하고자 하는 것과 주어진 조건 및 정보를 파악하고, 적절한 해결 전략을 탐색하여 풀이 계획을 수립하는 능력을 기르고, 문제 풀이를 위해 계획한 과정을 수행하고 검증 및 반성을 통하여 해결 방법과 해답을 평가하는 능력을 기르도록 한다.

다음으로 협력적 문제해결은 주어진 문제에 대하여 혼자 해결하는 것보다 여러 동료와 함께 문제를 해결하는 것에 의미를 둔 요소로, 균형 있는 책임 분담과 상호작용을 통해 집단적으로 문제해결을 수행하는 능력이다. 이와 같이 협력적 문제해결은 서로의 방법을 설명하고 정당화하기, 질문하기, 비판하기, 의견 존중하고 조정하기, 의사결정하기, 토론하기, 제안하기, 종합하기 등의 기능을 가지고 있다.

수학적 모델링은 실생활 문제 상황을 수학적으로 나타내고 분석하여 결론을 도출하고 이를 상황에 맞게 해석하는 능력으로 수학화 과정으로 해석할 수 있다. 수학적 모델링은 NCTM(1989)에서도 이미 강조하고 있는 내용으로, 그림 1-2과 같이 모델링 과정을 제시하고 있다.

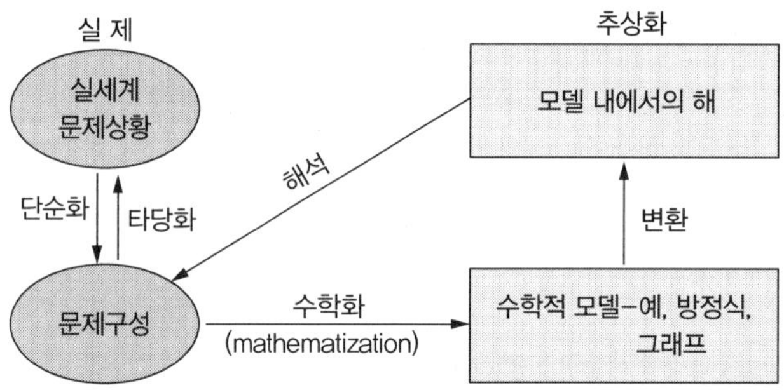

| 그림 1.2 | 수학적 모델링 과정(NCTM, 1989, p. 138)

마지막으로 문제 만들기는 주어진 문제를 변형하거나 새로운 문제를 만들어 해결하는 능력으로, 학생 스스로 문제를 만들어 해결하는 것을 의미하며, 조건을 변형하거나 확장하여 문제를 만드는 활동이 강조된다. 문제 만들기는 문제를 해결하는 과정에서 새로운 문제를 만들어 봄으로써 원래의 문제를 재해석하게 되고 그 문제를 해결할 수 있는 단서를 발견하게 된다는 장점이 있다. 또한 원래의 문제와는 다른 새로운 문제를 만들고 그것을 분석함으로써 원래 문제를 그렇게 풀게 된 이유나 폭넓은 일반화, 형태에 대한 통찰을 통해 그 문제의 의미를 충분히

이해할 수 있다는 장점이 있다.

도전! 문제해결!

01 다음에 주어진 그래프를 보고, 이에 맞는 재미있는 이야기를 꾸며 보시오.

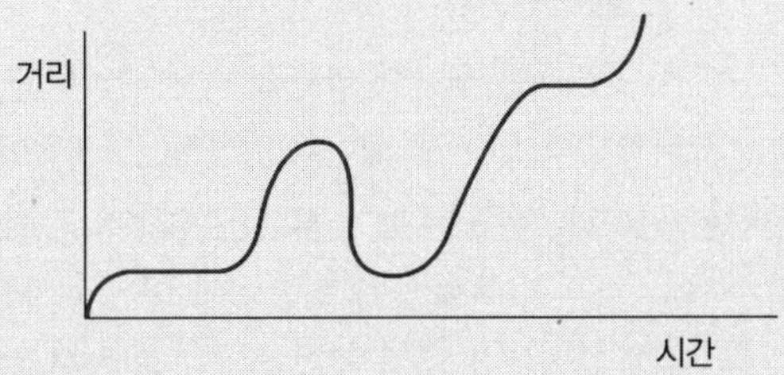

02 다음 중에서 서로 다른 한 가지를 찾고, 그 이유를 설명해 보시오.

4+2,　8−2,　2+2+2,　5+3,　3+2+1

Math Cafe

수학적 창의성

수학을 하는데 있어서 수학적 창의성은 중요한 역할을 하며, 학교 교육은 창의적으로 문제를 해결할 수 있는 학생들을 기르는데 관심을 두고 있다. 그렇다면 '창의적이다'라는 것은 무엇을 의미하는가? 기본적으로 산출된 아이디어는 새로워야 하고, 수학적으로 가치가 있어야 한다. 그렇다면 새롭다는 것과 가치 있다는 것은 누구에게 새롭고 가치 있어야 하는가라는 질문이 나타난다. 이 질문에 답하기 위하여 '공적 창의성'과 '사적 창의성'을 구분할 필요가 있다.

공적 창의성이란 모든 사람에게 새로운 무언가를 산출하는 것으로, 개인에게 새롭고 가치 있는 산출물이 타인에게도 새롭고 가치 있어야 한다는 것이다. 이를 수학자에게 적용한다면 수학자가 이전에 해결할 수 없었던 문제를 새로운 방법으로 해결하거나, 새로운 수학적 사실을 발견하는 것을 예로 들 수 있을 것이다. 반면에 사적 창의성이란 남에게 새롭지 않을 수 있지만, 자신에게는 새롭고 가치 있는 무언가를 만들어 내는 것으로, 자기 자신만의 독특하고 새로운 방법으로 결과를 산출하는 것을 의미한다. 이를 학교 수학에 적용한다면 학생들이 해결하는 문제는 이미 해결 방법이 알려진 것들이지만, 문제를 해결하는 학생 개개인이 이전에 해결할 수 없었던 문제를 새롭고 가치 있는 방법으로 해결할 수 있는 것을 예로 들 수 있다. 즉, 학교 수학은 학생들이 해결해야 할 문제를 자신의 생각을 통해 새롭고 가치 있는 방법으로 해결할 수 있을 때 창의적이라고 할 수 있을 것이다.

수학적 창의성이 '무'에서 '유'를 창출하는가? 아니면 '유'에서 '유'를 창출하는 것일까? 어떤 분야에서 새롭고 가치 있는 산출물을 만들어 내기 위해서는 그 분야의 기본 지식이 있어야 하는 것은 당연한 이치이다. 그래서 수학자 Poincaré는 수학적으로 창의적이라는 것은 이 전에는 무관했던 것들 사이에 유용한 조합이 만들어지는 것이라고 한다. 혹자는 창의성이 발현되기 위해 10년의 법칙, 또는 10,000시간의 법칙을 이야기 한다. 이것은 그 분야에서 창의적인 산출물을 생성하기 위해서는 기본 지식을 바탕으로 준비의 시간이 필요하다는 것을 의미한다.

2장 수학 문제해결 교육 이론

함께 해결할 탐구 문제

민이는 물통에 있는 물로 화분에 물을 주고 있다. 첫 날에 물통에 있는 물의 $\frac{3}{5}$ 만큼을 화분에 주었다. 다음 날에는 남아 있는 물의 $\frac{1}{4}$ 만큼을 화분에 주었다. 그랬더니 물통에는 3리터의 물이 남게 되었다. 처음 물통에 있는 물의 양을 구하시오.

문제해결 전략 1 다음 그림과 같이 문제 상황을 그림으로 표현하면 두 단계로 나타낼 수 있다. 먼저, 전체를 5등분하여 첫 날에 물통에 있는 물의 $\frac{3}{5}$ 만큼을 화분에 주었기 때문에 전체(처음 물의 양)를 5등분하면 그 중 3부분이 첫 날에 준 물의 양이 된다.

다음 날에는 남은 물의 $\frac{1}{4}$ 만큼을 화분에 주었기 때문에 첫 단계 뒤에 남아 있는 부분을 4등분하면 그 중 한 부분이 다음 날에 준 물의 양이 된다. 이제 남은 부분은 두 번째 날에 준 물을 제외한 $\frac{3}{4}$ 이 되고 이 양이 3리터이기 때문에 세 부분의 각각은 1리터가 됨을 알 수 있다. 따라서 각각의 부분을 1리터의 양으로 나누어 세어 보면 처음 물통에 있는 물의 양은 10리터임을 알 수 있다.

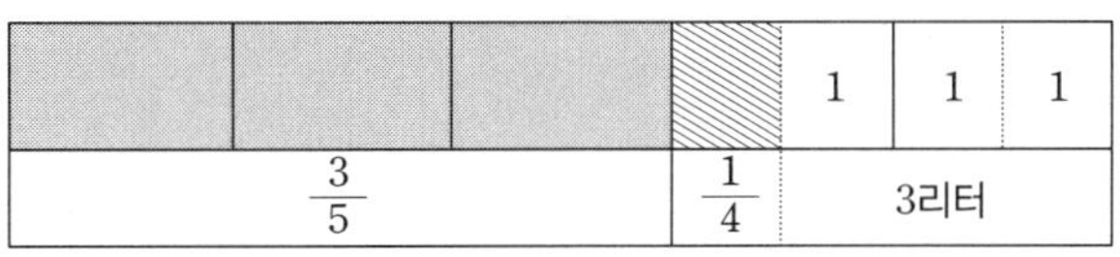

문제해결 전략 2 처음 물통에 있는 물의 양을 x라 하면 첫 날에 사용하고 남은 물통의 물은 $\frac{2}{5}x$가 되고, 다음 날 사용하고 남은 물의 양은 $\frac{2}{5}x$의 $\frac{3}{4}$ 만큼이 된다. 따라서 다음 식이 성립한다.

$$\frac{2}{5}x\times\frac{3}{4}=3$$

이 식을 풀면, $x=10$이 된다.

[다른 풀이] $x=\frac{3}{5}x+\frac{2}{5}x\times\frac{1}{4}+3$에서 $x=10$이 된다.

ㅁ위의 문제와 유사한 문제를 만들어 보고, 그 문제를 해결해 보시오.

내가 만든 문제	문제해결 전략

2-1. Polya의 문제해결 4단계

헝가리의 부다페스트에서 태어난 George Polya(1887−1985)는 어린 시절엔 수학에 특별한 관심을 보이지 않았다고 한다. 대학에서 철학을 공부하던 Polya는 그의 교수였던 Bernat Alexander의 권고로 수학을 공부하기 시작하여 1912년에 부다페스트 대학에서 박사 학위를 받았다. 박사 학위를 받은 이후에는 괴팅겐 대학, 파리 대학, 스위스 연방공과대학 등에서 강의와 연구를 하다가 1940년에 미국으로 이민을 가서 브라운 대학을 거쳐 스탠퍼드 대학(Stanford University)에 자리를 잡게 되었다(정동권, 김수미, 김지원, 2009).

Polya는 수학을 패턴의 관찰과 추측을 중시하는 '패턴과 순서의 학문'으로 보며, 수학적 추론에 개연적 추론(plausible reasoning)의 중요성을 강조하였다. 그는 개연적 추론 패턴에 따른 수학적 발견에 대한 시도를 하며, 수학적 사고에 관한 유용한 연구 결과를 많이 발표하였다. Polya는 학생들이 문제에 도전하여 독자적인 탐구 과정을 통해 스스로 발견할 기회를 가지도록 하는 것이 훌륭한 교육이라고 언급하고, 수학 교수·학습이 증명하는 것을 가르치는 것도 중요하지만, 추측하는 것도 가르쳐야 한다고 주장하였다.

그는 효과적인 문제해결 지도를 위하여 문제해결 과정에서 사고를 유발하는 질문과 권고를 체계적으로 제공해야 한다고 제시하고 있다. 개연적 추론의 중요성과 그 과정에 대한 이해를 위해 Polya가 제시한 제곱수들의 합과 관련된 문제 중에서 다음 문제를 살펴보자(Polya, 1990).

문제 u가 홀수인 양의 정수이고, x, y, z, w가 홀수인 양의 정수일 때 $4u=x^2+y^2+z^2+w^2$의 해를 표현하는 방법의 수를 구하시오.

먼저, 한 가지 예를 가지고 시작해 보자. $u=25$일 때 위와 같은 방법으로 표현하는 방법은 $81+9+9+1$, $49+49+1+1$, $49+25+25+1$, $25+25+25+25$가 있다. 그리고 각각의 경우에 배열 가능한 표현 방법의 수를 구해보면 다음과 같다.

$81+9+9+1 \rightarrow 12$　　　$49+49+1+1 \rightarrow 6$

$49+25+25+1 \rightarrow 12$　　　$25+25+25+25 \rightarrow 1$ (31가지)

이러한 방법으로 $u=1, 3, 5, 7, 9, \cdots$인 경우로 확장하여 각각의 경우에 배열 가능한 표현의 수를 구해보도록 하자. 그 결과를 표에 나타내면 다음과 같다.

1	3	5	7	9	11	13	15	17	19	21	23	25
1	4	6	8	13	12	14	24	18	20	32	24	31

이 표를 주의 깊게 관찰하면 'u가 홀수인 양의 정수이고, x, y, z, w가 홀수인 양의 정수일 때 $4u = x^2+y^2+z^2+w^2$의 해를 표현하는 방법의 수는 u의 약수의 합과 같다.'는 사실을 발견할 수 있는 것이다.

문제 'u가 홀수인 양의 정수이고, x, y, z, w가 홀수인 양의 정수일 때 $4u=x^2+y^2+z^2+w^2$의 해를 표현하는 방법의 수는 u의 약수의 합과 같다'는 사실을 보이시오.

Polya는 특히, 저서 'How to solve it[2]'에서 모방과 실천을 통한 발견술의 동화를 시도하는 수학 학습·지도 방법을 구체적으로 제시하여 수학 문제해결 교육에 많은 영향을 끼쳤다. Polya의 현대적 발견술은 다음과 같이 문제이해, 계획수립, 계획실행, 반성으로 구성되며, 각 단계에 필요한 질문과 권고 형태의 대화체로 이루어져 있다.

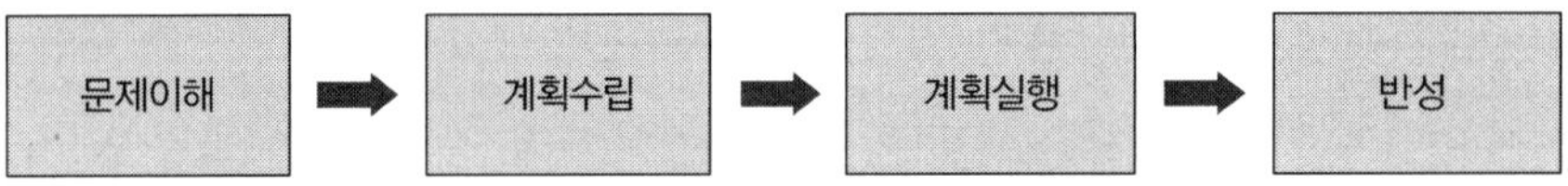

학생들은 문제해결 과정을 스스로 경험하는 가운데 자율적인 문제해결자가 되어야 한다. 그러나 교사가 아무 도움도 주지 않고 학생 혼자서 문제를 풀게 한다면 진전을 이루기 어려울 것이다. 반면에, 교사가 지나치게 많은 단서나 풀이 방법을 제시해 준다면 학생은 스스로 할 것이 거의 없게 될 것이다. 학생들의 문제해결 활동을 효과적으로 자연스럽게 돕기 위해서, 교사는 학생들의 사고를 자극하고 이끌어 주는 적절한 수준의 발문과 권고를 사용해야 한다. 문제해결의 각 단계에서 교사가 사용할 수 있는 발문과 권고에는 다음과 같은 것이 있다.

2) 이 책은 1945년에 초판(Princeton University Press)이 출판되었으며, 1957년에 2판(Doubleday)이 출판되었다.

(1) 문제이해 단계(Understanding the problem)

문제해결의 첫 단계는 문제를 이해하는 단계로, 이 단계에서는 문제에서 구하려는 것과 주어진 것을 알고, 문제에 포함된 용어의 뜻을 파악하며, 문제를 분석하게 된다. 특히 이 단계에서는 문제에 포함된 언어와 관련된 장애를 확인하고 이를 교정해야 한다. 문제를 명확히 이해하도록 이끌어 주기 위하여 다음과 같은 발문을 제시할 수 있다.

- 미지인 것은 무엇인가?
- 주어진 것은 무엇인가?
- 자료는 무엇인가?
- 조건은 무엇인가?
- 조건은 만족될 수 있는가?
- 조건은 미지의 것을 결정하기에 충분한가, 불충분한가, 아니면 과다한가?
- 그림을 그려보아라.
- 적절한 기호를 붙여라.
- 조건을 여러 부분으로 분해해 보아라.

(2) 계획수립 단계(Devising the plan)

이 단계에서는 문제에 주어진 것과 구하려는 것 사이의 관계를 파악하는 단계로, 여러 가지 문제해결 전략(Problem solving strategy)을 생각해 내게 된다. 이를 위해 학생들은 문제해결에 필요한 여러 가지 방법을 모색하게 된다. 만약에 주어진 것과 구하려는 것 사이의 관련성을 즉각적으로 발견할 수 없을 때에는 보조문제를 만들어 주어진 문제를 좀 더 분석할 수도 있다.

- 전에 그 문제를 본 적이 있는가?
- 약간 다른 형태로 된 같은 문제를 본 적이 있는가?
- 관련된 문제를 알고 있는가?
- 도움이 될 것 같은 어떤 사실이나 정리를 알고 있는가?
- 미지인 것을 잘 살펴보아라.

- 친숙한 문제 중에 미지인 것이 같거나 유사한 문제를 생각해 보아라.
- 관련된 문제로 전에 풀어 본 적이 있는 문제가 있는데, 그것을 이 문제를 푸는 데 활용할 수 없을까?
- 문제를 달리 진술할 수 있을까? 좀 더 다르게 진술할 수 있을까?
- 정의로 되돌아가 보자. 이 용어의 정의가 무엇이었는가?
- 이 문제를 풀 수 없다면 이 문제와 관련된 문제를 먼저 풀어 보아라.
- 보다 쉬운 관련된 문제를 생각해 낼 수 있을까?
- 문제를 보다 일반적인 형태로 변형할 수 있을까?
- 문제를 보다 특수한 문제로 변형할 수 있을까?
- 유사한 문제는?
- 문제를 부분적으로 풀 수 있는가?
- 조건 가운데 일부분만 남기고 다른 것은 버려 보아라. 그렇게 하면 미지인 것은 어느 정도까지 정해지는가?
- 자료로부터 무언가 유용한 것을 이끌어 낼 수 있을까?
- 미지인 것을 결정하는 데 적절한 다른 자료를 생각해 볼 수 있을까?
- 새로운 미지의 것과 새로운 자료가 서로 더 가깝게 되도록 미지의 것이나 자료를 변형할 수 있을까?
- 자료는 모두 사용했는가?
- 조건을 모두 사용했는가?
- 문제에 포함된 핵심적인 개념을 모두 고려했는가?

(3) 계획실행 단계(Carrying out the plan)

이 단계에서는 해결 계획에 따라 문제해결을 실행하는 단계이다. 계획의 실행 중에도 교사는 계속하여 학생들에게 도움과 안내를 제시해야 하며, 계획된 문제해결 전략이 옳지 않은 경우에는 전략을 수정하도록 해야 한다. 학생들은 문제를 해결하는 과정동안 자신의 문제해결 과정이 옳은지 확인하고, 각각의 단계가 바르게 수행되고 있다는 것을 설명할 수 있어야 한다.

- 풀이의 각 단계를 조심스럽게 실행하도록 하여라.

- 각 단계가 올바른지 명확히 알 수 있는가?
- 그것이 옳다는 것을 설명할 수 있는가?

(4) 반성 단계(Looking back)

이 단계에서는 문제를 해결한 과정을 처음부터 검토해 보고, 다른 방법으로 해결할 수 없는지를 알아보고, 혹시 다른 방법이 있으면 어느 방법이 더 나은지를 생각해 본다. 또한 주어진 문제의 확장 가능성을 고려해야 한다. 반성 단계에서는 주어진 문제해결의 단계를 넘어 해결된 문제를 다른 해결 방법으로 다시 해결해 보거나, 해결 전략을 새로운 문제에 적용해 보는 것과 같이 단순한 문제해결의 수준을 넘어서 새로운 측면으로 문제해결을 경험하는 단계이다.

- 결과를 점검할 수 있는가?
- 풀이 과정을 점검할 수 있는가?
- 결과를 다른 방법으로 이끌어 낼 수 있는가?
- 결과나 방법을 어떤 다른 문제에 활용할 수 있는가?

Polya의 문제해결 4단계에서 제시한 발문과 달리, 구체적인 힌트를 제공하는 발문이나 권고를 사용하는 경우가 많을 수 있다. 문제해결에 이르는 길을 이미 알고 있는 교사는 자신이 알고 있는 그 길을 학생들에게 빨리 알려주고 싶은 충동을 느낄 수 있다. 그러나 지나치게 구체적이고 특수한 발문이나 권고는 가급적 사용하지 않는 것이 바람직하다.

이런 면에서 남승인과 류성림(2002)은 문제해결 활동이 이루어지기 전, 문제해결 활동 중, 문제해결 활동 후로 나누어 교사의 바람직한 역할을 다음과 같이 제시하고 있다.

① 문제해결 활동이 이루어지기 전 교사의 역할

- 학생들에게 문제나 과제를 제시하기 전에 교사가 먼저 해결해 보아야 한다.
- 문제나 과제를 명확히 이해하기 위한 발문 준비를 해야 한다.
- 상호협력 학습의 기회를 제공한다.
- 브레인스토밍(Brainstorming)을 하게 한다.

② 문제해결 활동 중 교사의 역할

- 학생들의 활동 계획을 보조한다.
- 적절한 힌트를 제공한다.
- 아이디어를 검토하게 한다.
- 주의해서 칭찬한다.

③ 문제해결 활동 후 교사의 역할

- 문제해결 과정과 전략을 공유하도록 한다.
- 문제를 확장한다.
- 대안적인 전략을 찾는다.

이와 유사하게 Van de Walle(2004)는 문제 중심 수업(Problem-based lesson)의 3가지 틀에 대해 전 단계(The before phase)-과정 단계(The during phase)-후 단계(The after phase)로 제시하고 있는데, 이를 다음과 같이 요약할 수 있다.

- 전 단계: [준비하기]
  - 학생들이 과제를 수행할 정신적인 준비가 되도록 하라.
  - 산출물을 위한 기대가 명확한지 확인하여라.

- 과정 단계: [학생 수행하기]
  - 실행하여라.
  - 주의 깊게 들어라.
  - 힌트를 제공하여라.
  - 관찰하고 평가하여라.

- 후 단계: [교실 토론하기]
  - 평가 없이 학생들의 해를 수용하여라.
  - 학생들이 정당화하고 결과와 방법을 평가하도록 토론을 진행하여라.

이러한 과정은 간단한 문제에서부터 복잡한 문제까지 적용 가능하며, 처음에는 간단한 문제를 가지고 실행하는 것이 좋다. 그리고 그것이 익숙해지면 복잡한 문제에 적용하고 문제 중심 수업을 위한 교실 문화가 되도록 하는 것이다.

2-2. Schoenfeld의 문제해결 구성 요소

학생들이 문제를 풀 때에는 문제해결에 필요한 지식을 가지고 적극적으로 문제를 해결하려는 긍정적인 성향을 가져야 한다. 그렇지만 아무리 많은 지식을 가지고 있다 할지라도 문제해결 과정에 적절히 접근할 수 있는 방법을 알아야 하고, 문제를 해결해 가는 자신을 되돌아 볼 수 있어야 한다. 그렇다면 성공적으로 문제를 해결하는데 필요한 요소들은 무엇이 있겠는가? 이에 대한 답으로 Schoenfeld(1985)는 수학 문제해결 과정을 분석하여 이를 수학 학습 지도에 반영하였다. 그는 수학 문제해결과 같은 복잡하고 높은 수준의 수학적 활동에는 네 가지 요소–인지적 자원(Cognitive resource), 발견술(Heuristics), 제어(Control), 신념체계(Belief system)–가 필요하다고 제시하고 있다. 이들 네 가지 요소를 살펴보면 다음과 같다.

(1) 인지적 자원

인지적 자원은 문제를 해결하기 위해 개인이 사용할 수 있는 도구와 기법으로, 학생들 스스로 소유하고 있으면서 현재 주어진 문제를 해결하기 위해 필요하다고 생각되는 전반적인 지식을 가리킨다. 학생들이 주어진 문제를 해결하기 위해서는 문제해결에 필요한 지식(사실, 절차, 기능 등)을 가지고 있으면서 문제해결을 위해 어떤 지식을 활용할 것인가를 판단해야 한다.

문제해결에 이용되는 지식은 독립적으로 존재하는 것이 아니라, 서로 연결되어야 한다. 예를 들어 소수 덧셈의 원리는 자연수 덧셈의 원리와 연결되어야 하고, 소수의 곱셈은 분수 개념과 분수 곱셈과 연결되어야 적용이 쉬워지며 더 많은 기능을 할 수 있다. 지식을 지적인 측면에만 한정하는 것은 바람직하지 않지만, 수학 문제해결에서 개인이 활용할 수 있게 하는 인지적 자원의 요소로는 다음과 같은 것을 들 수 있다.

- 영역에 대한 직관적이고 비정형적인 지식

- 사실
- 알고리즘적인 과정
- 정형화된 비 알고리즘적 과정
- 영역에서 학습하기 위해 합의된 공식에 관한 이해(명제적 지식)

(2) 발견술

학생들이 아무리 많은 인지적 자원을 소유하고 있다고 해서 문제를 잘 해결하는 것만은 아니다. 문제를 해결하는데 어떤 방법으로 문제해결 과정을 이끌어 나갈 것인가를 판단해야 하는데, 이것은 발견술과 관련이 있다. 일반적으로 발견술이란 '인지(Cognition)에서 반드시 옳은 답을 보장하지는 않지만, 답을 발견하기 위한 효과적인 수단으로 문제를 해결하거나 의사결정을 위한 경험에 기초한 전략(VandenBos, 2015, p. 493)'을 의미한다. 발견술은 문제를 해결하는 방법적인 측면의 분야로, 성공적으로 문제를 해결한 경험과 문제의 이해 단계에서 답을 향해 나아가도록 이끌어 주는 동인이 된다.

수학 문제해결에서 발견술은 문제를 해결하는데 사용된 성공적인 방법들의 모임으로, 효과적인 문제해결을 위한 전략이나 기술이라고 할 수 있다. 수학 문제해결에 활용할 수 있는 발견술의 유형으로는 그림 그리기, 적절한 표기 도입, 관련된 문제 탐구하기, 문제를 재구성하기, 거꾸로 풀기, 과정을 검사하고 확인하기 등이 포함된다. 다음 문제를 해결하기 위한 좋은 발견술은 무엇일지 생각해 보고, 그에 따라 문제를 해결해 보자.

문제 원과 원 밖에 한 점이 있다. 이 점에서 원에 접선을 그리시오.

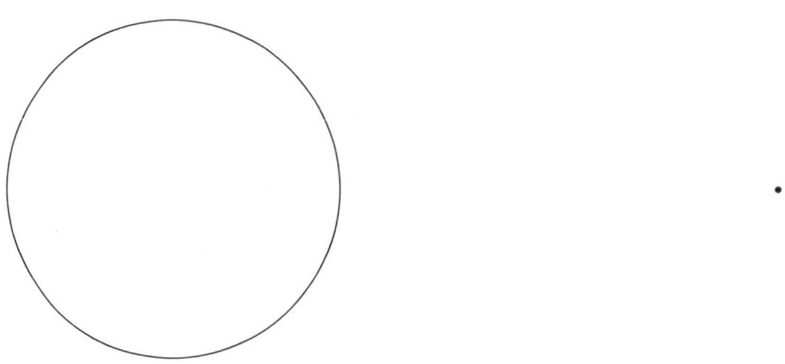

(3) 제어

제어는 인지적 자원과 전략의 선택과 수행에 관한 전반적인 의사결정을 내리는 활동과 관련 있다. 제어에는 계획하기, 모니터링과 평가, 의사 결정, 의식적인 메타인지 행위 등이 포함된다. 학생들은 문제를 해결하는데 필요한 지식을 소유하고 있으면서도 해결에 실패하는 경우가 많다. 이를 극복하기 위하여 학생들은 알고 있는 것을 어떻게 이용할 것인가를 조절해야 하기 때문에 제어는 문제해결 과정에서 중요한 역할을 한다.

제어의 측면에서 학생들은 메타인지 기술을 사용함으로써 문제의 특성을 전략적으로 사고하고 문제 요소에 대한 정신적 모델이나 표상을 형성하게 된다. 또한 목표를 달성하기 위해 적절한 계획과 전략을 선택하게 되고, 진행을 방해하는 장애를 극복하게 된다. 학생들은 이러한 메타인지적 기술을 사용함으로써 문제의 특성을 전략적으로 부호화하여 문제의 요소에 대한 정신적 모델이나 표상을 형성하게 되고, 목표를 달성하기 위해 적절한 계획과 전략을 선택하게 되며, 진행을 방해하는 장애를 극복하게 된다. 학생들에게 메타인지적 활동을 장려하기 위해서는 그에 맞는 지도가 필요한데, 일반적으로 문제를 해결하는 동안 제시할 수 있는 메타인지적 활동 안내 자료는 표 2.1과 같다.

표 2.1 메타인지적 활동 안내 자료(이대현, 이봉주, 2002, p. 271)

문제 이해	**Ⅰ. 문제를 풀기 전에** 1. 문제를 한 번 이상 읽는다. 2. 문제가 무엇을 요구하는지를 생각해 본다. 3. 자신의 말로 문제를 설명해 본다. 4. 이전에 이러한 문제를 풀어본 적이 있는지를 생각해 본다. 5. 문제를 푸는 데 필요한 정보에 대하여 생각해 본다. 6. 필요 없는 정보가 있는지를 생각해 본다.
풀이 계획	**Ⅱ. 문제를 해결하기 위한 전략을 선택할 때** 1. 그림을 그린다. 2. 추측하고 점검한다. 3. 표를 만들어 이용한다. 4. 문제에 필요한 연산을 선택한다. 5. 규칙을 발견한다. 6. 구체물을 이용한다. 7. 단순화한다. 8. 문제의 순서대로 해 본다. 9. 방정식을 세운다. 10. 거꾸로 풀어본다.
계획 실행	**Ⅲ. 문제를 푸는 도중에** 1. 문제를 푸는 중에 모든 단계를 생각해 본다. 2. 한 단계를 마칠 때마다 문제로 되돌아가 본다. 3. 일단 중단하고 이미 실시한 단계를 다시 생각해 본다. 4. 문제를 풀면서 단계별로 자신의 활동을 점검해 본다.
점검 활동	**Ⅳ. 문제를 다 풀고 난 후에** 1. 풀이 절차가 정확하게 이루어졌는지를 확인해 본다. 2. 계산이 맞는지를 알아보기 위해 점검해 본다. 3. 처음부터 다시 자신의 활동을 점검해 본다. 4. 답이 옳은지를 확인하기 위해 문제를 다시 본다. 5. 문제를 푸는 또 다른 방법을 생각해 본다. 6. 중요한 정보를 기록한다.

(4) 신념 체계

신념 체계는 개인의 수학관과 수학에 대한 선입관으로 인지적 자원이나 발견술 이상으로 문제해결에 큰 영향을 끼친다. 이것은 자기 자신에 대한, 환경에 대한, 학습 주제에 대한, 수학에 대한 개개인의 행동 결정에 영향을 준다. 특히 문제해결에서는 인지적 측면의 요소보다 정의적 측면의 요소가 더 중요한 결정을 하기도 한다.

수학 학습에서 정의적 측면의 중요성을 강조하면서 박선화, 김명화, 주미경(2010)의 연구에서는 수학에 대한 정의적 특성을 정서, 신념, 동기로 구분하고, 표 2.2와 같이 각 범주에 속하는 정의적 특성의 하위 요소를 제시하고 있다. 정서는 비교적 강하게 단시간 동안 계속되는 감정이고, 신념은 어떤 아이디어, 사건, 행위 등과 같은 대상에 대해 여러 반응을 시도하고 다양한 시행착오의 과정을 반복하면서 형성되는 가치 체계를 의미하며, 동기는 학습활동을 유발하고 지속하게 하는 힘으로, 학습 활동을 의미 있고 가치 있는 것으로 보고 학습 활동으로부터 의도된 가치를 얻고자 하는 경향성을 말한다.

표 2.2 수학에 대한 정의적 특성의 범주별 하위요소 내용(박선화, 김명화, 주미경, 2010, p. 40)

범주	하위 요소	정의
정서	흥미	교과나 학습주제 등에 대해 주관적으로 느끼는 선호도 및 학습활동에 참여함으로써 발생하는 즉각적인 재미
	호기심	지속적이면서 일관되게 새로운 것을 추구하는 개인의 심리적 경향성
	수학불안	수학 교과 자체 또는 수학과 관련된 일이나 문제 등에 대하여 긴장하고 두려워하거나 걱정하고 염려하는 심리 상태
신념	수학관	문화적 가치와 사회적 기대를 경험과 학습을 통하여 내면화된 것으로 수학이 갖고 있는 교과로서의 특성과 그에 적절한 학습 방법에 관한 개인적인 관점
	가치인식	사회적 맥락이나 학습자 자신의 삶의 맥락과의 관계 속에서 수학의 기능과 유용성에 대한 평가
	귀인	수학과 관련된 성공과 실패의 원인에 대한 개인적 지각으로 원인의 소재(내적 · 외적요인), 안정성, 통제가능성에 대한 추론
동기	목표지향성	성취 상황에서 개인이 과제를 수행하는 목표에 대한 개인의 지향성으로 타인과 비교하거나 자신의 능력을 타인에게 증명하기 위한 목표인 수행목표와 과제의 숙달이나 능력을 향상하기 위한 목표인 숙달목표로 구분됨
	자기효능감(자신감)	목표달성에 필요한 행동 과정을 조직하고 행하는 자신의 능력에 대한 믿음으로, 특정한 시간에 주어진 특정 과제를 잘 수행할 수 있는지에 대한 인식
	자기조절력	개인적 목표설정과 설정한 목표를 성취하기 위한 행동조정으로 장기적 목표 달성을 위해 바람직한 행동을 추구하고 그렇지 않은 행동은 억제하여 충동적이거나 즉각적이지 않고 스스로 문제를 신중하게 계획, 해결, 평가하려는 경향성

정의적 영역의 여러 요소들은 인지적 자원이나 발견술, 제어와 같은 영역 이상으로 학생들의 문제해결에 영향을 끼치게 되며, 문제해결의 동인이 된다. 특히 학생들은 문제해결에 대한 긍정적인 마인드를 가지는 것이 중요한데, 성공적인 문제해결을 위해서 학생들은 많은 수학 문제들이 여러 개의 답을 가질 수 있으며, 첫 번째 시도가 틀렸을 경우에 다른 방법을 찾으면 반드시 풀린다는 것과 같은 긍정적인 신념을 가져야 한다. 그러나 많은 학생들은 문제해결과 관련하여 다음과 같은 부정적인 신념을 가지고 있다.

- 답을 얻기 위한 단 한 가지 방법만이 있다.
- 모든 문제는 한 단계씩 풀어 나가면 해결된다.
- 수학 유전 인자가 있으며, 어떤 사람은 가지고 있고 다른 사람은 그렇지 않다.
- 수학은 어렵다 – 너무 어려워서 많은 사람들이 수학을 배울 수 없다.
- 수학 문제를 푸는데 5–10분이 소요되면, 그 문제를 풀 수 없다.
- 수학은 많은 부분이 암기하는 것이다.
- 단지 천재들만이 공식이나 방정식을 창안하고 풀 수 있다.

학생들이 가지고 있는 수학에 대한, 수학 문제해결에 대한 부정적인 생각들은 문제해결 과정에 많은 영향을 끼칠 수 있다. 따라서 학생들에게 수학에 대한 자신감을 심어주고, 학생들 수준에 맞는 문제를 제시하여 스스로 문제를 해결해 보고자 하는 적극적 의지를 느끼도록 이끌어 주는 것이 중요하다.

이상과 같은 문제해결의 기본 요소를 바탕으로 다음 문제를 해결해 보면서 이 문제해결에 필요한 요소들을 확인해 보도록 하자.

문제 오른쪽 그림과 같이 동전을 정사각형 모양으로 배열한다. 그런데 딱 들어맞는 정사각형이 되지 않고 30개가 남게 된다. 남은 30개의 동전으로 더 큰 정사각형으로 만들려면 3개가 더 필요하다. 현재 동전은 모두 몇 개있는지 구하시오.

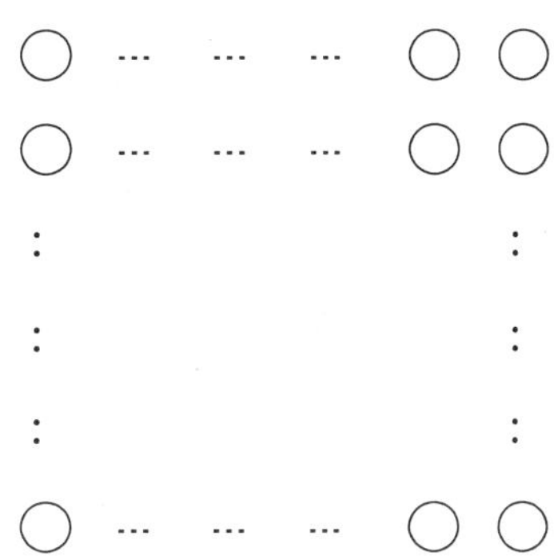

2-3. Brown과 Walter의 문제 만들기

문제 만들기는 '문제나 정리를 학생 스스로 만들어 가는 것'을 의미하며, 문제 만들기(Problem posing)를 문제설정, 문제생성, 문제제기 등으로 일컫는다. 문제 만들기는 학생들을 더욱 훌륭한 문제해결자가 되도록 도울 수 있는 잠재성을 가지고 있기 때문에 교육과정과 교수학습의 관심사로 떠오르고 있다. NCTM(1989)은 문제 만들기와 문제해결의 중요성을 교육과정 상의 목표와 관련지어 설명하기도 하였다. Polya(1957)도 문제해결 4단계의 계획수립 단계에서 문제 만들기를 유도하는 발문을 제시하고 있는데, 이 발문들은 다음과 같다.

- 미지의 것과 같거나 유사한 문제를 생각해 보아라.
- 보다 접근하기 쉬운 관련된 문제를 생각해 낼 수 있는가?
- 보다 특수한, 일반적인 문제는 없는가?
- 유사한 문제는 없는가?

문제 만들기는 어떤 내용을 이전과는 전혀 다른 새로운 관점에서 볼 수 있게 해 줄뿐만 아니라, 새로운 생각을 하는 데에도 도움이 되며, 수학에 대한 불안감을 해소하는 역할을 하기도 한다. 교사가 제시한 문제에 대한 해답을 찾는 것으로 이루어진 수업에서는 학생들이 틀린 답을 말하지 않을까 하는 두려움이 있을 수 있으나, 문제를 만드는 수업에서는 옳은 답이 없기 때문에 누구나 마음 놓고 답할 수 있고, 수학을 덜 '위협적'인 과목으로 인식할 수 있다. 또한 문제 만들기는 학생들 서로간의 경쟁심을 갖게 하는 것이 아니라 공동 학습을 촉진시키는 역할을 할 수 있다. 특히, 문제 만들기는 학생들을 수동적인 문제해결자에서 능동적인 문제해결자로 변화시키고, 수학적 발견의 경험을 제공하는 장점이 있다.

이런 장점을 가지는 문제 만들기는 문제해결 과정에서 2개의 단계와 밀접한 관련을 맺고 있다. 첫째는 '사전효과'라 불리는 것으로, 우선 문제를 풀기 위해 논리적으로 새로운 의문이나 다른 문제를 설정하는 것이다. 둘째는 '사후효과'로서, 문제를 풀고 난 후 많은 의문들이 있을 수 있다. 그렇게 문제를 풀게 된 이유나 폭넓은 일반화, 형태에 대한 통찰을 필요로 하는 이유들을 묻는 의문들은 특정 결론이 왜 의미 있는가에 대한 이해를 도와 줄 수 있다.

이와 관련하여 Brown과 Walter(1983)는 문제 만들기의 중요성을 강조하며, 문제 만들기의 과정을 수용(Accepting)과 도전(Challenging)의 두 과정으로 나누어 제시하고 있다. 먼저, 수용 단계는 주어진 문제를 이해하고 분석하는 단계로, 원래 문제를 그대로 받아들이되 문제에서 요구하는 것보다 더 많은 것을 탐구하게 된다. 이 단계에서 사용할 수 있는 전략으로는 ① 현상을 가지고 할 수 있는 것으로 '관찰하기–질문하기–추측하기'가 있다. 어떤 현상에 대하여 우리는 관찰을 하고 추측을 던지기도 한다. 이러한 관찰이나 추측에서 질문이 만들어지기도 하고, 반대로 하기도 한다. 오른쪽 표에 나타난 피타고라스 세 수를 살펴보면 'x나 y중 하나가 홀수이면 다른 하나는 짝수인 것 같다.'라는 질문은 관찰에 의해 생성되지만, 추측에 의해서도 생기게 된다. 이러한 규칙성이나 예측 가능성에 근거한 추측은 사물이나 대상을 새로운 관점으로 보게 이끄는 발견술이 된다.

x	y	z
3	4	5
5	12	13
7	24	25
8	15	17
9	40	41

② 내적 탐구와 외적 탐구(Internal versus external exploration)이다. 자동차를 예로 들면 외적으로 본다는 것은 한 자동차가 다른 자동차와 어떻게 관련되어 있는가를 살피는 것이고, 내적으로 본다는 것은 각 부분이 잘 맞는지를 살피는 것이다. 이등변 삼각형의 경우에도 이등변 삼각형의 각 부분들이 어떻게 관련되어 있는가를 살피는 것은 내적 질문에 해당되고(예: 이등변삼각형은 어떤 형태의 대칭성을 가지는가? 이등변삼각형의 한 각이 다른 각의 두 배라면 이 삼각형의 모양은 결정되는가? 이등변삼각형을 처음 탐구한 사람들은 어떤 점에 매료되어 탐구하게 되었는가? 등), 하나의 이등변삼각형이 다른 삼각형과 어떻게 관련되어 있는가를 묻는 것은 외적 질문에 해당된다(예: 여러 개의 합동인 이등변삼각형으로 자전거 바퀴의 축을 만들 수 있는가?). 우리는 대상에 대한 내적 탐구로 시작하여 외적 탐구로 확장해 가면서 사고의 폭을 넓혀가는 것이다.

③ 정확한 탐구 대 근사적 탐구(Exact versus approximate exploration)이다. 어떤 문제를 탐구하는 중요한 전략 중 하나는 정확한 답을 목표로 할 필요가 없다. 때로는 근사적인 답을 찾는 것이 문제를 해결하는 데 유용할 수 있다. 예를 들어, 소수의 덧셈 1.45+3.5를 할 때 정확한 계산 보다는 어림을 통해 답의 방향을 살펴보는 것이 오류를 막는 지름길이 된다.

④ 역사적 탐구: 우리는 역사학자가 아니기 때문에 현상이나 아이디어에 대한 역사에 대해 거의 아는 것이 없다고 생각할 수 있다. 그렇지만 역사적 방법에 따른 사고를 활용하여 질문을 만들어 낼 수 있다. 예를 들어 '이등변삼각형을 처음 탐구한 사람들의 탐구 동기는 무엇이었을까?'라는 질문은 이 질문과 관련된 역사를 알아야만 한다. 그러나 '사람들이 이등변삼각형을 탐구한 이유는 무엇일까?'라는 질문은 선조들이 어떻게 했을까를 자유롭게 생각해 볼 수 있으며,

이에 대한 가능성 있는 답으로 삼각형을 분류하면서 자연스럽게 문제를 제기했을 것이라는 예를 들 수 있을 것이다. 이와 같이 우리는 탐구하고자 하는 그것이 왜 탐구하고 증명할 가치가 있는지 이해하려고 할 때 가상의 역사는 사물이나 수학적 대상의 중요성이나 그 의미를 탐색하는데 필요한 일련의 질문을 생성하기 위한 한 가지 도구임을 알 수 있다.

수학적 탐구 과정에서 다음과 같은 질문 목록은 중요하다. 우리는 이러한 질문 목록을 이용하여 문제 만들기를 위한 출발점을 만들 수 있을 것이다.

- 공식이 있는가?
- 그 공식은 무엇인가?
- 그 공식은 어떤 목적으로 사용되는가?
- 주어진 조건을 만족하는 대상이나 경우의 수는 얼마인가?
- 여기에는 패턴이 있는가?
- 이 경우에 패턴은 무엇인가?
- 반례가 있는가?
- 답이 존재하는가?
- 주어진 정보를 어떻게 압축시킬 수 있는가?
- 표를 만들 수 있는가?
- 언제 참이고, 언제 거짓인가?
- 이것은 연관성이 있는가?
- 이들의 공통점은 무엇인가?
- 이것을 증명하기 위해 무엇이 필요한가?
- 이것은 다른 것과 어떻게 관련되는가?

주어진 것을 '수용'하기를 넘어서 더 나아가는 방법으로 '도전' 단계를 들 수 있다. 이것은 What If Not 전략으로 대변될 수 있다. What If Not 전략은 다음과 같은 단계로 이루어진다. 그렇지만 문제 만들기를 위한 기계적인 과정이 아니라, 문제 만들기를 위한 탐구의 기반으로 생각하는 것이 바람직하다.

- 속성을 열거하기: 문제를 구성하고 있는 요소나 속성을 모두 열거해 본다.

- What If Not의 수행하기(속성 부정하기): 전 단계에서 열거한 속성이 '만약-그렇지 않다면 어떻게 될 것인가'라는 의문을 가져 본다.
- 문제 만들기: 전 단계에서 생각한 의문을 기초로 새로운 문제를 만든다.
- 만든 문제 분석하기: 새로 만든 문제를 분석하거나 해를 구한다.

예를 들어 피보나치수열을 예로 하여 What If Not 전략을 사용해 보기로 하자.

① **간단한 배경 지식 파악하기**: 피보나치수열은 처음 두 항이 1, 1로 시작하여 인접한 두 항을 합하여 그 합을 다음 항으로 하는 수열이다. 즉, 1, 1, 2, 3, 5, 8, 13, 21, 34, 55, 89, …로 확장되는 수열을 의미한다. 이 수열에는 다음과 같은 성질들이 내재되어 있다.

- 연속하는 항의 비율은 황금비에 가까이 간다.
- 인접한 두 항사이의 차는 또 다른 피보나치수열을 생성한다. 즉, 0, 1, 2, 3, 5, 8, 13, …으로 바뀐다.
- 어떠한 항의 제곱은 그 항에 인접한 두 항의 곱과 1만큼 차이가 난다. 예를 들어 3, 5, 8에서 5의 제곱은 25이고, 3과 8의 곱은 24이다.
- 두 인접한 항의 곱은 이들 항들의 바로 앞항과 바로 뒤항의 곱과 1만큼 차이가 난다. 예를 들어 2, 3, 5, 8에서 3과 5의 곱은 15이고, 2와 8의 곱은 16이다.

② **속성 열거하기**: 피보나치수열의 정의에 필수적인 정보들을 나열하고, 속성을 분해해 보기도 한다. 그러면 다음과 같은 속성들을 찾아낼 수 있다.

- 두 개의 수를 가지고 시작한다.
- 시작하는 두 수는 같다.
- 같은 수는 1이다.
- 연속하는 어떤 두 수에 어떤 행동을 취하면 그 다음 수를 얻는다.
- 취하는 어떤 행동은 연산이다.
- 연산은 덧셈이다.

③ **What If Not의 수행하기:** 처음 두 항이 같지 않다면 어떤 일이 생기겠는가? 처음 두 수를 10과 7로 선택해 보자. 그러면 다음과 같은 수열을 얻게 된다. 10, 7, 17, 24, 41, 65, 106, 171, …. 이 수열로 무엇을 할 수 있을까? 파악한 배경지식에서 유도 가능한 것을 생각해 보자.

④ **문제 만들기:** 변형된 새로운 수열에서 연속하는 두 항의 비율의 극한은 무엇인가? 놀랍게도 변형된 새로운 수열의 두 항의 비율의 극한도 황금비에 다가감을 알 수 있다.

⑤ **만든 문제 분석하기:** 피보나치수열에서 기술한 성질들이 변형된 수열에서도 나타나는지 분석해 보자. '어떠한 항의 제곱은 그 항에 인접한 두 항의 곱과 어떻게 다른가?' 이를 적용해 보면 10, 7, 17에서 10과 17의 곱은 170이고, 7의 제곱은 49이므로 1만큼의 차이는 아니고 121만큼의 차이가 생긴다. 피보나치수열에서는 1이 중요한 역할을 했지만, 변형된 수열에서는 121이 역할을 할 것이라는 짐작을 하게 한다. 여기에 몇 가지 질문과 이에 대한 분석이 가능하다.

- 여기에서 121이 왜 중요한가?
- 121은 처음 선택한 10, 7과 관련이 있는가?
- 처음 두 수를 바꾼다면 결과는 어떻게 달라지는가?
- 두 개의 수열이 가지는 공통점은 무엇인가?

위와 같은 질문을 던짐으로써 우리는 처음에 주목하지 않았던 원래 맥락의 다양한 측면을 더 잘 이해하게 될 것이다. 이러한 이유로 수학교육에서 문제 만들기와 관련된 교수·학습 방법은 그 중요성이 날로 강조되고 있으며, 수학적 지식을 학생 스스로 구성해가도록 해야 한다는 구성주의 학습 원리나 수학은 추측과 반박을 통한 발명의 과정을 강조하는 준 경험주의 수리철학관과도 밀접한 관련이 있다. 일반적으로 수학 교수-학습에서 문제 만들기의 의의와 역할, 중요성을 다음과 같이 정리할 수 있다.

① 창의적 능력이나 특별한 수학적 능력의 발현에 도움을 준다.
② 탐구 지향적인 학습 태도를 길러 준다.

③ 학생들의 수학에 대한 이해 정도를 파악할 수 있는 수단이 된다.

④ 학생들에게 이미 배운 지식을 종합적으로 이용할 수 있는 기회를 제공한다.

⑤ 학력 수준이 낮은 학생들에게도 의미 있는 수학 학습 활동을 제공한다.

⑥ 수학에 대한 성향을 향상시키는 수단이 된다.

2-4. 문제해결식 접근법(P-IFA)[3)]

문제해결식 접근법은 수학 문제해결 과정을 통하여 수학의 개념적 이해와 절차적 이해가 이루어지도록 하고, 이를 유사한 문제나 실생활 문제에 적용해 가는 수업 방법이다. 이를 위해 문제해결식 접근법은 수학적 발견 및 탐구 과정의 기본인 '직관적 탐구' 단계와 '형식적 탐구' 단계를 바탕으로 이들의 상호 보완 및 균형을 추구하도록 하며, 그 결과를 적용할 수 있도록 구성되었다.

문제해결에서 직관적 탐구 단계와 형식적 탐구 단계의 설정 근거는 전통적으로 수학의 발견 및 탐구 과정이 직관적 탐구 과정과 이를 형식화하는 과정의 연속이라는 주장에 근거한다(Poincaré, 1905; Wittmann, 1981). 이 과정을 통해 획득하는 개념적 지식과 절차적 지식은 수학 교수·학습 상황에서 중시되어야 할 핵심 요소인 것이다(An & Wu, 2017). 예를 들어, 분수의 곱셈에서는 문제해결에 필요한 절차적 지식만으로도 문제해결에 크게 어려움이 없지만, 그 절차가 성립하는 이유와 원리를 알아야 되는 개념적 지식이 부재한다면 아이들은 그것이 왜 그렇게 되고, 어느 상황에 그것을 사용하는지에 대해 알지 못하며, 이 계산 절차를 지속적으로 연습하지 않으면 몇 초 내에 잊어버릴 수 있기 때문이다(이대현, 2019c).

수학 학습에서 개념적 지식과 절차적 지식의 상호 보완적 관계를 구축하기 위해서는 이를 위한 교수학적 처치가 필요하다. NCTM(1989)에서는 연결성에서 개념적 지식과 절차적 지식의 연결을 강조하고 있으며, CCSSM(2015)에서도 수학 학습에서 개념적 지식과 절차적 지식의 균형 있는 이해를 통해 수학적 이해가 잘 되도록 제안하고 있다. CCSSM(2015)에서는 규준의 주요 원리로 엄밀성(rigor)을 들고 있는데, 이를 위해 개념적 이해, 절차적 기술과 능숙함, 적용을 들고 있다.

---

3) 본 절의 내용은 이대현(2019b)의 내용을 발췌하여 재구성한 것임.

개념적 이해의 수준은 단지 답을 얻는 방법을 넘어서, 개념을 파악하고 문제를 해결함으로써 핵심적인 수학 개념에 대한 깊이 있는 이해를 입증하고 새로운 상황에 수학을 적용하며, 자신의 이해를 말하고 쓸 수 있음을 의미한다. 만약 학생들이 개념적인 이해가 충분히 없다면 절차에 치중하는 결과를 초래할 것이며, 수학적 실천(Mathematical practice)에도 참여하기 어려울 것이다. 절차적 기술과 능숙함은 학생들이 절차적 기술과 계산적 능숙함을 가져야 함을 의미하며, 조작 도구를 이용하지 않고 지필이나 암산으로 수행할 수 있어야 한다는 것이다. 이를 위해 충분한 연습과 추가적인 지원이 학생들에게 제공될 필요가 있다.

수학학습에서 개념적 지식은 정의, 관계, 성질, 정리, 공식들을 이해하고, 실세계 문제를 해결하기 위하여 논리적 사고를 이용하는 것을 포함한다. 수학적 개념을 이해한다는 것은 의사소통이 용이한 물리적인 표현 양식에서 학생들의 마음에 창안된 심상으로 자리 잡아가는 인지적 과정이며, 개념적 이해는 문제해결에 필요한 절차의 유형을 선택하는 데에도 중요한 지식을 제공한다.

수학에서 절차적 지식은 유연하고 정확하며 효과적이고 적절하게 절차를 수행하는 능력을 가리킨다. 절차적 유창성은 개념적 이해와 관련 있으며, 절차적 융통성을 가진 학생들은 개념적 이해에 도움을 주는 계산적 기술과 개념간의 관계를 구성할 수 있는 기회를 제공한다(An & Wu, 2017). 이러한 개념적 이해와 절차적 이해 및 적용에 기반을 둔 문제해결식 접근법을 구성하는 4가지 하위 요소로는 그림 2.1과 같이 문제(Problem), 직관적 탐구(Intuitive inquiry), 형식적 탐구(Formal inquiry), 적용(Application)을 둘 수 있다.

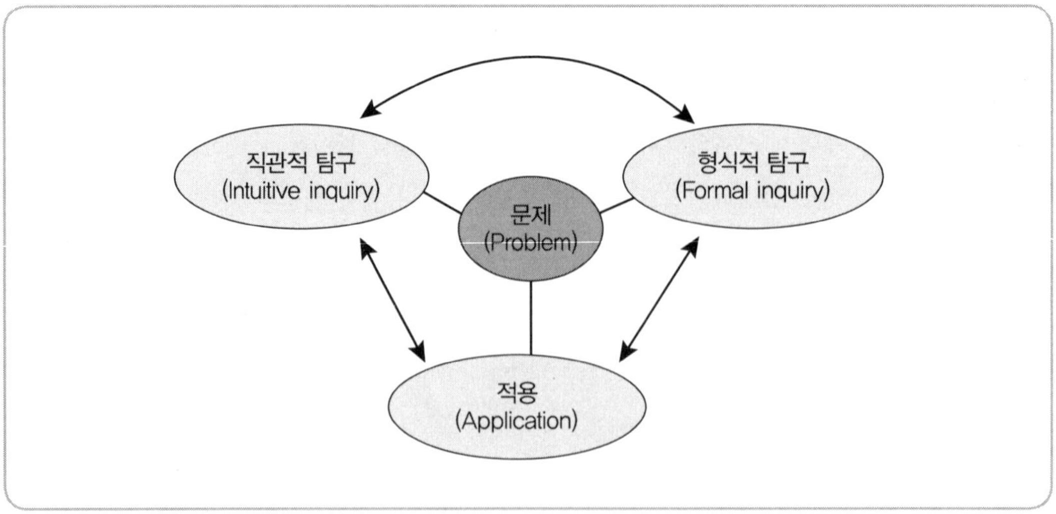

| 그림 2.1 | 문제해결식 접근법(P-IFA)의 구성 요소

- 문제: 문제해결식 접근법에 제시되는 문제는 수학 수업에서 다루어질 수 있는 모든 유형의 문제를 아우르며, 수식 문제뿐만이 아니라 문장제나 일상의 상황을 다룬 맥락 문제 등이 포함된다. 특히, 학생들이 4차 산업혁명 시대를 살아가기 위한 준비를 위해서는 일상생활과 미래의 직업 상황에서 직면할 문제와 상황들에 대해 경험할 필요가 있으며, 이에 대한 문제해결 경험을 통해 수학 개념에 대한 이해 및 실제 맥락에서의 수학 활용 능력이 개발되어야 한다(송미영 외, 2013). 이에 문제해결식 접근법에 제시된 문제는 수학을 활용하여 다양한 상황의 문제를 해결할 수 있는 능력을 기를 수 있는 조건을 갖추도록 한다.
- 직관적 탐구: 직관적 탐구 단계에서는 문제에 대한 개념적 이해를 바탕으로 다양한 해결 방법을 모색하는 단계이다. 학생들은 문제 상황을 구체물로 표현하거나 그림으로 모델링할 수 있고, 기존의 유사한 문제해결 경험이나 비형식적 지식을 활용하여 문제를 해결하도록 한다. 이 단계의 해결 방식은 형식화된 수학과는 구별이 되며, 문제에 내재된 개념적 이해를 바탕으로 유의미한 해를 산출할 수 있다.
- 형식적 탐구: 형식적 탐구 단계에서는 문제를 해결하는 형식화된 수학적 원리를 적용하여 해를 발견하는 단계이다. 학생들은 문제해결에 필요한 알고리즘을 찾아내고 이를 적용하여 문제에 대한 해를 발견하게 되며, 이 과정에서는 절차적 지식의 올바른 적용이 요구된다.
- 적용: 적용 단계에서는 제시된 문제해결을 통해 경험한 수학적 원리를 활용하여 주어진 문제와 유사하거나 실생활 문제를 스스로 만들어 해결해 보는 단계이다. 이 과정을 통해 수학의 실생활 적용 가능성과 수학적 사고력의 함양 및 수학이 일상의 문제를 해결하는 도구임을 인식하여 수학의 가치와 유용성을 체험하도록 하는데 가치가 있다.

한편, 문제를 해결하는 방법은 다양할 수 있으며, 학생들마다 사용하는 방법은 여러 가지로 나타날 수 있다. 따라서 학생들 간에 서로의 문제해결 방법과 생각을 공유하는 것은 다른 학생의 문제해결 방법을 경험하고 이해함으로써 사고의 폭을 넓히고, 다양한 문제해결 방법을 체험할 수 있다는 측면에서 가치가 있다. 이런 면에서 문제해결식 접근법 운영의 전체적인 과정에 서로의 생각을 공유(Idea sharing)하도록 하는 것은 중요하다. 우리나라 교육과정에서도 문제해결 역량의 5가지 하위 요소의 하나로 제시하는 협력적 문제해결은 '균형 있는 책임 분담과 상호작용을 통해 집단적으로 문제해결을 수행하는 능력(박경미 외 41, 2015, p. 39)'을 의미하며,

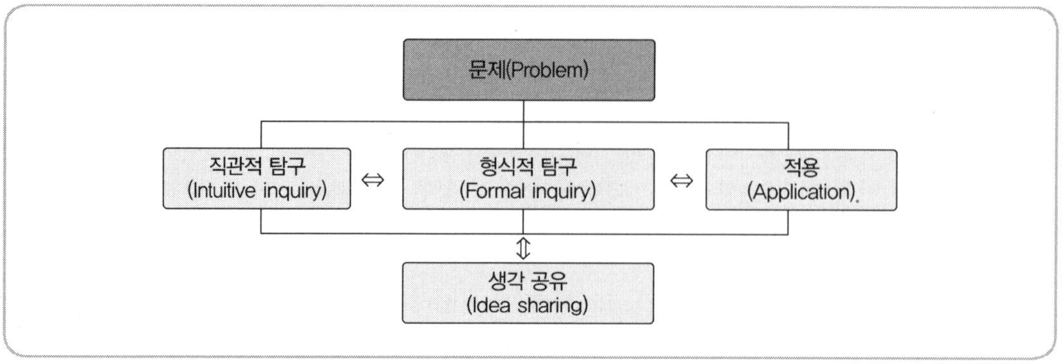

| 그림 2.2 | 문제해결식 접근법의 작용 구조도

서로의 생각을 공유하는 것은 문제해결력의 향상을 위해 필요한 것이다.

문제해결식 접근법의 4가지 구성 요소를 바탕으로 문제해결식 접근법을 위한 교수·학습 방법에서는 그림 2.2와 같은 작용 구조로 이루어진다. 먼저, 문제해결식 접근법을 위해 문제가 제시되고, 학생들은 문제 상황을 이해하여야 한다. 학생들은 문제를 확인하고 문제에서 구하려는 것과 주어진 것을 알고, 용어의 뜻을 파악하며, 문제에 나타난 조건이 무엇인지, 조건들 사이에는 어떤 관계가 있는지를 파악해야 한다(Polya, 1957). 이를 통해 문제해결의 방향을 설정해야 한다.

문제해결 단계는 직관적 탐구 단계와 형식적 탐구 단계로 이루어진다. 먼저, 직관적 탐구 단계를 거치게 된다. 직관적 탐구 단계에서는 문제해결에 필요한 개념과 원리를 파악하기 위해 문제 상황을 구체물로 표현하거나 그림을 그려서 이해하도록 한다. 또, 기존에 해결했던 유사한 문제해결 경험이나 비형식적 지식을 활용하게도 된다. 특히 초등학교 수학 문제는 그림을 그려 모델링 하게 되면 문제해결 과정을 명료하게 확인하기가 용이한 경우가 많이 있다. 이 단계의 문제해결에서는 형식화된 수학적 절차가 없을지라도 문제에 내재된 변인간의 관계를 명확히 이해하고, 이를 바탕으로 유의미한 해를 산출할 수 있다.

다음으로 형식적 탐구 단계에서는 문제에 주어진 수학적인 정보를 조직하거나 변인들의 관계에 주목하여 수식으로 형식화하여 해결하도록 한다. 이 과정에서는 수학의 형식적이고 인과관계적 측면을 중시하여 단계적이고 과정적인 측면으로 문제에 대한 해를 발견하는 과정을 거치게 된다. 이런 과정을 통해 형식화된 해결 방법은 논리적이고 무모순적인 수학의 특성을 반영하게 되며, 수학의 큰 범주에서 문제를 해석할 수 있는 기회를 가지는 것이다.

마지막 과정은 적용 단계이다. 적용 단계에서는 문제해결에 필요한 수학적 지식을 확인하고 이를 활용하기 위해 문제를 만드는 활동이 포함된다. 학생들은 문제해결에 요구되는 지식을 바탕으로 이를 실생활에 적용할 수 있는 상황을 구상하고, 이를 문제로 만들어 내게 되는 것이다. 특히, 문제를 만들어 보는 적용 단계는 다양한 맥락에서 수학을 형식화하고 이용하고 해석하는 개인적인 능력인 수학적 소양을 기르는 과정이다. 즉, 학생들은 문제해결을 통해 얻은 경험을 바탕으로 새로운 실생활 맥락의 문제를 만들어 봄으로써 실세계에서 수학의 역할을 인식하고, 현상을 기술하고 설명하며 예측하기 위해 수학적 추론과 수학적 개념, 절차, 사실, 도구를 사용하도록 하는 것이다(OECD, 2013)

문제해결식 접근법의 작용 구조도에서 보는 바와 같이, 문제해결 과정은 일반적으로 직관적 탐구 단계를 거쳐 형식적 탐구 단계로 발전해 갈 수 있지만, 선형적으로 이루어지는 것만은 아니다. 즉, 문제 상황에 따라, 또는 학생들의 문제해결 선호 방식에 따라 두 과정은 서로 상호 작용하는 구조로 이루어질 수 있는 것이다. 예를 들어, 직관적 탐구 단계를 거치지 않고 수식을 활용하여 형식화된 문제해결이 이루어질 수도 있고, 형식화된 문제해결이 이루어진 다음에 개념적 이해를 위해 구체물이나 그림으로 확인하는 과정을 거칠 수도 있는 것이다.

문제:		
직관적 탐구 단계 (구체물이나 그림을 이용하거나, 즉각적으로 떠오르는 방법을 이용하여 풀어보시오.)	형식적 탐구 단계 (수학 기호나 용어, 식을 이용하여 단계적으로 풀어보시오.)	적용 단계 (새로운 문제를 만들어 풀어보거나, 문제 상황을 실세계에 적용할 수 있는 방법을 써보시오.)

| 그림 2.3 | 문제해결 활동지

수학 교수·학습 상황에서 문제해결식 접근 방법을 활용하기 위한 한 가지 방안으로 학생들의 문제해결 과정을 도울 수 있는 '문제해결 활동지'를 **그림** 2.3과 같이 제시할 수 있다. 그리고 각각의 항목에는 그러한 해결 방법을 선택한 이유(explain why)를 제시하도록 하는 것이 바람직하다(An & Wu, 2017).

2-5. 문제해결 전략의 이해

학생들이 문제를 성공적으로 해결하기 위해서는 문제해결에 필요한 지식을 소유해야만 할 뿐만 아니라, 어떤 문제해결 전략으로 문제를 해결해 갈 것인가를 판단해야 한다. 문제해결 전략이란 문제를 해결하기 위한 기술로서, 문제해결에 도움이 되는 절차나 해법의 단서가 되는 생각, 발견의 단서를 얻도록 하는 기술을 일컫는다. 일반적으로 수학 문제해결에서 이용되는 문제해결 전략으로는 다음과 같은 것이 있다.

- 실제로 해 보기
- 그림 그리기
- 식 세우기
- 단순화하거나 특수한 문제 풀기
- 거꾸로 풀기
- 표 만들기
- 규칙 찾기
- 예상하고 확인하기
- 조직화된 목록표 만들기
- 관점 바꾸기

이러한 문제해결 전략은 한 문제에 대하여 단 하나의 전략만이 유용한 것은 아니며, 하나의 문제는 여러 가지 전략으로 해결 가능하기도 하다. 또, 한 문제를 해결하기 위하여 두 개 이상의 문제해결 전략이 필요한 경우도 있다. 여기에서는 문제에 직면했을 때 이용할 수 있는 문제해결 전략을 알아보기로 한다.

(1) 실제로 해 보기

실제로 해 보기 전략은 문제가 기하학적인 도형이나 공간적인 관계를 포함할 때, 문제 상황을 재현하는 조작 가능한 물리적 모델을 이용하여 실제로 해 보는 전략이다. 즉, 문제 상황을 모델이나 구체물, 그림 등으로 나타내고 실제적인 조작 활동을 통하여 해결 방법을 찾는 전략이다. 예를 들어, 사과 3개를 2명이 똑같이 나누어 먹을 때 한 사람이 먹는 사과의 양을 구하는 문제의 경우에 아직 '몫으로서 분수' 개념을 배우지 않은 학생들도 사과 3개를 아래 그림과 같이 직접 그리고 분할하면서 문제를 해결할 수 있는 것이다.

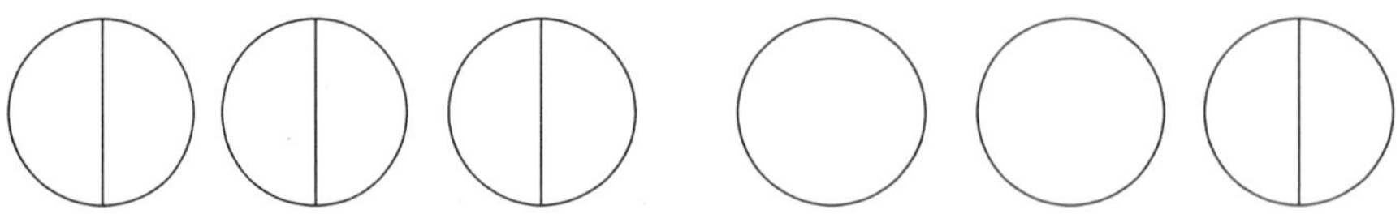

[예시 1] 아래 그림과 같이 12개의 성냥개비가 놓여있다. 2개의 성냥개비를 제거하여, 3개의 사

각형만 남게 하시오.

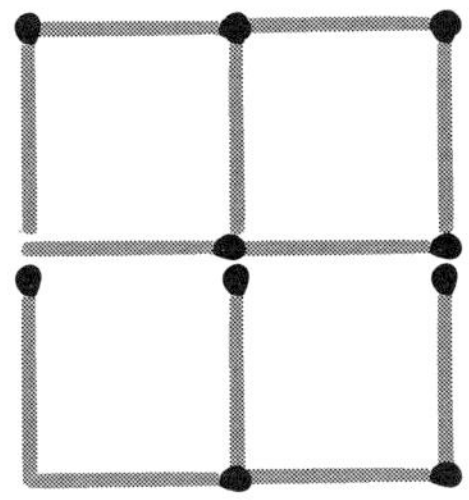

[예시 2] 흰 바둑돌을 빈칸의 위치로 옮기는데 필요한 최소한의 움직임의 수를 구하시오. 단, 흰 바둑돌과 검은 바둑돌은 위-아래, 좌-우로만 움직일 수 있으며, 대각선 방향으로는 곧바로 움직일 수 없다.

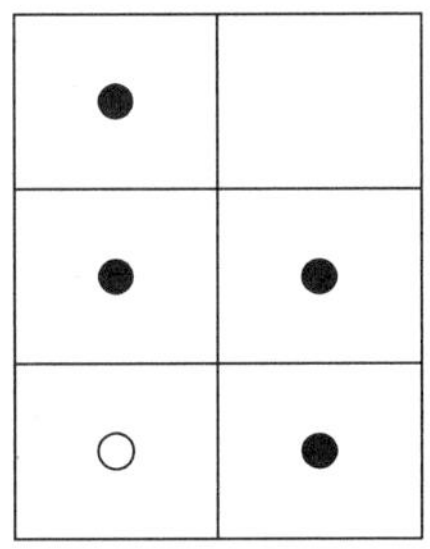

(2) 그림 그리기

수학 문제를 해결할 때 그림 그리기 전략은 문제에 주어진 정보들을 간략한 그림으로 표현하여 문제를 명확히 파악하는데 도움을 주는 전략이다. 그림은 문제 상황을 알아보기 쉽고 직관적으로 파악하는데 도움을 주며, 문제해결의 실마리를 찾는 데에도 유용하다. 예를 들어, 길이가 6cm인 종이테이프 10장을 1cm씩 겹쳐서 붙이면, 전체 길이는 몇 cm가 되는지를 구하는 문제의 경우에 학생들의 전형적인 오답은 $6\times10-10=50$이다. 이러한 오류를 피하고, 문제의 조건에 맞는 답을 쉽게 찾는 방법은 아래 그림과 같이 그림을 그려보는 것이다. 문제 상황을 그림으로 나타내면 겹쳐지는 부분이 9cm이므로 답은 $6\times10-9=51$임을 알 수 있다.

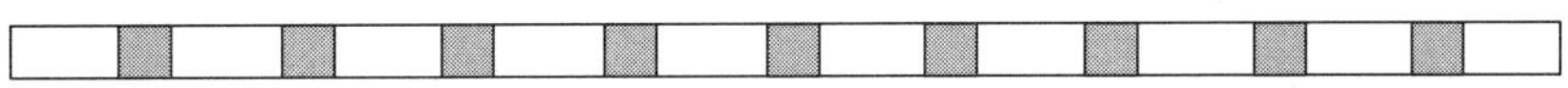

[예시 1] 6cm, 8cm, 10cm인 막대 3개를 이용하여 12cm를 측정하려고 한다. 측정할 수 있는

방법을 구하시오.

[예시 2] 같은 우표 4장을 우체국에서 살 때, 우표 판매원이 우표전지로부터 낱장으로 분리된 것이 없도록 연결되게 하거나, 모두 분리하거나, 또는 연결된 것과 분리된 것을 병행하여 준다고 한다. 우표 판매원이 우표를 줄 수 있는 모든 방법의 수를 구하시오.

(3) 식 세우기

식 세우기 전략은 문제에 주어진 조건을 식으로 표현하여 문제를 해결하는 전략으로, 식을 세우고 단계적으로 절차를 수행하면 답에 이르게 된다. 식을 세우기 위해서는 문제에 제시된 수량 사이의 관계를 수와 문자, +, −, ×, ÷, ( ) 등을 이용하여 등식이나 부등식으로 세워야 한다. 일반적으로 미지의 양을 나타내기 위하여 영어의 알파벳을 주로 이용하지만, 초등학생의 경우에는 □를 이용한 식을 이용하게 된다. 학생들은 식을 세우기 위하여 주어진 정보와 구하고자 하는 정보 사이의 관계를 알아야 하며, 문제해결을 위해 여러 개의 식이 세워질 수 있음도 알아야 한다. 예를 들어, 민이가 16년 후에 지금 나이의 3배가 될 때 민이의 현재 나이를 구하는 경우에, 민이의 현재 나이를 x라고 하면 주어진 문제는 $x+16=3x$인 등식으로 표현된다. 따라서 등식의 성질을 이용하여 문제를 해결하면 민이의 현재 나이는 8살이 된다는 것을 알 수 있다.

[예시 1] 가로의 길이가 세로의 길이보다 2cm 긴 직사각형의 둘레의 길이가 28cm이었다. 이 직사각형의 가로와 세로의 길이를 구하시오.

[예시 2] 연속된 4개의 자연수에서 처음 세 수의 합은 마지막 수보다 12가 크다고 한다. 연속된 4개의 자연수를 구하시오.

(4) 단순화하거나 특수한 문제 풀기

문제를 단순화하거나 특수한 문제를 풀어보는 전략은 문제에 너무 큰 수나 복잡한 규칙이 포함되어 문제해결을 위한 방안이 쉽게 떠오르지 않을 때 이용하는 전략으로, 간단한 조건을 가지는 문제나 주어진 조건을 특수한 상황으로 설정한 문제를 푸는 전략이다. 문제 상황이나 수치가 복잡하여 해결의 실마리가 쉽게 떠오르지 않을 때 간단한 조건을 갖는 문제를 풀거나 문제의 조건을 특수하게 변형시킨 문제를 푸는 것은 더 어려운 문제에 대한 해를 유도해 주기도 하고, 원래의 문제를 해결하기 위한 방법을 제공하기도 한다. 예를 들어, 오늘이 수요일일 때 100일 후는 무슨 요일인가를 알아보는 문제에서는 7일 후는 무슨 요일인지? 10일 후는 무슨 요일인지를 알아보면 100에서 7의 배수를 최대로 버리고 남은 날만을 생각하여 구하면 되는 것이다.

[예시 1] 1에서 150까지의 수들 중에서 7을 가지고 있는 수의 개수를 구하시오.

[예시 2] 1에서 150까지의 수들 중에서 4를 가지고 있는 수의 개수를 구하시오.

[예시 3] 1에서 150까지의 수들 중에서 1을 가지고 있는 수의 개수를 구하시오.

[예시 4] 한 변이 100m인 정사각형 모양의 땅의 둘레에 2m 간격으로 나무를 심으려 한다. 모두 몇 그루의 나무를 심을 수 있는지 구하시오.

(5) 거꾸로 풀기

거꾸로 풀기 전략은 문제의 마지막 상태가 주어져 있고, 문제의 처음 조건을 결정하도록 요구하는 문제에 적용하는 전략이다. 즉, 결론으로부터 거꾸로 생각해 가면서 문제를 해결해 가는 전략이 거꾸로 풀기 전략이다. 거꾸로 풀기 전략으로 답을 찾는 방법으로 Pappus에 의해 체계적으로 정리된 분석법(Analysis)이 있다. 분석법은 구하고 있는 것을 이미 찾은 것처럼, 증명해야 할 것을 참인 것처럼 가정하고 그로부터 선행하는 어떤 것으로부터 바라는 결과가 유도될 수 있는가를 묻고, 다시 그 선행자의 선행자는 무엇인지 묻기를 계속하여, 결국 이미 알려져 있거나 참인 것으로 가정되는 것에 이르게 하는 발견술을 의미한다(우정호, 2000).

분석법과는 반대로, 이미 알려져 있거나 참인 것으로 가정된 명제로부터 출발하여 분석 과정을 거꾸로 되밟아 감으로써 마지막에 요구하는 명제에 도달하는 연역 과정을 종합법(Synthesis)이라고 한다. 즉, 분석법은 풀이 계획을 발견하는 과정이고, 종합법은 그 계획을 실행하는 과정이다. 예를 들어, 다음의 순서도에서 처음에 시작한 수를 구하는 경우에 마지막에 주어진 20에서 출발하여 그 전 단계는 나누기 3을 한 결과가 20이므로 60이 된다. 마찬가지 방법으로 그 앞 단계는 차례로 40, 10이 된다. 따라서 시작 단계의 수는 10임을 알 수 있다.

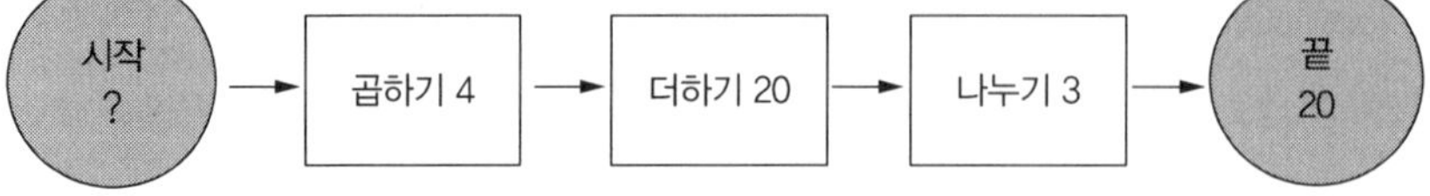

[예시 1] 영수는 민이와 환이에게 그들이 가지고 있는 돈만큼을 각각 주었다. 그리고 나서 민이는 영수와 환이에게 그들이 가지고 있는 돈만큼을 각각 주었다. 그리고 환이는 영수와 민이에게 그들이 가지고 있는 돈만큼을 각각 주었다. 그랬더니 세 사람이 가진 돈은 똑같이 2400원이 되었다. 세 사람이 처음에 가지고 있던 돈이 얼마인지 구하시오.

[예시 2] 민이는 몇 개의 귤을 가지고 있다. 민이는 가지고 있는 귤의 전체의 반과 반개의 귤을 먹었다. 그리고 나서 민지에게 남은 귤의 반과 반개의 귤을 주었다. 그리고 다시 지윤이에게 남은 귤의 반과 반개의 귤을 주었다. 그러자 민이에게는 남은 귤이 하나도 없었다. 민이가 처음에 가지고 있던 귤의 수를 구하시오.

(6) 표 만들기

표는 주어진 자료를 일목요연하게 정리하여 나타내어 줌으로써 자료를 범주에 따라 체계적으로 정리할 수 있는 도구이다. 따라서 표 만들기 전략은 문제에 주어진 정보나 자료의 수가 많을 때 표를 이용하여 정보나 자료를 분류하여 질서 있게 배열하는 문제해결 방법이다. 특히 표는 주어진 정보나 자료에서 규칙을 쉽게 발견하도록 해 주고, 중복되거나 빠트린 정보를 쉽게 확인할 수 있게 해 준다.

문제를 해결할 때 표 만들기 전략은 두 가지 방법으로 이용가능한데, 한 가지는 주어진 정보를 체계적으로 정리·나열하여 제시함으로써 문제에 주어진 조건에 맞는 경우를 찾아가는 방법이고, 다른 한 가지는 문제의 조건에 맞는 상황을 표로 만든 후에 해당되는 경우를 확인하고 그렇지 않은 경우를 제거해 가는 '제거 전략'을 이용하는 방법이다. 예를 들어, 서커스 공연에 두 발 자전거와 세 발 자전거가 모두 10대 있고, 모든 바퀴의 수는 26개일 때, 두 발 자전거와 세 발 자전거의 수를 구하는 경우에는 아래와 같은 표를 이용하여 자전거 수와 바퀴의 수를 나타내면 조건에 맞는 두 발 자전거와 세 발 자전거의 수는 각각 4, 6임을 알 수 있다.

두 발 자전거의 수	1	2	3	4	5	· · ·	9
세 발 자전거의 수	9	8	7	6	5	· · ·	1
모든 바퀴의 수	29	28	27	26	25	· · ·	21

한편으로, 제거 전략을 이용하는 표 만들기 전략으로 예로는 윤아, 영수, 준우는 각자가 연필을 한 자루씩 가지고 있고, 연필의 색은 빨강, 검정, 파랑이라고 한다. 빨강색 연필은 영수의 것이 아니다. 파랑색 연필은 윤아의 것이 아니다. 준우의 연필은 검정색과 파랑색이 아니라면 각각 아이들이 가지고 있는 연필의 색을 발견하기 위해 아래와 같은 표를 만들어 조건에 맞는 셀들을 선택하거나 제거해 가면 준우의 연필은 빨강, 윤아의 연필은 검정, 영수의 연필은 파랑임을 알 수 있다. 아래의 표에 나머지 문제해결 과정을 나타내어 보아라.

	빨강	검정	파랑
윤아			×
영수	×		
준우	○		

[예시 1] 농장에는 토끼와 닭이 있다. 토끼와 닭은 모두 17마리이고, 모든 다리의 수는 42이다. 토끼와 닭의 수를 각각 구하시오.

[예시 2] 어떤 가구점에 3개 다리의 의자와 4개 다리의 의자가 전시되어 있다. 이 가구점에 있는 의자 다리의 수는 모두 합하여 29이다. 전시되어 있는 3개 다리와 4개 다리를 가진 의자의 가능한 모든 수를 각각 구하시오.

[예시 3] 현아, 진아, 준우는 친구이다. 이들은 금발 머리, 갈색 머리, 검은 머리를 가지고 있다. 또 이들은 회색 치마, 녹색 치마, 남색 치마를 입고 있다. 진아는 회색 치마를 입지 않았고 검은 머리가 아니다. 현아는 금발이 아니고 녹색 치마를 입지 않았다. 갈색 머리

소녀는 남색 치마를 입지 않았다. 금발인 소녀는 회색 치마를 입었다. 아이들이 입고 있는 옷과 머리색을 쓰시오.

(7) 규칙 찾기

수학은 규칙을 탐구하는 학문이다. 따라서 수학 문제해결에서 규칙 찾기 전략은 수학이 생성되고 발달되어 가는 과정에 따라 문제를 해결할 수 있는 가장 기본적인 문제해결 방법이다. 규칙 찾기 전략은 표를 만들고 난 후에 그 표에서 규칙을 찾는 것과 같이 다른 문제해결 전략과 자주 병행되어 이용되기도 한다.

예를 들어, 아래 그림과 같이 규칙적으로 점들이 배열되어 있을 때 10번째 그림에 있는 모든 점의 수를 구하는 경우에는 각 그림에 있는 점들의 수의 변화 과정에 나타난 규칙을 찾으면 1, 1+2, 1+2+3, 1+2+3+4, …와 같이 자연수들이 하나씩 늘어나는 자연수들의 합의 형태로 변화되는 규칙이 있음을 알 수 있다. 따라서 10번째 그림에 있는 모든 점의 수는 1에서 10까지 자연수의 합인 55임을 알 수 있다.[4)]

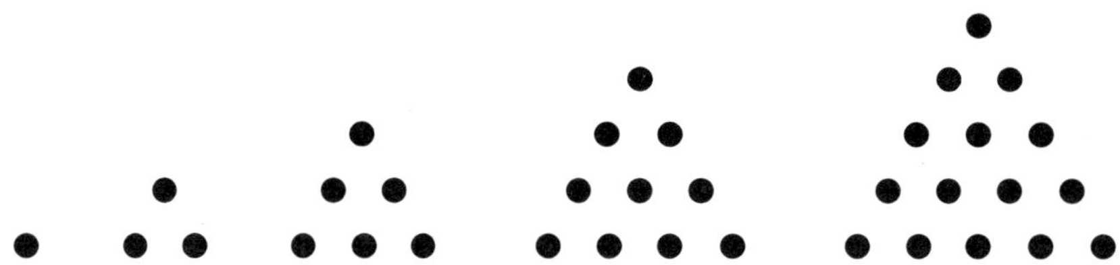

[예시 1] 조련사는 원숭이가 10개의 계단까지 오를 수 있도록 훈련시키고 있다. 그런데 이 원숭이는 한번에 1개나 2개의 계단만을 오를 수 있다고 한다. 이 원숭이가 10개의 계단까지 오를 수 있는 방법의 수를 구하시오.

[예시 2] (하노이 탑) 아래 그림과 같이 하노이 탑의 A 말뚝에 놓여진 7개의 링이 다음 규칙에 따라 C 말뚝에 움직여진다.

(a) 한 번에 한 개의 링이 움직일 수 있다.

(b) 큰 링은 작은 링 위에 위치할 수 없다.

---

4) 삼각형의 모양으로 배열된 점들의 수 1, 3, 6, 10, …을 삼각수라고 한다.

말뚝 C에 탑을 다시 쌓는데 필요한 최소한의 움직임 수를 구하시오.

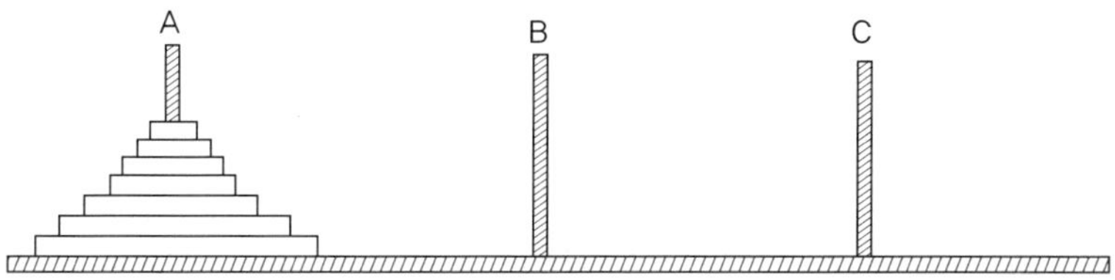

(8) 예상하고 확인하기

예상하고 확인하기 전략은 문제의 답을 미리 예상한 다음에 문제의 조건에 맞는지 확인하는 과정을 반복해 가면서 체계적으로 문제의 조건에 맞는 답을 찾아가는 전략이다. 문제의 답을 예상하는 과정은 막연한 추측이 아니라, 자신의 문제해결 경험이나 지식을 기반으로 하여 문제와 관계있는 것을 신중하게 선택해 가는 과정이다.

예상하고 확인하는 과정에서는 문제해결에 성공하기 전까지 몇 번의 시행착오를 하게 될지도 모른다. 그러나 예상한 것이 잘못된 것으로 밝혀진다면, 정답을 이끌어 낼 수 있는 다른 정보를 얻기 위하여 이미 시도한 예상을 제거해 가게 된다는 점에서 학생들의 문제해결 접근은 성공하게 될 것이다. 예를 들어, 아래 그림과 같이 각 원에 1에서 6까지의 수를 한 번씩만 사용하여 삼각형의 각 변에 있는 수들의 합이 같게 하는 경우에는 몇 번의 시도를 통해 각 꼭짓점에 위치할 수들은 1, 3, 5가 되어야 하고, 나머지 2, 4, 6은 각 변에 적절히 배열시키면 된다는 것을 알 수 있다.

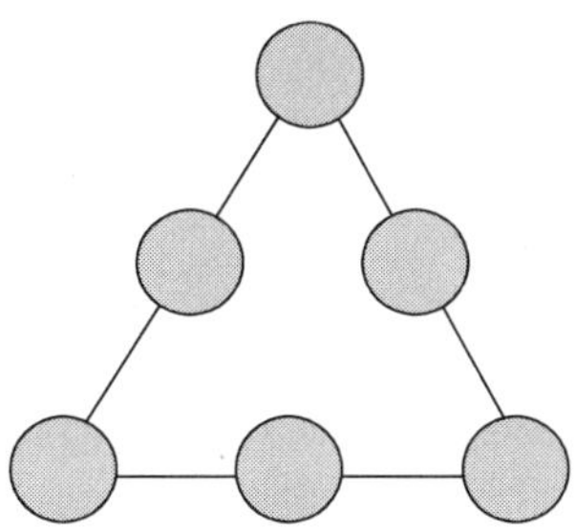

[예시 1] 365를 연속된 제곱수의 합으로 나타내어 보시오.

[예시 2] 네 개의 4와 연산을 이용하여 9를 만드시오.

[예시 3] 1 + 2 + 3 □ 4 □ 5 □ 6 □ 7 □ 8 □ 9 = 100이 성립하도록 □안에 알맞은 연산기호를 넣으시오.

(9) 조직화된 목록표 만들기

조직화된 목록표 만들기 전략은 일어날 수 있는 모든 가능성을 체계적인 방법으로 확인하는 전략으로, 분포표나 수형도 같은 수단을 이용할 수 있다. 조직화된 목록표 만들기 전략은 여러 가지 가능성을 유형화·범주화하여 가능한 모든 방법의 수를 체계적으로 확인함으로써 가능한 경우를 누락시키거나 불필요한 반복을 피할 수 있다. 특히, 이 전략은 문제에 적합한 답을 산출하기 위하여 많은 경우의 가능성을 고려해야 할 때, 모든 가능성을 확인하고 불필요한 반복을 피하도록 도와준다.

예를 들어 2, 4, 5점으로 표시된 과녁판에 민이가 3개의 화살을 쏘아 3개의 화살이 모두 과녁판에 꽂혔을 때 민이가 얻을 수 있는 서로 다른 점수는 아래 표와 같이 3개의 화살이 모두 같은 점수를 얻는 경우, 2개의 화살이 모두 같은 점수를 얻는 경우, 3개의 화살이 모두 다른 점수를 얻는 경우로 범주화하여 구할 수 있다.

화살의 위치	3개의 화살이 모두 같은 경우	2개의 화살이 모두 같은 경우	3개의 화살이 모두 다른 경우
점수의 합	2+2+2=6 4+4+4=12 5+5+5=15	2+2+4=8 2+2+5=9 4+4+2=10 4+4+5=13 5+5+2=12 5+5+4=14	2+4+5=11

[예시 1] 숫자카드 [2], [5], [8]을 이용하여 만들 수 있는 세 자리 수를 모두 구하시오.

[예시 2] 3cm, 5cm, 6cm, 8cm, 10cm 길이의 나무 막대 중에서 세 개만을 사용하여, 각 나무 막대의 끝을 연결하여 길이를 측정할 수 있는 도구를 만들려고 한다. 만들어진 도구로 측정할 수 있는 길이를 모두 구하시오.

(10) 관점 바꾸기

관점 바꾸기 전략은 학생들이 문제에 제시된 상황에 대해 특정한 관점이나 가정에 얽매여서 다른 해결 방법을 생각하지 못할 때 생각의 방향을 바꾸어 문제를 해결해 보는 전략이다. 특히 문제해결 과정에서 문제에 대한 기능적 고착화(functional fixedness) 현상이 야기되어 문제해결에 오류를 일으키기도 하는데, 이 경우에 학생들은 문제에 대한 관점을 바꾸어 문제를 다시 읽고, 이전과는 다른 방식으로 접근할 필요가 있다.

예를 들어, 6시를 가리키는 시계가 5초 동안 종을 쳤다고 할 때 이 시계가 12시에 종을 치는 시간을 구하는 경우에 비례적 사고를 적용하여 10초라고 답을 할 수 있다. 그렇지만 6시를 가리키는 시계가 5초 동안 종을 치는 경우는 종을 치는 간격이 5번이고, 12시인 경우에는 종을 치는 간격이 11번이므로 11초가 정답이 된다는 것을 알 수 있다.

[예시 1] 스트로로 만들어진 직사각형이 있다. 이 사각형을 비스듬히 옆으로 눕히면 두 사각형의 넓이는 같은지 다른지와 그 답에 대한 이유를 쓰시오.

[예시 2] 한밤중의 오전 0시부터 24시간 사이에 시계의 큰 바늘이 작은 바늘을 앞지르는 횟수를 구하시오.

도전! 문제해결!

01 영수가 혼자 방청소를 하면 45분이 걸리고, 영수와 철수가 같이 하면 18분이 걸린다. 만약 철수가 혼자 방청소를 하면 몇 분이 걸리는지 구하시오.

02 두 개의 수도꼭지 A, B는 물을 채우고 C는 배출하는 수조가 있다. 이 수도꼭지가 다음 조건을 만족할 때 물음에 답하시오.

- 조건 1: 수도꼭지 A, B는 틀고 배수구 C를 막으면 6분 만에 수조에 물이 가득 찬다.
- 조건 2: A, B, C를 모두 열어두면 9분 만에 수조에 물이 가득 찬다.
- 조건 3: 먼저 A, B는 틀고 C는 막는다. 4분 후에 B를 잠그고 C를 열면 4분 만에 수조가 가득 찬다.

(1) 수조에 물이 가득 차 있을 때 A와 B는 잠그고 C를 열면 수조에 있는 물은 몇 분 만에 없어지는지 구하시오.

(2) B, C는 잠그고 A를 틀면 얼마 만에 수조가 가득 차는지 구하시오.

Math Cafe

수학에서 추론

수학에서 추론이란 3가지 의미를 가지며, 그것은 수학적 일반화의 전개 과정, 정당화 과정, 수학적 일반화의 사용에 관한 것으로 구성된다(Lannin, Ellis, Elliott & Zbiek, 2011). 먼저, 수학적 일반화의 전개 과정은 개개의 사례 분석을 통한 귀납적 추론 과정을 통해 공통의 성질을 만들어 가는 과정을 의미한다. 이 경우에는 추측하기와 일반화 과정이 중시되는데, 추측하기는 수학적 활동과 추론으로 들어가는 출발점으로, 잠정적으로 참이라는 생각이 들지만 참인 것으로 알려져 있지 않은 진술을 개발하기 위한 수학적 관계에 대한 추론을 가리킨다. 추측은 다양한 원천에서 등장하며, 어떤 것도 참인지, 거짓인지 확신은 못해도 수학적 상황이나 관계를 표현한 것으로 확장될 수 있다. 일반화 과정은 처음 고려한 범위를 넘어 추론을 확장하는 것으로, 여러 사례들 사이의 공통점을 찾는 활동이다. 이를 위해서는 공통 요소를 규명하고 이를 확장해 가야 한다.

다음으로 정당화 과정은 어떤 사실이 옳은지 그른지에 대한 증거를 제공하는 것으로, 어떤 진술이 참인지에 대해 자신과 타인을 납득시키는 것을 의미한다. 정당화를 위해서는 일반화가 적용되는 모든 경우에 어떤 진술이 왜 참인지를 보여야 하는데, 귀납적 추론 과정과 연역적 추론 과정을 통해 주어진 사실이 옳다는 것을 보여야 한다. 정당화의 한 방법으로 반박하기가 있는데, 이는 어떤 진술이 거짓임을 입증함으로써 자신의 주장을 펼치는 것을 의미한다.

마지막으로 수학적 일반화의 사용은 일반화된 원리를 활용하여 문제해결에 적용하는 것을 의미한다. 이것은 추론을 확장하는 것으로, 대상이나 형태와 관계없이 수학적 아이디어에 대한 관계에 대해 넓고 유연하게 사고하는 능력이 중요하다.

3장 자연수와 수론

함께 해결할 탐구 문제

[디오판투스의 묘비 문제] 인생의 $\frac{1}{6}$은 어린 시절, $\frac{1}{12}$은 청소년 시절, $\frac{1}{7}$은 총각 시절로 보낸 사람이 있다. 그 사람은 결혼한 지 5년 후에 아들을 낳았는데, 아들은 아버지보다 4년 일찍 죽었다고 한다. 아들의 수명은 아버지 수명의 $\frac{1}{2}$이었다고 한다. 아버지는 몇 살까지 살았는지 구하시오.

문제해결 전략 1 주어진 문제는 몇 개의 변수를 포함하는 연립방정식 문제이다. 따라서 문제 조건에 맞게 미지수를 설정하여 식을 세우면 다음과 같다(x: 아버지의 나이, y: 결혼 후 기간, z: 아들의 나이).

① $\frac{x}{6}+\frac{x}{12}+\frac{x}{7}+y=x$

② $5+z+4=y$

③ $\frac{x}{2}=z$

문제해결 전략 2 인생은 선형적인 과정이기 때문에 아래 그림으로 표현하면 한 개의 미지수를 갖는 간단한 식을 쉽게 얻을 수 있다.

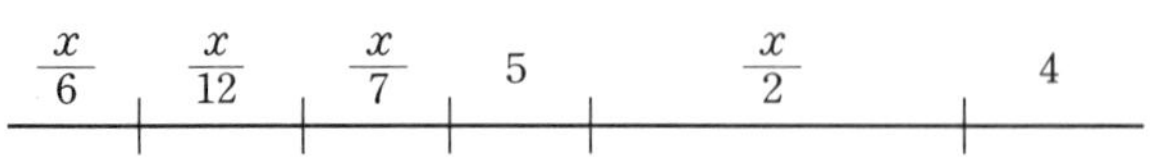

$$\frac{x}{2}=\left(\frac{1}{6}+\frac{1}{12}+\frac{1}{7}\right)x+9$$

문제해결 전략 3 생각을 바꾸어 문제에 제시된 분수에 주목한다. 각 분수로 표현된 기간은 자연수이므로 아버지의 나이는 분수들의 분모의 공배수일 것이다. 실제로 6, 12, 7, 2의 최소공배수는 84이고, 이것이 답이 된다.

ㅁ위의 문제와 유사한 문제를 만들어 보고, 그 문제를 해결해 보시오.

내가 만든 문제	문제해결 전략

3-1. 자연수 탐구[5)]

우리는 일상생활에서 물건의 개수를 세기 위하여 하나, 둘, 셋, …과 같은 수 개념을 이용한다. 그렇지만 학생들은 추상적인 개념으로 수를 배우기 전에라도 수에 대해 풍부한 경험을 한다. 추상적인 수 개념은 복잡하며 다양한 의미를 가진 복합적인 개념이다. 수를 상황에 적절하고 유연하게 사용할 수 있는 능력을 갖기 위해서는 수와 수들 사이의 관계에 대한 직관적인 이해인 수 감각을 가지도록 하는 것이 중요하다. 수 감각에 대하여 NCTM(1989)은 집합수, 순서수, 이름수와 같은 수의 의미를 분명히 이해하고, 52는 50보다 큰 수이고 100의 반 정도 되는 수이며, 50보다 2 큰 수와 같이 수들 사이의 여러 가지 관계를 파악하도록 해야 한다고 한다. 또한 수의 상대적 크기를 인식하고, 연산의 결과로 나타나는 상대적 효과를 파악하는 것이 중요하다고 한다. 덧붙여 수가 나타내는 양이나 크기에 대하여 학생들이 주변에서 접하는 일상적 사물이나 상황에서 그에 대응하는 참조물을 가리킬 수 있을 때 수에 대한 의미를 더욱 풍부하게 가지게 된다.

우리나라 교육과정(교육부, 2015)에서는 1–2학년군에서 네 자리 이하의 수의 범위에서 수 개념을 이해하도록 제시하고 있고, 3–4학년군에서는 10000이상의 큰 수를 이해하도록 제시하고 있다. 학생들이 수를 처음 배울 때는 1에서 9까지의 수와 0에 대하여 학습하게 되며, 집합수와 순서수의 개념에 맞는 수 개념을 형성하도록 하고 있다. 수를 지도할 때 수모형과 같은 모델은 수 개념과 수가 가지는 양감을 길러주는데 유용하며, 수가 커짐에 따라 구체적인 모델보다는 십진기수법의 원리를 알고 적용하도록 해야 한다. 또한 수 개념 지도는 100, 1000, 10000까지의 수와 큰 수에 대해 점진적으로 확장해 가는 것과 같이, 자릿값을 늘려가며 그 의미를 파악하도록 제시하고 있다. 예를 들어, 세 자리 수의 지도에서는 일반적으로 다음과 같은 순서로 지도하게 된다.

- 백의 도입: 90보다 10 큰 수, 10이 10(열)인 수, 99보다 1 큰 수
- 몇 백의 이해: 100개씩 묶어 세기, 몇 백을 읽고 쓰기
- 세 자리 수의 이해: 십진기수법의 원리 이해, 세 자리 수를 읽고 쓰기
- 자릿값 알기: 각 자리의 숫자 알기

---

5) 각 장에 제시된 영역별 지도 내용은 이대현(2019c)의 내용을 일부 수정하여 제시하였음.

• 뛰어 세기: 세 자리 수의 계열 알기, 999 다음의 수로서 1000알기

이러한 과정으로 세 자리 수에 대해 익히게 되면 다음 단계에서는 유사한 방법으로 네 자리 수에 대해 학습하게 되는 것이다. 특히, 수를 지도할 때에는 수를 기계적으로 읽고 쓰는 데 중점을 두기보다는, 수 감각 개발에 중점을 두어 실생활에서 이러한 수들이 사용되는 경우를 찾아봄으로써 큰 수에 대한 양감을 기르도록 하는 것이 중요하다.

(1) 9까지의 수를 세고, 읽고, 쓰기

두 수를 이용하여 8을 나타내어 보시오.

◑ 직관적 탐구

학생들이 처음 배우게 되는 수에 대하여 다른 수와의 여러 가지 관계를 탐구하는 것은 중요하다. 우리나라 학생들은 대부분 8살에 초등학교에 입학하게 된다. 따라서 학생들은 수 8에 대하여 우선적으로 자신의 나이와 결부하여 이해하고, 이를 다른 수와 관련지을 수 있을 것이다. 마찬가지로 6살인 동생보다 자기가 2살 더 많다고 생각할 수도 있다.

학생들은 수 8을 나타내기 위하여 왼손가락 5개와 오른손가락 3개를 들고 8이라고 할 수도 있고, 바둑돌을 이용하여 4개와 4개의 합으로 8을 표현할 수도 있다. 어린 학생들에게 수 개념이나 수들 사이의 관계를 지도하는데 유용한 교구가 십 틀(ten-frame)이다. 아래 그림은 8을 여러 가지 방법으로 표현한 예시들이다.

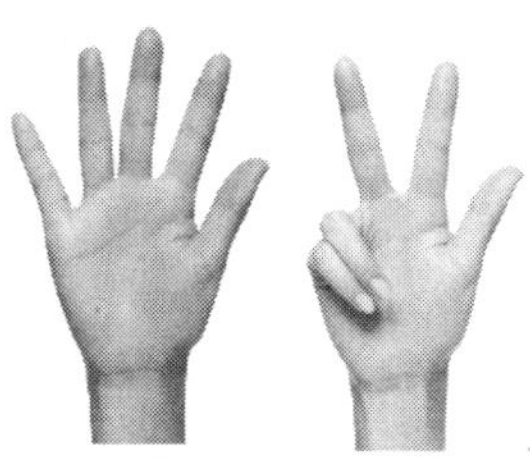

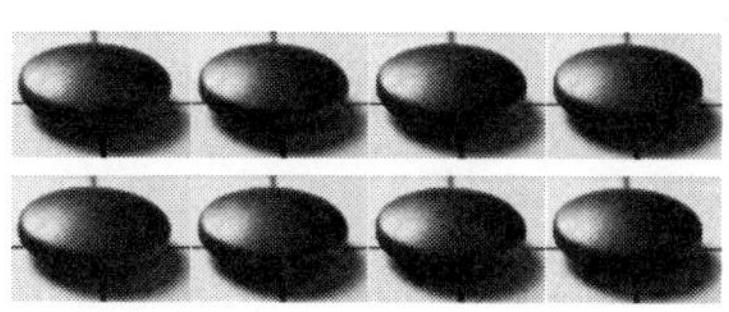

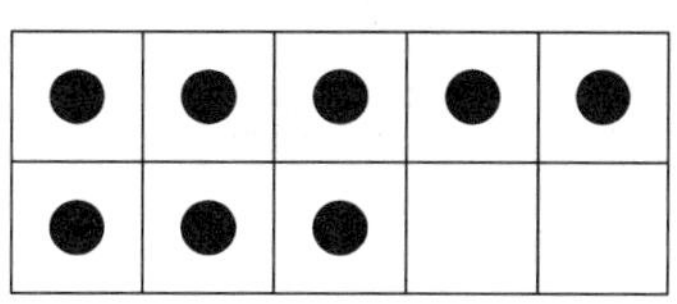

함께 생각하기

수 10에 대하여 여러분이 생각한 실생활에서 의미와 학생들이 제시할 수 있는 의미에 대해 생각해 보고, 서로 의견을 공유해 봅시다.

◑ 형식적 탐구

수를 배울 때 학생들은 수를 세고, 읽고, 쓰는 방법을 배우게 된다. 특히 수를 지도할 때에는 수를 나타내는 물건의 집합, 그 수를 나타내는 언어인 수사, 그 수를 나타내는 기호인 숫자가 바르게 결합되어 해석되어야 한다. 따라서 수의 초기 도입 단계에서는 구체물(집합), 수사, 숫자의 개념이 다음 그림과 같이 서로 관련지어 이해될 수 있도록 동시에 지도해야 한다.

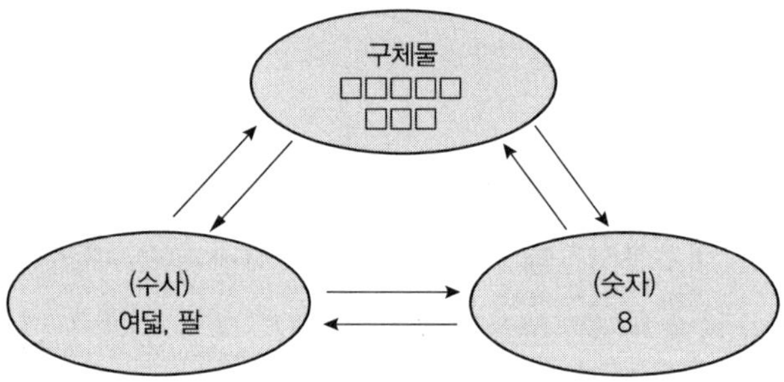

◑ 적용

(가) 수 5가 나타내는 실생활 사례를 들고, 학생들 수준에서 생각할 수 있는 예시를 여러 개 제시하시오.

(나) 수모형을 이용하여 7을 두 수의 합으로 나타내시오.

(다) 쌓기나무 조각을 이용하여 다음과 같은 모양을 만들었다. 이 모양에 이용된 쌓기나무의 수를 여러 가지 방법으로 두 수의 합으로 나타내시오.

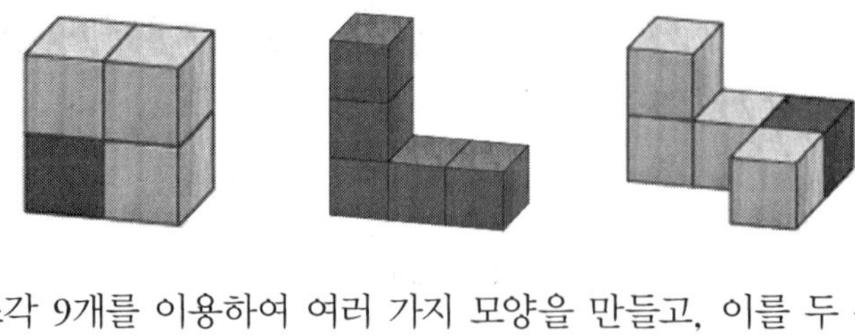

(라) 쌓기나무 조각 9개를 이용하여 여러 가지 모양을 만들고, 이를 두 수의 합으로 나타내어 보시오.

(2) 세 자리 수의 이해

세 장의 숫자 카드 3, 6, 8 을 한 번씩만 사용하여 세 자리 수를 만들려고 한다. 가장 큰 수와 가장 작은 수를 구하시오.

◑ 직관적 탐구

숫자 카드를 이용하여 직접 수를 구성해 보도록 한다. 이때 자릿값 판을 이용하여 각 자리가 가지는 값의 크기를 확인하는 것이 중요하다. 아래 그림에서 3은 백의 자리 숫자, 6은 십의 자리 숫자, 8는 일의 자리 숫자이고, 자릿값은 오른쪽부터 왼쪽으로 한 자리씩 옮겨 가며 차례로 일, 십, 백이 되며, 한 자리씩 왼쪽으로 갈 때마다 10배씩 커진다. 이러한 관계를 인식하여 가장 큰 수는 가장 큰 숫자 카드를 백의 자리에 배열하고, 십의 자리 숫자와 일의 자리 숫자순으로 크기가 큰 숫자 카드를 배열한다. 그리고 가장 작은 수는 이와는 반대로 한다.

백의 자리	십의 자리	일의 자리
3	6	8

↓

3	0	0
	6	0
		8

수모형을 이용하여 수를 직접 구성해 볼 수도 있다. 예를 들어 368은 아래 그림과 같이 수모형으로 나타낼 수 있다.

백 모형	십 모형	일 모형
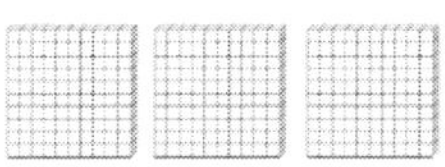	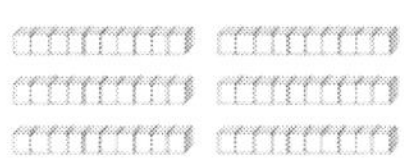	
100이 3	10이 6	1이 8

함께 생각하기

몇 장의 숫자 카드를 이용하여 가장 큰 수와 가장 작은 수를 만들 수 있는 방법을 생각해 보고, 서로 의견을 공유해 봅시다.

◑ 형식적 탐구

세 자리 수에서 백의 자리 값이 가장 큰 값을 나타내고, 다음으로 십의 자리, 일의 자리 순으로 크기가 작아지므로 가장 큰 수는 863이고, 가장 작은 수는 368이다. 각 자리의 숫자가 나타내는 값을 합으로 표현하면 다음과 같다.

$863=800+60+3$

$368=300+60+8$

◑ 적용

(가) 세 장의 숫자 카드 [3], [5], [7]을 한 번씩만 사용하여 세 자리 수를 만들고, 이 수를 이용하여 일상생활의 상황을 표현하는 글을 써 보시오.

(나) 세 장의 숫자 카드 [3], [5], [7]을 한 번씩만 사용하여 세 자리 수를 만들려고 한다. 만들 수 있는 수들의 개수를 구하시오.

(다) 세 장의 숫자 카드 [3], [5], [7]을 이용하여 세 자리 수를 만들려고 한다. 수를 반복하여 사용할 수 있을 때, 만들 수 있는 수들의 개수를 구하시오.

(라) 세 장의 숫자 카드 [3], [5], [7]을 이용하여 세 자리 수를 만들려고 한다. 수를 반복하여 사용할 수 있을 때, 10번째로 큰 수를 구하시오.

(마) 세 장의 숫자 카드 [3], [5], [7]을 한 번씩만 사용하여 세 자리 수를 만들려고 한다. 가장 큰 수와 가장 작은 수의 합을 구하시오.

(3) 수의 크기 비교하기

세 자리 수에 대하여 $47\square \geq 475$를 만족하는 $\square$안의 수를 구하시오.

◑ 직관적 탐구

세 자리 수의 크기 비교이기 때문에 일의 자리에 0부터 9까지 수를 각각 넣어본다. 백의 자리와 십의 자리의 수가 같기 때문에 □안의 수는 5, 6, 7, 8, 9가 가능하다는 것을 알 수 있다.

함께 생각하기

세 자리 수의 크기 비교에 대해 여러분이 생각한 직관적 탐구 방법을 생각해 보고, 서로 의견을 공유해 봅시다.

◑ 형식적 탐구

주어진 문제는 백의 자리 수와 십의 자리 수가 같으므로 일의 자리 수가 크거나 같기만 하면 된다. 따라서 일의 자리 수 5보다 크기가 같거나 큰 수인 5, 6, 7, 8, 9가 답이다. 그리고 세 자리 수의 크기 비교는 다음과 같은 방법을 생각하여 비교하도록 한다.

- 세 자리 수의 크기를 비교할 때 백의 자리 수가 크면 더 큰 수이고, 백의 자리 수가 작으면 더 작은 수이다.
- 세 자리 수를 비교할 때, 백의 자리 수가 다르면 백의 자리 수만 비교하면 된다.
- 세 자리 수의 크기를 비교할 때는 백의 자리 수부터 비교하고, 백의 자리 수가 같으면 십의 자리 수, 십의 자리 수가 같으면 일의 자리 수끼리 비교한다.

◑ 적용

(가) 257과 269 중 어느 수가 큰지 수모형을 이용하여 보이시오.

(나) 다음 조건에 맞는 수를 구하시오.

  – 백의 자리 수는 5보다 크고 7보다 작습니다.

  – 십의 자리 숫자는 20을 나타냅니다.

  – 일의 자리 수는 백의 자리 수보다 1이 적은 수입니다.

(다) 100이 4, 10이 11, 1이 7인 수와 100이 5, 10이 1, 1이 5인 수 중 어느 수가 큰지 구하시오.

(라) 220보다 크고 284보다 작은 수중에서 짝수의 개수를 구하시오.

3-2. 수론 탐구

수가 가지는 성질을 탐구하는 것은 추상적인 개념으로서 수의 여러 가지 성질을 발견하고, 이를 이용하여 수 개념과 구성의 기본 원리를 파악해 가는 것을 의미한다. 특히, 수는 추상화된 수학의 가장 기본적인 개념으로, 수 자체가 가지고 있는 많은 성질들을 탐구하는 것은 수가 가지는 다양한 성질에서 수학적 탐구와 발견학습을 할 수 있는 유용한 방법이다. 고대로부터 수에 대한 성질을 탐구하는 분야를 수비학(數秘學, numerology)이라고 하여, 많은 수학자들은 수에 대한 성질을 탐구하였다. 현재 우리가 사용하는 수는 700년경에 나타났다고 하는데, 이 수가 나타나기 전에도 여러 가지 수체계가 이 세상에 존재하였다. 그리고 이들의 출현 과정을 거치면서 현재 사용하는 인도-아리비아 숫자가 출현한 것이다.

초등학교 수학에서 다루는 수에 대한 성질 중 가장 기본적인 내용은 짝수와 홀수부터 약수와 배수 및 배수 판정법까지 다양하다. 또한 초등학교 교육과정에서는 다루지 않지만, 소수와 합성수와 같은 성질과 더불어 완전수, 부족수, 과잉수와 같은 성질들은 고대로부터 도전적인 탐구 대상이었다. 학생들은 수에 대한 성질을 탐구함으로써 수를 독립된 개념으로 이해하는 것이 아니라, 수가 가지는 독특한 성질 및 수들 사이의 관계에 대해 탐구하게 될 것이다.

(1) 옛날에 사용된 숫자와 기수법

기원전 2500년경에서 600년경 사이에 고대 이집트에서는 물건의 개수를 셀 때 물건 하나에 돌 하나씩을 대응시켜 10개씩 모아지면 한 단위를 올리는 십진법을 사용하였다고 하는데, 그 이유는 사람의 손가락이 10개라는데 있다. 아래 그림은 1, 10, 100, 1000, 10000 등을 고대 이집트 숫자로 나타낸 것이다.

1 10 100 1000 10000 100000 1000000

고대 이집트 숫자로 2019를 나타내어 보고, 고대 이집트 숫자의 불편한 점에 대해 이야기해 보시오.

◑ **직관적 탐구**

고대 이집트 숫자는 각 자리마다 수를 나타내는 고유의 숫자가 있기 때문에 2019를 고대 이집트 숫자로 표현하면 1000을 나타내는 숫자 2개와 10을 나타내는 숫자 1개, 1을 나타내는 숫자 9개를 이용하여 다음과 같이 표현할 수 있다.

함께 생각하기

로마 숫자, 중국 숫자, 고대 마야 숫자를 찾아보고, 이를 이용하여 각 숫자의 특징에 대해 서로 의견을 공유해 봅시다.

◑ **형식적 탐구**

고대 이집트 숫자는 상형문자를 이용한 가법적 기수법으로, 기록된 수의 합으로 수를 표현하는 기수법이다. 이집트의 숫자의 특징은 완전하지는 않지만 십진기수법 체계를 이루고 있고, 자릿값(place value) 개념이나 0을 나타내는 숫자가 없으며, 큰 수를 표현할 때 많은 개수의 숫자를 기록해야 하는 불편함이 있다.

◑ **적용**

(가) 고대 이집트 숫자로 170921을 나타내시오.

(나) 로마 숫자 중에서 Ⅳ는 4를, Ⅴ는 5를 나타낸다. 두 숫자의 형태를 보고 이 숫자의 구성 원리를 생각해 보시오. 그리고 9와 10에 해당되는 로마 숫자에도 같은 원리가 적용되는지 확인해 보시오.

(다) 고대 마야인들의 숫자를 찾아보고, 수의 구성 원리를 써 보시오.

(2) 약수와 배수 탐구

어떤 수를 2, 3, 4, 5로 나눌 때 나머지가 1이 된다고 한다. 이 조건을 만족하는 가장 작은 두 자리 수를 구하시오.

◑ 직관적 탐구

각 조건을 만족하는 수를 직접 구해 보도록 한다. 즉, 2, 3, 4, 5로 나눌 때 나머지가 1이 되는 수를 각각 나열하면 다음과 같다.

- 2로 나눌 때 나머지가 1인 수: 1, 3, 5, 7, 9, 11, 13, 15, 17, 19, …
- 3로 나눌 때 나머지가 1인 수: 1, 4, 7, 10, 13, 16, 19, 22, 25, …
- 4로 나눌 때 나머지가 1인 수: 1, 5, 9, 13, 17, 21, 25, 29, …
- 5로 나눌 때 나머지가 1인 수: 1, 6, 11, 16, 21, 26, 31, 36,…

제시한 수들 중에서 공통으로 처음 나타나는 수는 61이 된다.

함께 생각하기

자연수를 어떤 자연수 k로 나눈 나머지에 의해 분류할 수 있는 여러 가지 방법에 대해 서로 의견을 공유해 봅시다.

◑ 형식적 탐구

2로 나눌 때 나머지가 1인 수는 $2k+1$꼴의 수이고, 3로 나눌 때 나머지가 1인 수는 $3k+1$꼴의 수이다. 마찬가지로, 4나 5로 나눌 때 나머지가 1인 수는 $4k+1$, $5k+1$꼴의 수이다. 우리가 구하고자 하는 수를 P라고 하면 다음 식이 성립한다.

$$P = 2k+1 = 3k+1 = 4k+1 = 5k+1$$

따라서 $P-1=2k=3k=4k=5k$가 되어 $P-1$는 2, 3, 4, 5의 공배수가 된다. 이 중 가장 작은 수는 60이 되므로 $P=61$이 된다.

◑ 적용

(가) 11로 나누면 9가 남고, 9로 나누면 7이 남으며, 5로 나누면 4가 남는 수중에서 500보다 큰 가장 작은 수를 구하시오.

(나) 네 자리 수 3□□1의 □안에 알맞은 수를 넣어 9의 배수가 되는 가장 큰 수와 가장 작은 수를 구하시오.

(다) 2, 4, 5, 6으로 쓰인 네 장의 카드를 이용하여 세 자리 수를 만들 때, 4로 나누어떨어지는 수를 모두 구하시오.

(라) 새 학교가 개교를 하여 1000명의 학생들이 운동장에 모였다. 건물 안에는 학생의 수만큼 개인 사물함이 준비되어 있다. 첫 번째 학생은 건물로 들어가 모든 사물함의 문을 열어 놓는다. 다음으로 두 번째 학생은 2, 4, 6, 8, …과 같이 2의 배수 번째 있는 사물함의 문을 닫는다. 다음 세 번째 학생은 3의 배수에 있는 사물함의 열린 문은 닫고, 닫혀있는 문은 열어 놓는다. 네 번째 학생도 역시 4의 배수의 사물함을 따라 열린 문은 닫고, 닫혀있는 문은 열어 놓는다. 이와 같은 과정을 1000번째 학생까지 한다면 각 사물함에 나타날 결과를 쓰시오.

(3) 배수판정법

387이 9의 배수인지, 아닌지 판정하시오.

◑ 직관적 탐구

387이 9의 배수인지, 아닌지를 판정하는 방법은 387을 9로 직접 나누어 보는 것이다. 그러면 387÷9=43으로 나누어떨어지므로 387은 9로 나누어떨어짐을 알 수 있다. 좀 더 간단한 방법으로는 계산기를 이용하여 계산을 해 보는 것이다.

다음으로는 수모형을 이용하여 9의 배수가 되는 양만큼을 제외시키고, 나머지를 이용하여 9로 나누어떨어지는가를 확인하는 방법이 있다. 아래 그림의 백 모형에서는 1을 제외한 99가 9의 배수이고, 십 모형에서는 1을 제외한 9가 9의 배수이다. 따라서 387이 9의 배수인가를 확인

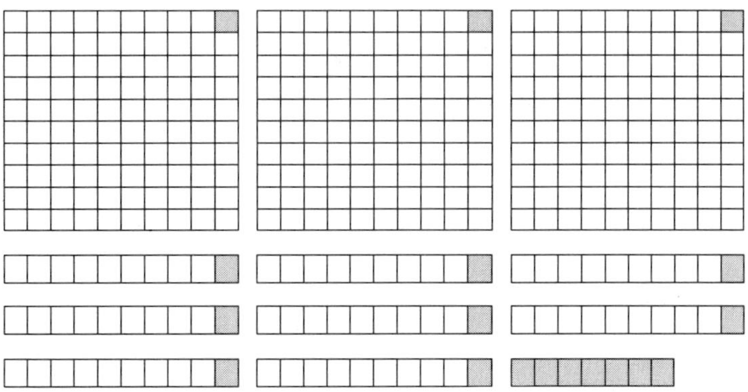

하기 위해서는 9의 배수가 되는 수를 제외한 백의 자리에서 남은 3, 십의 자리에서 남은 8, 일의 자리에서 남은 7의 합이 9의 배수인가만 확인하면 된다. 실제로 3+8+7=18이므로 9의 배수임을 알 수 있다.

> **함께 생각하기**
>
> 어떤 수가 2, 3, 5, 7로 나누어떨어질 조건에 대해 생각해 보고, 그 방법에 대해 서로 의견을 공유해 봅시다.

◑ 형식적 탐구

합동의 개념을 이용하여 배수판정법을 확인할 수 있다. 어떤 정수 M은 $M=a_{n-1}\times 10^{n-1}+a_{n-2}\times 10^{n-2}+a_{n-3}\times 10^{n-3}+\cdots+a_1\times 10^1+a_0$와 같이 나타낼 수 있다. 이제 9의 배수일 조건을 알아보자. $10\equiv 1(\text{mod } 9)$이고, $10^k\equiv 1^k(\text{mod } 9)$이므로

$$
\begin{aligned}
M &= a_{n-1}\times 10^{n-1}+a_{n-2}\times 10^{n-2}+a_{n-3}\times 10^{n-3}+\cdots+a_1\times 10^1+a_0 \\
&\equiv a_{n-1}\times 1^{n-1}+a_{n-2}\times 1^{n-2}+a_{n-3}\times 1^{n-3}+\cdots+a_1\times 10^1+a_0 \\
&= a_{n-1}+a_{n-2}+a_{n-3}+\cdots+a_1+a_0 \ (\text{mod } 9)
\end{aligned}
$$

그러므로 M이 9로 나누어떨어진다는 것은 M의 각 자릿수의 합이 9로 나누어떨어지면 된다. 마찬가지로 $10\equiv 1(\text{mod } 3)$이므로 M이 3으로 나누어떨어진다는 것은 M의 각 자릿수의 합이 3으로 나누어떨어지면 된다.

◑ 적용

(가) 어떤 수가 짝수, 홀수일 조건을 제시하고, 합동 개념을 이용하여 밝히시오.

(나) $10\equiv 1(\text{mod } 3)$임을 보이시오.

(다) 어떤 수가 11의 배수일 조건을 찾고, 3162819가 11의 배수인지 판정하시오.

(4) 올림, 버림, 반올림

> 1002를 십의 자리에서 올림하면 얼마인지 구하시오.

◑ 직관적 탐구

계산 과정에서는 정확한 값이 필요할 때와 대략적인 값이 필요할 때를 알고 적용해야 한다. 대략적인 값이 필요할 때에는 어림을 하는데, 어림은 특별한 목적을 위해 정확한 크기, 양, 수에 대한 근사적인 의견을 형성하는 것이다. 어림을 하는 대표적인 방법으로 반올림, 올림, 버림이 있다.

반올림을 구하기 위한 직관적인 방법으로는 롤러코스트 모델을 활용할 수 있다. 아래 그림에서는 일의 자리에서 반올림한 상황을 나타낸다. 궤도에 있는 롤러코스트는 가까운 쪽으로 밀려 내려가게 되고 그 값이 반올림을 한 결과가 된다. 그렇지만 5인 경우에는 큰 값인 10으로 반올림하게 된다.

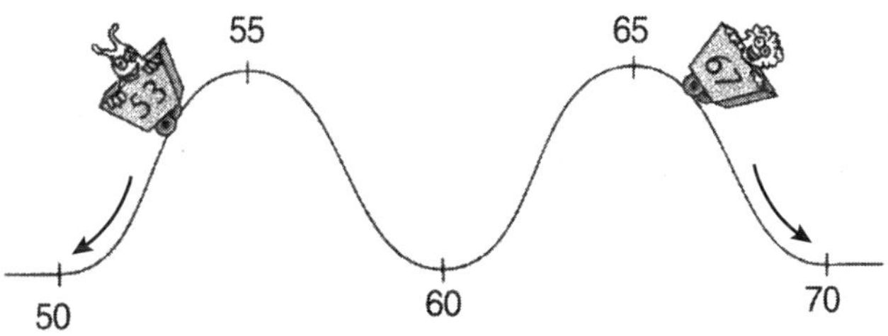

올림과 버림을 구하기 위한 직관적인 방법으로는 수직선 모델을 이용한다. 아래 그림은 100씩 눈금이 매겨진 수직선이다. 이 수직선에서는 100단위가 최소 단위가 되기 때문에 십의 자리에서 올림한 경우에는 해당되는 값의 바로 오른쪽 값으로 올림을 하고, 버림의 경우는 해당되는 값의 바로 왼쪽 값으로 버림을 하게 된다. 따라서 1002를 십의 자리에서 올림하면 1100이 되는 것이다.

함께 생각하기

실생활에서 올림과 버림, 반올림을 하는 상황을 생각해 보고, 어떻게 처리했는지 서로 의견을 공유해 봅시다.

◑ 형식적 탐구

반올림은 연속량의 크기를 측정할 때 이용하는데, 논의하는 자리의 숫자가 0, 1, 2, 3, 4이면 0으로 생각하고, 5, 6, 7, 8, 9이면 10으로 생각하여 나타내게 된다. 그렇지만 5는 0과 10사이의 가운데에 있기 때문에 5 대신에 0이나 10을 생각할 수 있다. 그런데 5를 10으로 생각한 이유는 수직선에서 일의 자리 수를 생각해 보면 0부터 시작하여 10보다 작은 수를 의미하게 되는데, 이 경우에 5는 엄격하게 구별하면 가운데 수가 아니라, 오른쪽으로 치우친 수이기 때문에 5를 반올림하면 10으로 생각하는 것이다.

버림은 담을 양이 정해진 상자에 물건을 넣을 때 최대로 넣을 수 있는 개수를 구하는 상황에 이용하는 어림이다. 예를 들어 10개씩 사과를 담을 수 있는 상자에 사과가 26개 있다면 20개만 2상자에 담을 수 있는 것이다. 따라서 버림에서는 1, 2, 3, 4, 5, 6, 7, 8, 9를 0으로 생각하고 나타내게 된다.

올림은 목표로 하는 양을 충족시키기 위하여 선택해야 할 최소의 양을 구하는 상황에 이용하는 어림이다. 예를 들어, 100원권만을 가지고 있을 때 350원인 연필을 사기 위해서는 400원이 있어야 한다. 따라서 올림에서는 1, 2, 3, 4, 5, 6, 7. 8, 9를 10으로 생각하고 나타내게 된다. 위 문제에서 1002를 십의 자리에서 올림하면 100원권만 가지고 있을 때 1002원을 지불하기 위해서는 1100원이 있어야 하므로 1002를 십의 자리에서 올림하면 1100이 된다.

◑ 적용

(가) 1002를 십의 자리에서 버림한 값을 구하시오.

(나) 5.52를 올림하여 소수 첫째 자리까지 나타내시오.

(다) 2.46을 버림하여 소수 첫째 자리까지 나타내시오.

(라) 6.527을 반올림하여 소수 첫째 자리까지 나타내시오.

(마) 운동회 때 나눠 줄 상품 한 개를 포장하는 데 끈 1m가 필요하다. 끈 928cm로 상품을 최대 몇 개까지 포장할 수 있는지 구하시오. 이 경우에 어떤 어림을 했는지 말해보시오.

(바) 어떤 수를 반올림하여 십의 자리까지 나타내었더니 60이 되었다. 어떤 수가 될 수 있는 수의 범위를 구하시오.

도전! 문제해결!

01 여섯 개의 수 2, 4, 5, 8, 9, 11을 합이 같도록 세 개의 모임으로 분할하시오.

02 다음에 제시된 식은 각 자리의 숫자가 실제 숫자보다 1이 크거나 작다. 식을 옳게 바꾸어 보시오.

90 + 27 = 86

03 3㎝, 9㎝, 16㎝의 길이를 가진 막대만을 이용하여 20㎝인 막대 사탕을 몇 사람에게 똑같이 나누어 주려고 한다. 어떻게 나누어줄 수 있는지 가능한 모든 경우를 구하시오.

Math Cafe

생활 속에 살아있는 수학

우리가 사는 세상 주변에는 많은 수학적 원리가 살아 숨 쉬고 있다. 예를 들면 맨홀 뚜껑은 원 모양이다. 이것은 원의 중심에서 원 위의 어떤 점까지도 같은 거리만큼 떨어져 있기 때문에 지름의 길이가 항상 같아 맨홀이 홀 안으로 빠지지 않기 때문이다. 이처럼 도형에 접하는 두 평행선 사이의 거리가 일정한 도형을 '정폭도형'이라고 하는데, 원이 대표적인 정폭도형이며, 정삼각형을 그리고 각 꼭짓점에서 다른 두 꼭짓점을 잇는 호를 그리면 만들어지는 루로삼각형도 정폭도형이다. 이러한 정목도형은 모든 폭이 같기 때문에 홀 안으로 빠질 염려가 없는 것이다.

한 가지 다른 예로는 신용카드 번호의 마지막 숫자에 숨겨있는 체크숫자의 비밀이다. 마스터카드는 51에서 55까지로 시작되는 16자리의 숫자를 사용하며, 비자카드는 4로 시작하는 13자리나 16자리의 숫자를 갖는데, 마지막 숫자를 다음과 같은 룬(Luhn)의 공식을 적용하여 체크숫자로 정하게 된다. 이러한 체크 숫자는 수학적 원리를 이용하여 가짜 카드번호를 방지하기 위한 안전장치인 것이다.

- 홀수 번째 수들의 두 배를 구하고, 각 수를 더한다. 이때 두 배한 값이 두 자리 수이면 두 숫자를 분할하여 더한다.
- 짝수 번째 수들은 그대로 더한다.
- 홀수 번째와 짝수 번째의 조작 결과를 합하여 10의 배수가 되도록 마지막 숫자를 정한다.

4장 분수와 소수

함께 해결할 탐구 문제

민이는 어린이 날 행사에 사용할 사과 맛 사탕과 자두 맛 사탕을 300개 구입하였다. 사과 맛 사탕 수의 $\frac{2}{7}$는 자두 맛 사탕 수의 $\frac{1}{4}$과 같았다. 민이가 구입한 사과 맛 사탕과 자두 맛 사탕의 수를 각각 구하시오.

문제해결 전략 1 사과 맛 사탕 수의 $\frac{2}{7}$와 자두 맛 사탕 수의 $\frac{1}{4}$이 같고, $\frac{2}{7} > \frac{1}{4}$이기 때문에 자두 맛 사탕이 더 많다는 것을 알 수 있다. 분수만큼 표현된 양이 자연수가 되어야 하므로 사과 맛 사탕의 수는 7의 배수이고, 자두 맛 사탕의 수는 4의 배수이다. 이제 300의 반인 150을 기준으로 150보다 작은 7의 배수와 150보다 큰 4의 배수 중에서 조건에 맞는 수를 찾으면 된다. 그러면 사과 맛 사탕의 수는 140, 자두 맛 사탕의 수는 160임을 알 수 있다.

문제해결 전략 2 사과 맛의 $\frac{2}{7}$와 자두 맛의 $\frac{1}{4}$이 같으므로 그림을 이용하여 나타내면 아래와 같다. 그림에서 모든 셀은 같은 수를 나타내고 모두 15개이므로 하나의 셀에 해당되는 사탕의 수는 20이 된다. 따라서 사과 맛 사탕의 수는 140, 자두 맛 사탕의 수는 160임을 알 수 있다.

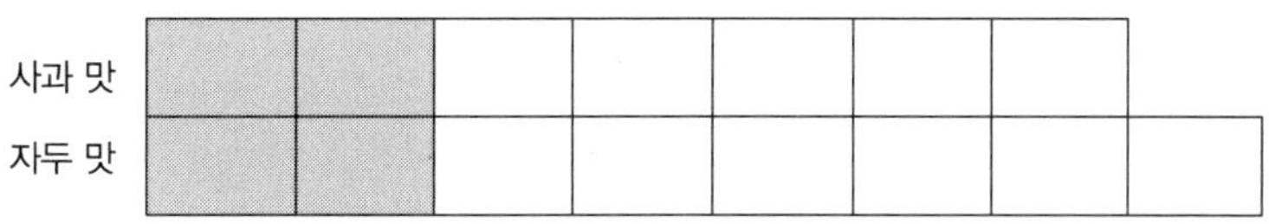

문제해결 전략 3 주어진 조건에 맞는 식을 세워서 구할 수 있다. 사과 맛 사탕의 수를 a, 자두 맛 사탕의 수를 p라 하면, $a+p=300$, $\frac{2}{7}a=\frac{1}{4}p$이다. 이 두 식을 연립하여 풀면 $a=140$, $p=160$임을 알 수 있다.

ㅁ 위의 문제와 유사한 문제를 만들어 보고, 그 문제를 해결해 보시오.

내가 만든 문제	문제해결 전략

4-1. 분수 탐구

초등학교에서 분수는 자연수 개념과 더불어 학생들이 배우는 중요한 수 개념의 하나이다. 특히, 분수는 자연수로 표현되지 않는 양을 수로 표현할 필요에 의해 나타나게 되었고, 그렇기 때문에 생활 속에서 학생들이 자주 사용하고 있는 수 개념이기도 하다. 그럼에도 불구하고 분수와 소수에 대한 학생들의 낮은 이해도를 보여주는 연구 결과는 분수와 소수 지도 방법에 대한 다양한 견해들을 표출해 왔고, 앞으로도 지속적인 노력이 필요한 분야라는 것을 말해준다.

분수는 여러 의미를 갖는 복합적인 개념인데, Rey, Suydam, Limdquist & Smith(1998)는 분수의 의미를 부분–전체의 의미, 몫의 의미, 비의 의미와 같이 3가지로 제시하고 있으며, Baroody & Coslick(1998)은 분수의 의미를 전체에 대한 부분, 몫, 비, 연산자의 의미와 같이 4가지로 제시하고 있다. 강지형 외(2003)는 분수의 의미를 등분할(전체–부분)의 의미, 양의 의미, 몫의 의미, 비의 의미, 연산자의 의미와 같이 5가지로 제시하고 있다.

분수 지도는 구체물 나누기나 색종이 접기와 같은 등분할 활동을 통하여 연속량의 등분할로 도입한다. 또한, 이산량을 등분할하고, 등분할된 양을 분수로 나타내게 한다. 등분할은 분수 지도의 핵심으로, 등분할을 지도할 때에는 등분할이 아닌 경우를 함께 제시하여 등분할 개념을 정확하게 정립시켜 줄 필요가 있다. 등분할의 의미를 바탕으로 전체와 부분의 관계를 이해하게 하고, 전체와 부분의 관계를 분수로 나타내고 읽고 쓸 수 있게 한다. 그리고 분수를 도입할 때 '분모', '분자'를 사용하도록 한다.

분모와 분자의 크기를 비교하여 분수를 진분수, 가분수, 대분수로 분류하고, 분수를 수직선에 나타내어 분수의 계열을 이해하게 한다. 또 가분수와 대분수 사이의 관계를 알고, 가분수를 대분수로, 대분수를 가분수로 고치게 한다. 더불어 분자와 분모의 크기가 같은 분수와 자연수 1과의 관계를 이해하여 유리수에 대한 기초를 다지게 한다.

분수의 크기 비교에서는 분모가 같은 진분수와 진분수, 가분수와 가분수, 대분수와 대분수, 대분수와 가분수의 크기를 비교하게 한다. 분모가 같은 진분수는 그 분수를 이루는 단위분수가 같으므로 구체물을 등분할한 후, 각 분수가 나타내는 양을 비교하게 한다. 단위분수는 구체물의 등분할이나 수직선에서의 위치 등을 이용하여 크기를 비교하게 한다.

구체물 조작 활동을 통하여 크기가 같은 분수의 성질, 즉 분수의 분모와 분자에 0이 아닌 같은 수를 곱하여도 분수의 크기는 변하지 않는다는 성질을 이해하게 한다. 또 이 성질을 이용하여 주어진 분수와 크기가 같은 분수를 만들고, 약분하는 방법을 알고, 주어진 분수를 약분하게 한다. 또, 크기가 같은 분수의 성질을 이용하여 분모가 다른 두 분수를 통분하는 방법과 공통분모의 의미를 알고, 주어진 분수를 통분하게 한다. 또 분모의 최소공배수를 공통분모로 하여 통분을 하면 간편하게 통분할 수 있음을 이해하게 한다.

(1) 분수 개념(전체-부분 모델)의 이해

다음 빗금 친 부분을 분수로 나타내시오.

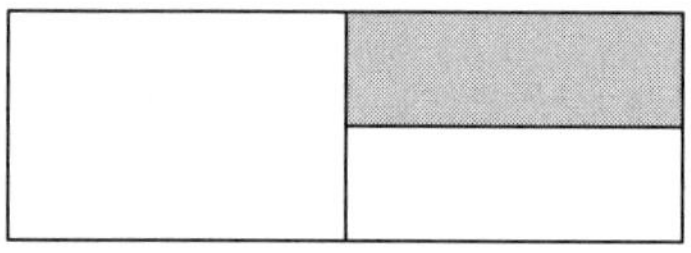

◑ 직관적 탐구

분수를 배우지 않은 학생들의 경우에는 일상의 경험에 기초하여 '반의 반'이라고 답을 하는 경향이 있다. 그렇지만, 영역 모델을 이용하여 분수를 배운 학생들의 경우에는 조각들이 모두 같은 크기가 아니므로(등분할되지 않았으므로) 분수로 표현할 수 없다고 답을 하는 경우가 많이 있다(Empson & Levi, 2011). 이 경우에 분수를 배우지 않은 학생들은 일상의 경험을 바탕으로 그림에서 수학적 관계를 인식한 것이고, 영역 모델로 분수를 배웠으나 등분할의 의미를 명확하게 이해하지 못한 학생들은 분수에 관한 개념적 이해에 도달하지 못한 것이다.

함께 생각하기

분수의 지도에서 등분할의 중요성과 등분할 분수를 개념적으로 이해하도록 지도할 수 있는 방법을 생각해 보고, 서로 의견을 공유해 봅시다.

◑ 형식적 탐구

분수는 라틴어 fractio(쪼개다; break)라는 의미를 가진 frangere의 파생어에서 유래된 용어로, 전체를 몇 개의 조각으로 나눈다는 의미를 가지고 있다. 즉, 분수는 똑같은 크기의 부분으로 나눈 전체(분모)에 대한 부분의 수(분자)를 의미하는 등분할의 의미가 있다. 예를 들면, 분수 $\frac{3}{5}$은 전체를 똑같이 5등분하고 그 중에서 3개를 택한다는 의미이다. 문제에 제시된 그림은 등분할이 되지 않은 상황이기 때문에 전체를 똑같은 부분으로 분할하면 빗금 친 부분은 $\frac{1}{4}$이 된다는 것을 알 수 있다.

◑ 적용

(가) 다음 그림에 제시된 영역을 분수로 나타내시오.

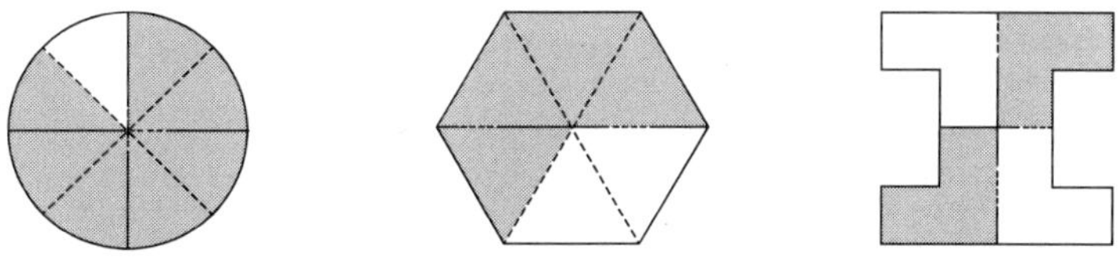

(나) 다음 정사각형을 똑같은 4개의 영역으로 등분할 수 있는 방법을 생각해 보고, 그림에 등분할해 보시오.

(2) 분수 개념(집합 모델)의 이해

사과 12개의 $\frac{1}{2}$을 구하시오.

◑ 직관적 탐구

분수의 의미에 주목하여 생각하면 분수 $\frac{1}{2}$은 전체의 반이므로(전체를 똑같이 2개로 나눈 것 중의 하나이므로) 12개 사과의 반은 6개임을 알 수 있다.

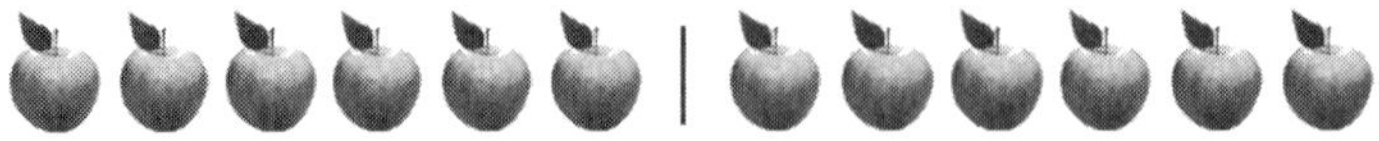

함께 생각하기

하나의 영역을 등분할하는 분수와는 달리 집합 모델에서는 사과 12개, 달걀 6개와 같이, 몇 개의 사물의 모임을 하나의 단위로 간주해야 한다. 이와 같이 전체와 단위가 다른 경우의 분수 표현 방법에 대해 생각해 보고, 서로 의견을 공유해 봅시다.

◑ 형식적 탐구

사과 12개의 $\frac{1}{2}$은 12의 $\frac{1}{2}$배이므로 $12\times\frac{1}{2}=6$이 된다.

◑ 적용

(가) 사과 8개를 똑같은 4개의 묶음으로 만들었다. 이때 사과 4개를 분수로 나타내시오.

(나) 10m의 $\frac{1}{5}$은 얼마인지 구하시오.

(다) 전체 피자 3판에 대하여 피자 1판을 단위로 생각할 때 피자 3판을 5명이 똑같이 나누어 먹으면 한 사람이 먹는 피자는 몇 판이 되는지 구하시오.

(라) 전체 피자 3판에 대하여 피자 3판을 단위로 생각할 때 피자 3판을 5명이 똑같이 나누어 먹으면 한 사람이 먹는 피자의 양은 전체의 얼마 만큼인지 구하시오.

(3) 분수 개념(균등 분배)의 이해

과자 5개를 3명이 똑같이 나누어 먹을 때 한 사람이 먹는 과자의 양을 구하시오.

◑ 직관적 탐구

과자 5개와 3명을 그림으로 표현하여 나타내고, 이를 나타내면 된다. 먼저 모든 과자를 3등분하여 각각에서 한 조각씩을 나누어 주면 한 사람이 갖게 되는 과자의 양은 $\frac{1}{3}+\frac{1}{3}+\frac{1}{3}+\frac{1}{3}+\frac{1}{3}=\frac{5}{3}$가 된다. 다른 방법으로는 과자를 한 개씩 먼저 주고, 나머지를 나누어 주는 방법이 있다. 이 경우에도 나누어 주는 과자를 분수로 표현하면 $1+\frac{1}{3}+\frac{1}{3}$,

$1+\frac{1}{2}+\frac{1}{6}$ 등으로 나타낼 수 있다. 각 경우에 해당되는 그림을 그려 보도록 하자.

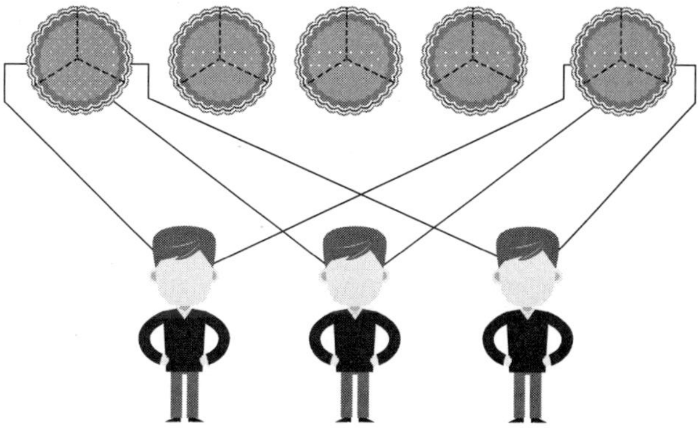

함께 생각하기

과자 3개를 2명이 똑같이 나누어 먹을 때 한 사람이 먹는 과자의 양을 구하는 문제와 과자 5개를 3명이 똑같이 나누어 먹을 때 한 사람이 먹는 과자의 양을 구하는 문제에 대하여 몫으로서 분수 개념을 배우지 않은 학생들의 문제해결 방법을 생각해 보고, 두 문제의 공통점과 차이점에 대해 서로 의견을 공유해 봅시다.

◑ 형식적 탐구

과자 5개를 3명이 똑같이 나누어 먹는 문제는 우리나라 교육과정에서 '[6수01-10] (자연수)÷(자연수)에서 나눗셈의 몫을 분수로 나타낼 수 있다(교육부, 2015, p. 22).'에 해당되는 내용이다. 이 경우에 문제 상황은 5÷3이 되고, 이 식의 몫은 $\frac{5}{3}$가 된다.

◑ 적용

(가) 크기가 같은 색종이 5장을 남김없이 4명이 똑같이 나누어 가지려고 한다. 한 명이 가지게 되는 색종이의 양을 구하시오.

(나) 사과 10개를 6명이 똑같이 나누어 먹으려고 한다. 한 사람이 먹는 사과의 양을 구하기 위해 그림을 이용하여 해결해 보시오.

(다) 똑같이 나누어 먹는 문제에서 나누어 주는 사람의 수가 2, 4인 경우와 3, 5와 같은 경우와 같이, 수에 따라 문제해결에 어려운 정도는 다를 수 있다. 그 이유를 생각해 보고, 서로 의견을 공유해 보시오.

(4) 분수 개념(비율 모델)의 이해

> 민이네 가족은 5인승 승용차에 4명이 탔고, 원이네 가족은 7인승 승합차에 5명이 탔다. 누구네 차가 더 넓게 느꼈을지 말해 보시오.

◑ 직관적 탐구

길이가 같은 두 개의 분수 띠를 활용하여 민이네 가족이 탄 차의 인원수와 원이네 가족이 탄 차의 인원수를 나타내어 보면 원이네 가족이 탄 차가 더 넓게 느꼈을 것이다.

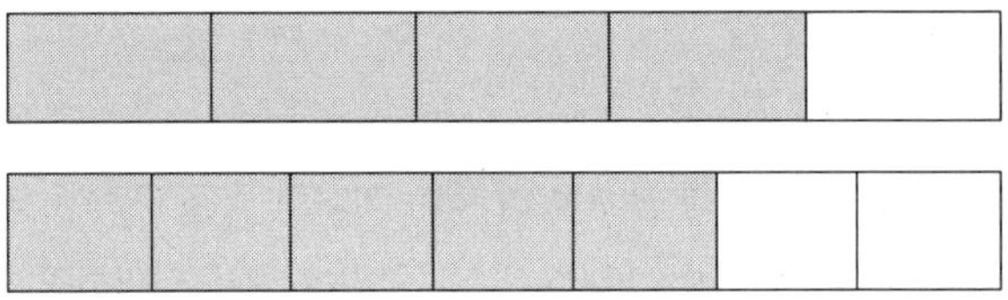

> **함께 생각하기**
>
> 두 개의 상대적인 양의 크기를 비교하는 일상생활의 예를 들어보시오. 이 경우에 어떤 방법으로 비교했는지 생각해 보고, 서로 의견을 공유해 봅시다.

◑ 형식적 탐구

두 양의 상대적인 크기를 비교하는 문제는 우리나라 교육과정에서 규칙성 영역의 '비와 비율'에서 '[6수04-03] 비율을 이해하고, 비율을 분수, 소수, 백분율로 나타낼 수 있다(교육부, 2015, p. 26)'에 해당되는 내용이다. 이 경우에는 비율을 분수로 표현하는 것이 중요하며, 비로서 분수를 이해하게 된다. 문제에서는 두 가족의 차에 대한 승차 인원의 비율인 $\frac{4}{5}$와 $\frac{5}{7}$를 구하고, 이에 대한 크기 비교를 통해 $\frac{4}{5} > \frac{5}{7}$이므로 원이네 가족이 탄 차가 더 넓게 느꼈을 것이다.

◑ 적용

(가) 민이네 모둠은 과자 25개 중에서 12개를 판매하였다. 판매한 과자 수는 처음 과자 수의 몇 배인지 구하시오.

(나) 검은 바둑돌이 4개, 흰 바둑돌이 6개가 있다. 흰 바둑돌에 대한 검은 바둑돌의 비율을

분수로 나타내시오.

(다) 검은 바둑돌이 4개, 흰 바둑돌이 6개가 있다. 검은 바둑돌에 대한 흰 바둑돌의 비율을 분수로 나타내시오.

(라) 검은 바둑돌이 4개, 흰 바둑돌이 6개가 있다. 전체 바둑돌에 대한 흰 바둑돌의 비율을 분수로 나타내시오.

(마) 검은 바둑돌이 4개, 흰 바둑돌이 6개가 있다. 전체 바둑돌에 대한 검은 바둑돌의 비율을 분수로 나타내시오.

(5) 대분수와 가분수 변환

대분수 $3\frac{3}{4}$을 가분수로 바꾸시오.

◑ 직관적 탐구

아래 그림과 같이 대분수 $3\frac{3}{4}$에서 자연수 부분을 나타내는 원 3개를 각각 4등분하면 $\frac{4}{4}$로 표현되는 가분수 3개를 얻는다. 이들과 나머지 영역으로 표현된 각각의 부분의 수를 세어보면 15개이므로 $\frac{15}{4}$가 된다.

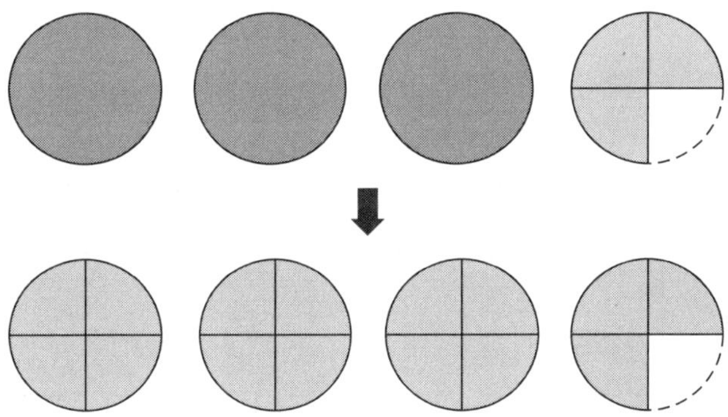

함께 생각하기

자연수를 여러 가지 가분수로 표현하는 방법에 대해 생각해 보고, 서로 의견을 공유해 봅시다.

◑ 형식적 탐구

대분수 $3\frac{3}{4}$은 $3+\frac{3}{4}$을 의미한다. 따라서 $3+\frac{3}{4}=\frac{4}{4}+\frac{4}{4}+\frac{4}{4}+\frac{3}{4}=\frac{4\times3+3}{4}=\frac{15}{4}$이다.

참고로, 대분수를 정의하는 방법은 $3\frac{3}{4}$의 경우에 3과 $\frac{3}{4}$으로 정의하는 방법과 $3+\frac{3}{4}$으로 정의하는 방법이 있다. 이에 따라 대분수와 가분수를 변환하는 방법에도 차이가 있는 것이다.

◑ 적용

(가) 다음 수직선 위의 빈 칸에 수를 써 넣으시오.

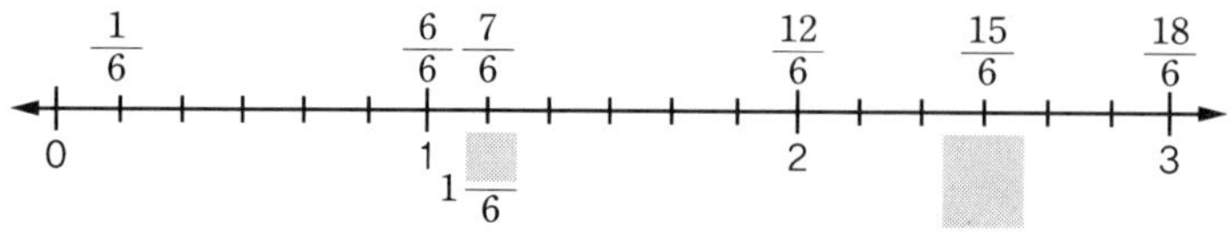

(나) 가분수 $\frac{20}{7}$을 대분수로 나타내시오.

(다) 대분수 $4\frac{3}{7}$을 가분수로 나타내시오.

(6) 크기가 같은 분수(동치분수)의 이해

분수 $\frac{1}{5}$과 크기가 같은 분수를 2개 제시하시오.

◑ 직관적 탐구

분수의 영역 모델을 이용하여 아래 그림과 같이 $\frac{1}{5}$을 나타낼 수 있다. 다음 과정으로 5등분된 영역을 반으로 나누면 전체는 10개의 부분이 되고, 빗금 친 부분은 2개의 부분이 되어 같은 영역을 $\frac{2}{10}$로 나타낼 수 있다. 같은 방법으로 5등분된 영역을 3등분하여 $\frac{3}{15}$을 얻을 수 있다.

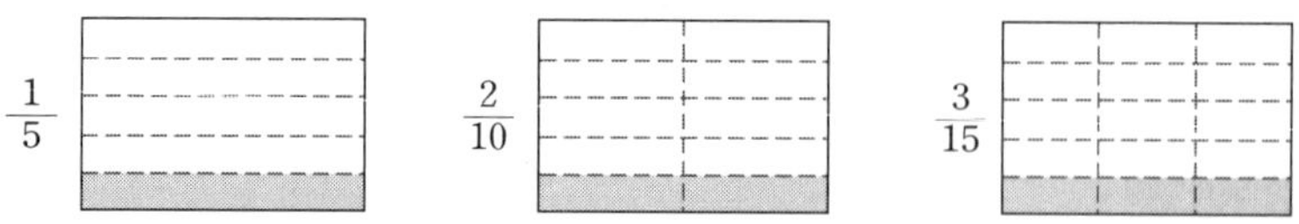

함께 생각하기

분수를 나타내는 영역을 다양한 방법으로 분할해 보고, 이를 크기가 같은 분수로 나타내는 방법에 대해 서로 의견을 공유해 봅시다.

◑ 형식적 탐구

크기가 같은 분수를 만드는 방법은 다음 원리를 따른다.

- 분모와 분자에 각각 0이 아닌 같은 수를 곱하면 크기가 같은 분수가 된다.
- 분모와 분자에 각각 0이 아닌 같은 수로 나누면 크기가 같은 분수가 된다.

이 원리에 따라 $\frac{1}{5}$의 분모와 분자에 각각 2를 곱하면 $\frac{2}{10}$가 되고, 마찬가지로 $\frac{1}{5}$의 분모와 분자에 각각 3를 곱하면 $\frac{3}{15}$이 된다.

◑ 적용

(가) 다음 수직선을 보고 크기가 같은 분수를 나타내는 방법을 이야기 해 보세요.

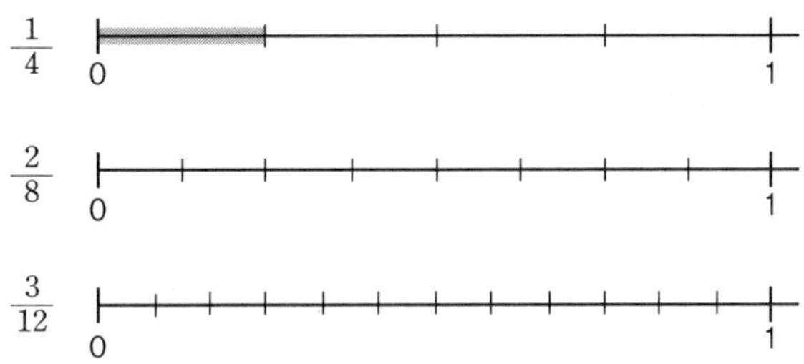

(나) 다음 그림을 보고 크기가 같은 분수를 만드는 방법을 이야기 해 보세요.

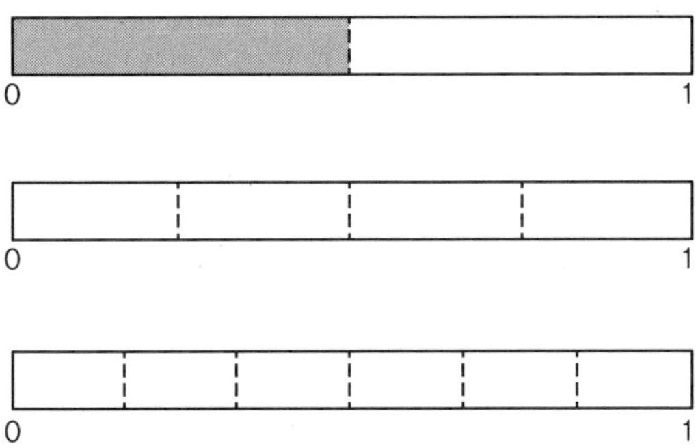

(다) 두 분수 $\frac{5}{6}$와 $\frac{4}{9}$를 크기가 같은 분수를 각각 구하여 통분해 보시오.

(7) 분수의 크기 비교

두 분수 $\frac{5}{8}$, $\frac{7}{12}$의 크기를 비교하시오.

◑ 직관적 탐구

두 분수를 각각 같은 수의 분자로 만드는 방법을 이용하여 분자가 같을 때 분모의 크기에 주목하여 다음과 같이 크기를 비교할 수 있다. 즉, $\frac{5}{8}=\frac{5\times7}{8\times7}=\frac{35}{56}$, $\frac{7}{12}=\frac{7\times5}{12\times5}=\frac{35}{60}$이므로 $\frac{5}{8}>\frac{7}{12}$이다.

함께 생각하기

통분을 하지 않고 분모가 다른 분수의 크기를 비교하는 방법을 생각해 보고, 서로 의견을 공유해 봅시다.

◑ 형식적 탐구

두 분수를 각각 같은 수의 분모로 통분하는 방법을 이용하여 분모가 같을 때 분자의 크기에 주목하여 다음과 같이 크기를 비교할 수 있다. 즉, $\frac{5}{8}=\frac{5\times12}{8\times12}=\frac{60}{96}$, $\frac{7}{12}=\frac{7\times8}{12\times8}=\frac{56}{96}$이므로 $\frac{5}{8}>\frac{7}{12}$이다.

◑ 적용

(가) 두 분수 $\frac{3}{8}$과 $\frac{2}{3}$를 통분을 하지 않고 기준분수 $\frac{1}{2}$을 이용하여 크기를 비교하는 방법을 이야기해 보세요.

(나) 단위분수 $\frac{1}{3}$과 $\frac{1}{5}$의 크기를 비교하는 여러 가지 방법에 대해 생각해 보고, 이를 제시해 보시오.

(다) 세 분수 $\frac{3}{4}$, $\frac{5}{6}$, $\frac{2}{3}$의 크기를 비교해 보고, 세 분수의 크기를 비교하는 방법을 이야기해 보시오.

4-2. 소수 탐구

분모가 10인 분수의 다른 표현으로 소수를 도입한다. 분모가 10인 분수와 관련하여 소수 한 자리 수를 읽고 쓰며, 크기를 비교하게 한다. 이때 구체물이나 수직선을 이용하여 소수를 시각화할 수 있다.

분모가 100, 1000인 분수로부터 소수 두 자리 수, 소수 세 자리 수를 도입한다. 특히 대분수가 자연수와 분수의 합으로 이루어진 수라는 점을 이용하여 분모가 10, 100, 1000인 대분수를 혼소수로 나타내게 한다. 또 0.1, 0.01, 0.001 사이의 배 관계를 이용하여 소수의 구조와 자릿값의 원리를 이해하고, 소수의 자릿값의 원리가 자연수의 자릿값 원리와 같다는 점을 인식하게 한다.

(1) 소수 개념과 자릿값의 이해

소수 0.3과 0.30의 공통점과 차이점을 말해 보시오.

◑ 직관적 탐구

소수 0.3과 0.30을 그림으로 나타내면 아래 그림과 같다.

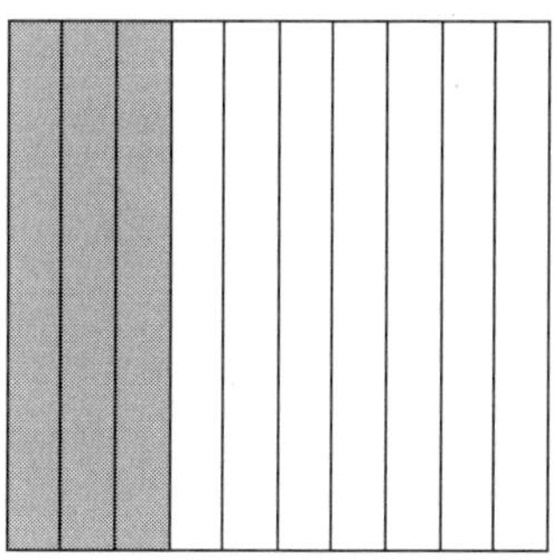

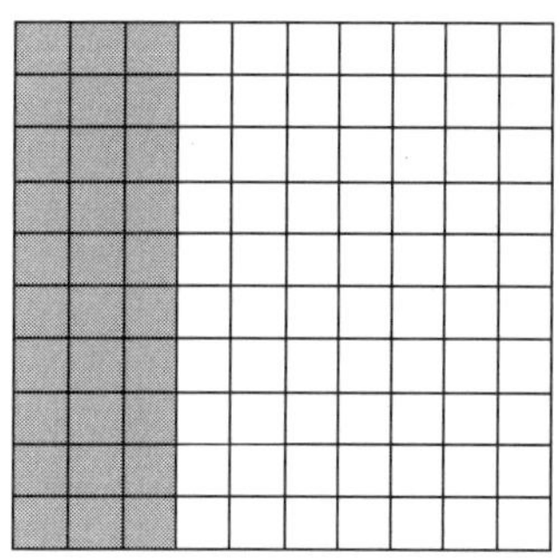

왼쪽 그림에서는 전체 1을 10등분하여 각 부분은 $\frac{1}{10}$인 0.1을 나타내고, 빗금 친 부분은 0.1이 3개이므로 0.3을 나타낸다. 마찬가지로 오른쪽 그림에서는 전체 1을 100등분하여 각 부분은 $\frac{1}{100}$인 0.01을 나타내고, 빗금 친 부분은 0.01이 30이므로 0.30을 나타낸다. 그렇지만 색칠된 부분의 크기는 똑같아 두 소수는 크기가 같다.

> **함께 생각하기**
>
> 소수의 자릿값 개념에 대한 학생들의 이해를 도와줄 수 있는 방법을 생각해 보고, 서로 의견을 공유해 봅시다.

◑ 형식적 탐구

소수 0.3과 0.30은 같은 수이며, 필요한 경우에 소수의 오른쪽 끝자리에 0을 붙여서 나타낼 수 있다(교육부, 2018, p. 58). 그렇지만 유효숫자라는 면에서는 다른 의미를 가진다. 유효숫자란 근삿값에서 반올림하지 않은 부분이나 측정해서 얻은 믿을 수 있는 부분의 숫자로, 반올림하여 얻은 값이 0.3이라면 유효숫자가 3이고, 0.30에서는 유효숫자가 3, 0이 되는 것이다. 즉, 반올림하여 얻은 수 0.3은 0.1단위로 측정된 근삿값으로, 소수 첫째자리의 수인 3은 그 밑의 단위의 눈금을 반올림한 것이므로 유효숫자는 3인 것이다.

◑ 적용

(가) 생활에서 소수가 쓰이는 사례를 들어보시오.

(나) 소수 1.563을 수직선에 나타내시오.

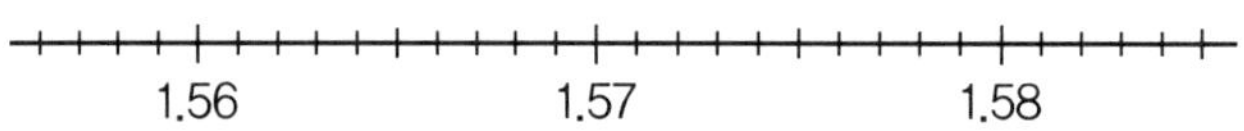

(다) 다음 □안에 알맞은 수를 써 넣으시오(교육부, 2018, p. 57).

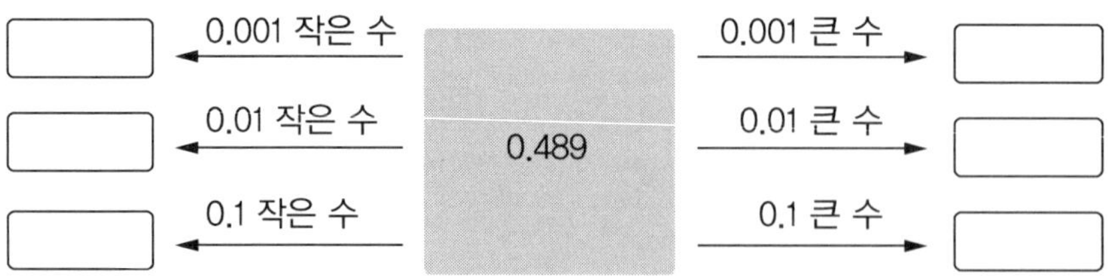

(2) 소수의 크기 비교

> 소수 1.3과 1.15의 크기를 비교하시오.

◑ 직관적 탐구

소수 1.3과 1.15를 그림으로 나타내면 아래 그림과 같다.

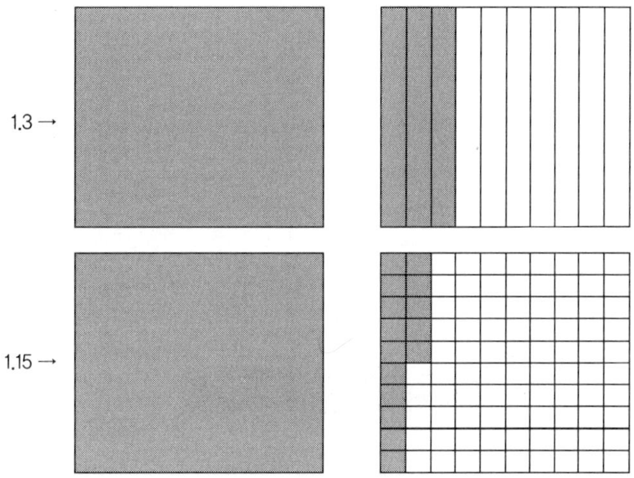

그림에서 소수 1.3이 1.15보다 크다는 것을 알 수 있다.

> **함께 생각하기**
>
> 소수점 아래의 자리 수에 따라 소수의 크기를 비교하는 방법을 생각해 보고, 서로 의견을 공유해 봅시다.

◑ 형식적 탐구

소수의 크기 비교에서는 소수 첫째자리 수가 같은지? 소수 첫째자리 수가 같으면 소수 둘째자리 수가 같은지? 등의 순서로 크기를 비교한다. 소수 1.3과 1.15의 경우에는 소수 첫째자리의 수가 소수 1.3이 소수 1.15보다 크기 때문에 소수 1.3이 큰 수이다.

◑ 적용

(가) 소수 0.1, 0.01, 0.001사이의 관계에 대해 말해 보시오.

(나) 소수 0.32를 분수로 나타내시오.

(다) 분수 $\frac{3}{4}$을 소수로 나타내시오.

(라) 다음 그림을 보고 소수의 크기를 비교하는 방법을 말해 보시오(교육부, 2018, p. 59).

도전! 문제해결!

01 분수 $\frac{2}{5}$, $\frac{2}{7}$를 분모가 다른 두 단위분수의 합으로 나타내시오.

02 9를 10으로 나눈 결과를 서로 다른 3개의 단위분수의 합으로 나타냈더니, $\frac{1}{a}+\frac{1}{b}+\frac{1}{c}$로 나타낼 수 있었다. 이때 a, b, c에 알맞은 수를 구하시오.

03 9를 10으로 나눈 결과를 서로 다른 4개의 분수의 합으로 나타내시오.

04 가능한 여러 가지 방법을 이용하여 $\frac{4}{5}$와 $\frac{5}{6}$의 크기를 비교하시오.

Math Cafe

고대 이집트인들이 사용한 분수

고대 이집트인들은 자연수로 표현할 수 없는 양을 표현하기 위해 분수를 사용하였다고 한다. 이것은 물건을 똑같이 나누는 과정에서 1보다 작은 수가 필요했기 때문이며, 측정 과정에서 1이 안 되는 양을 나타내기 위해서였다. 이집트인들은 단위분수를 주로 사용했는데, 이것은 사물을 여러 명이 똑같이 나누는 과정에서 편리했기 때문이다. 예를 들어, 사과 5개를 8명이 똑같이 나누어 먹는 상황을 생각하면 한 사람이 먹는 양은 $\frac{5}{8}$가 되는데, 사과를 $\frac{5}{8}$만큼씩 나누는 것보다는 먼저 4개를 반씩 나누어 한 사람이 반개씩을 먼저 나누어 갖고($\frac{1}{2}$), 남은 한 개의 사과를 8조각으로 나누어 한 조각씩 나누어 가지면 되는 것이다($\frac{1}{8}$). 따라서 한 사람이 갖는 양은 $\frac{5}{8}=\frac{1}{2}+\frac{1}{8}$이 되는 것이다.

이집트인들이 단위분수를 사용한 사실에는 '호루스의 눈'이라는 신화와 관련 있는데, 그들은 아래 그림과 같이 호루스 눈의 각 부분을 단위분수로 나타내었다고 한다.

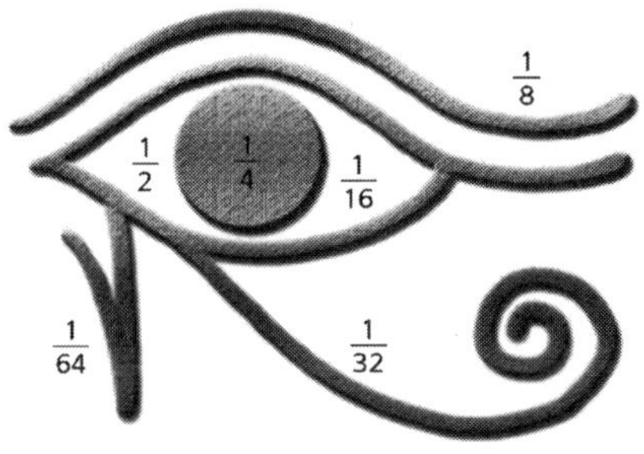

호루스의 눈의 각 부분에 제시된 분수를 모두 더하면 $\frac{1}{2}+\frac{1}{4}+\frac{1}{8}+\frac{1}{16}+\frac{1}{32}+\frac{1}{64}=\frac{63}{64}$이 되어 $\frac{1}{64}$이 부족하게 된다. 이 부족한 부분을 지식과 달의 신인 토트가 채워주어 완전한 1로 만들었다고 한다.

5장 수의 연산

함께 해결할 탐구 문제

민이는 10일 동안 사용할 용돈으로 180,000원을 받았다. 민이가 매일 같은 돈을 용돈으로 사용할 계획인데, 매일 3000원씩을 절약하였다. 민이는 용돈을 며칠 더 쓸 수 있는지 구하시오.

문제해결 전략 1 원래의 계획에 따르면 하루에 사용할 용돈은 180,000÷10=18,000원이다. 새로운 계획에 따르면, 3000원씩을 절약하므로 하루 사용할 용돈은 15,000원이다. 따라서 180,000÷15,000=12일이다. 12−10=2일을 더 쓸 수 있다.

문제해결 전략 2 민이가 10일 동안 절약한 용돈의 합은 3,000×10=30,000원이다. 따라서 10일 동안 절약한 용돈 30,000원을 하루에 15,000원씩 사용하므로 30,000÷15,000=2일을 더 쓸 수 있다.

문제해결 전략 3 원래 용돈의 사용 계획과 새로운 용돈 사용 계획을 그림으로 나타내면 다음과 같다. 빗금 친 부분은 3,000원을 나타내고, 모두 3,000×10=30,000원이 남게 된다. 따라서 30,000÷15,000=2일을 더 쓸 수 있다.

18,000	18,000	18,000	18,000	18,000	18,000	18,000	18,000	18,000	18,000
15000									

□ 위의 문제와 유사한 문제를 만들어 보고, 그 문제를 해결해 보시오.

내가 만든 문제	문제해결 전략

5-1. 자연수의 덧셈과 뺄셈

자연수의 덧셈과 뺄셈은 생활 장면에서 덧셈과 뺄셈이 이루어지는 구체적인 상황을 제시하여 덧셈과 뺄셈의 의미를 이해하게 한다. 학생들은 표준화된 알고리즘을 배우기 전에라도 다양한 전략을 이용하여 한 자리 수끼리의 덧셈과 뺄셈을 할 수 있다. 학교 교육과정에서 더하는 수가 10보다 작은 두 수의 덧셈을 다룰 때 합이 10미만인 덧셈은 구체물을 이용하여 계산 기능이 숙달되도록 하고, 합이 10이상인 덧셈은 수 가르기와 모으기를 이용하여 더하는 수를 두 수로 가르기를 한 후, 10을 만들고 나머지 수를 더하게 한다.

오리가 몇 마리인지 알아봅시다.

어린이가 의자보다 얼마나 더 많은지 알아봅시다.

받아올림이나 받아내림이 있는 덧셈과 뺄셈은 계산 원리를 알고 절차를 수행하도록 하는 것이 중요한데, 학생들이 조작 활동을 통해 계산 방법을 스스로 발견해 내고, 그 과정을 기호로 나타내게 하여 스스로 알고리즘을 개발하도록 이끌어 주는 것이 좋다.

특히, 표준화된 알고리즘은 학생들이 적용할 수 있는 문제해결 전략의 하나로 간주되어야 하고, 이를 위해 문제해결에서는 어떤 전략을 적용하는 것이 유용한지 판단할 수 있는 여러 유형의 문제를 제시하는 것이 바람직하다(Van de Walle & Lovin, 2006). 예를 들어, 402−397이나 35×4와 같은 문제는 암산으로 문제를 해결하는 것이 표준화된 알고리즘을 적용하여 해결하는 것보다 유익할 것이다.

3547+3525나 64×36과 같은 문제는 표준화된 알고리즘을 적용하여 해결하는 것이 유용할 것이다. 그렇지만 일상생활에서 3547+3525나 64×36과 같은 문제는 계산기를 이용하여 해결하는 경우가 많을 것이다. 따라서 주어진 문제에 대해 어떤 해결 방법을 적용하는 것이 유용한지

학생들과 토론을 해 보는 것은 문제해결에 유익한 방법을 학생들이 스스로 선택해 내도록 이끄는데 좋은 기회를 제공할 것이다. 표준화된 알고리즘을 발견하도록 하기 위해서는 일반적으로 실세계 문제 상황 제시→문제 상황을 수학적 모델로 나타내기→구체물을 이용한 조작 활동을 통한 표준화된 알고리즘의 원리 발견하기→발견한 사실에 대한 발표 및 형식화의 과정을 거치도록 한다.

(1) (한 자리 수)+(한 자리 수)의 문제해결

> 민이는 인형 7개를 가지고 있는데, 인형 5개를 선물로 더 받았다. 민이가 가지고 있는 인형은 모두 몇 개인지 구하시오.

◑ 직관적 탐구

덧셈 개념을 익힌 학생들은 수에 대한 지식과 일상의 경험을 바탕으로 여러 가지 문제해결 방법을 발견해 낼 수 있다. 이 수준에서 학생들은 다음과 같은 방법을 적용할 수 있을 것이다.

- 블록이나 구슬과 같은 구체물을 이용하여 수에 맞는 구체물을 제시하고 세어본다.
- 7에서 시작하여 8, 9, 10, 11, 12까지 5번을 차례로 세어본다.
- 가르기와 모으기를 이용하여 7을 5와 2로 나누거나, 5를 3과 2로 나누어 10을 만들고 나머지를 더하여 구한다.

> **함께 생각하기**
> (한 자리 수)+(한 자리 수)의 계산에서 여러분이 생각한 직관적 탐구 방법을 생각해 보고, 서로 의견을 공유해 봅시다.

◑ 형식적 탐구

(한 자리 수)+(한 자리 수)에서는 가르기 모으기를 통하여 10을 만들어 그 원리를 이해하도록 하는 것이 중요하다. 따라서 아래 그림과 같이 5를 3과 2로 나누고, 7과 3으로 10을 만들고, 나머지 2를 더하면 된다. 이 과정을 식으로 표현하면 7+5=7+(3+2)=(7+3)+2=10+2=12와 같다. 이 과정에서는 10을 가르기와 모으기가 중요한 원리가 되며, 묶음 10은 십진기수법의 기본

원리이면서 표준화된 알고리즘을 발견하는 중요한 개념이기도 하다.

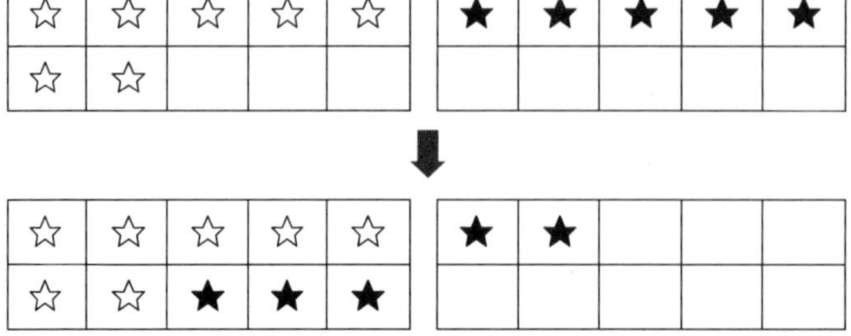

◑ 적용

(가) (한 자리 수)+(한 자리 수)에 대한 실생활 문제를 만들고, 학생들 수준에서 이를 해결할 수 있는 문제해결 방법을 여러 가지 제시하시오.

(나) (한 자리 수)−(한 자리 수)에 대한 실생활 문제를 만들고, 학생들 수준에서 이를 해결할 수 있는 문제해결 방법을 여러 가지 제시하시오.

(다) 수 8을 여러 가지 방법으로 가르기 해 보시오.

(라) 다음 식에 맞는 a, b를 3가지 이상 제시하시오.

$$36 = 10a+b$$

(2) (두 자리 수)+(두 자리 수)의 문제해결

한지 만들기 체험에 민이네 반 친구들은 23명이 참여하였고, 원이네 반 친구들은 19명이 참여하였다. 한지 만들기 체험에 모두 몇 명이 참여했는지 구하시오.

◑ 직관적 탐구

(두 자리 수)+(두 자리 수)에 대한 문제해결에서 학생들은 세로셈으로 나타나는 표준화된 알고리즘을 적용하기 전이라도 여러 가지 방법을 이용하여 문제를 해결할 수 있으며, 그 방법을 기록하는 방법도 교과서에서 제시하는 방법과는 다를 수도 있다. 위에 제시된 23+19의 경우에 학생들은 다음과 같은 문제해결 방법을 제시할 수 있다.

먼저, 십틀이나 십진블록과 같은 구체물을 이용하여 계산 결과를 구할 수 있다. 아래 그림과 같이 십진블록을 이용한 계산 방법에서 얻은 원리는 이 후에 표준화된 알고리즘의 원리를 찾는 방법이 되기도 한다.

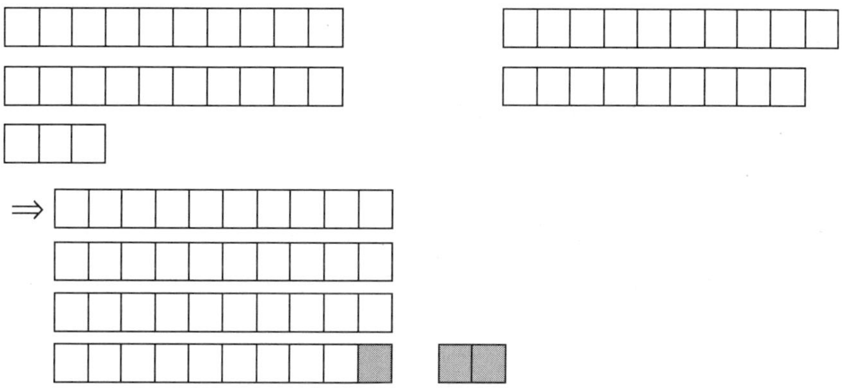

수식 표현으로는 세로셈을 이용하지만, 십의 자리를 먼저 계산하고, 일의 자리를 계산하여 합하는 방법을 들 수 있다(아래 왼쪽 그림). 다음으로는 23+19=22+20으로 바꾸어 구하는 방법(아래 중앙 그림), 23+19=23+20−1(아래 오른쪽 그림)로 구하는 방법도 있다.

왼쪽	중앙	오른쪽
23	(1 옮김) 23+19	23+19
+ 19	22+20	23+20 → 23+20−1
30	=42	→ 43−1
12		→ 42
42		

한편, 세기 전략을 이용하면 23+19는 23, 33, 34, 35, …, 41, 42와 같이 구할 수 있다. 또한 세기 전략은 이 방법 외에도 계속 세기와 같은 방법들도 있다.

함께 생각하기

(두 자리 수)+(두 자리 수)의 계산에서 여러분이 생각한 직관적 탐구 방법을 생각해 보고, 서로 의견을 공유해 봅시다.

◑ 형식적 탐구

(두 자리 수)+(두 자리 수)에 대한 표준화된 알고리즘은 십진블록을 이용하여 일 모형 9개와 3개를 십 모형 1개와 일 모형 2개로 바꾸고, 십 모형 4개와 일 모형 2개로 나타내는 과정을 통해 그 계산 원리를 이해하고, 이를 오른쪽과 같이 세로셈으로 표현하도록 한다.

	(1)	(1)
23	23	23
+ 19	+ 19	+ 19
	2	42

◑ 적용

(가) (두 자리 수)+(두 자리 수)에 대한 실생활 문제를 만들고, 학생들 수준에서 이를 해결할 수 있는 문제해결 방법을 여러 가지 제시하시오.

(나) 46+38을 표준화된 알고리즘을 이용하지 않고, 학생들이 제시할 수 있는 여러 가지 해결 방법을 생각해 보고, 제시하시오.

(다) (두 자리 수)+(두 자리 수)를 해결하기 위하여 이용할 수 있는 여러 가지 교구와 그 활용 방법을 제시하시오.

(3) (두 자리 수)−(두 자리 수)의 문제해결

> 한지 40장 중에서 25장의 한지를 이용하여 한지 공예 만들기를 하였다. 남은 한지는 몇 장인지 구하시오.

◑ 직관적 탐구

(두 자리 수)−(두 자리 수)는 덧셈과 마찬가지로 여러 가지 방법을 이용하여 문제를 해결할 수 있으며, 그 방법을 기록하는 방법도 교과서에서 제시하는 방법과는 다를 수도 있다. 먼저, 십틀이나 십진블록과 같은 구체물을 이용하여 계산 결과를 구할 수 있으며, 세기 전략을 이용하여 40−25는 거꾸로 세기나 25부터 40까지 계속세기를 하여 구할 수도 있다. 발전된 수세기 전략으로는 다음 그림과 같이 25에서 시작하여 40이 될 때까지 10씩 뛰어 구한 다음에 나머지를 뛰어세기 하거나, 먼저 5를 뛰어 세어 30을 만든 후에 40에 다다를 수도 있다.

25 > 10	40−25	4~~0~~	+5
35 > 5	25+ 5→30	−25	40−25
40	+10→40	20	45−25=20
15	15	− 5	− 5→15
		15	

수식의 표현으로는 세로셈을 이용하지만, 위의 세 번째 그림과 같이 십의 자리 먼저 계산하고 일의 자리를 계산하여 합하는 방법을 들 수 있다. 이 경우에는 음수 개념이 내재되어 있지만, 수학적인 의미의 음수라기보다는 계산 과정에서 생긴 값을 보정해 주는 과정으로 인식할 수 있다. 이 외에도 위의 네 번째 그림과 같이 수의 특성을 고려하여 계산하기 쉬운 수로 바꾸고, 그 결과를 보정하는 계산 방법 등을 들 수 있다.

함께 생각하기

(두 자리 수)−(두 자리 수)의 계산에서 여러분이 생각한 직관적 탐구 방법을 생각해 보고, 서로 의견을 공유해 봅시다.

◑ 형식적 탐구

(두 자리 수)−(두 자리 수)에 대한 표준화된 알고리즘은 십진블록을 이용하여 십 모형 4개에서 그 중 1개의 십 모형을 일 모형 10개로 바꾸고, 십 모형 1개를 바꾼 일 모형 10개에서 5개의 일 모형을 빼는 과정을 통해 그 계산 원리를 이해하고, 이를 아래 그림과 같이 세로셈으로 표현하도록 한다.

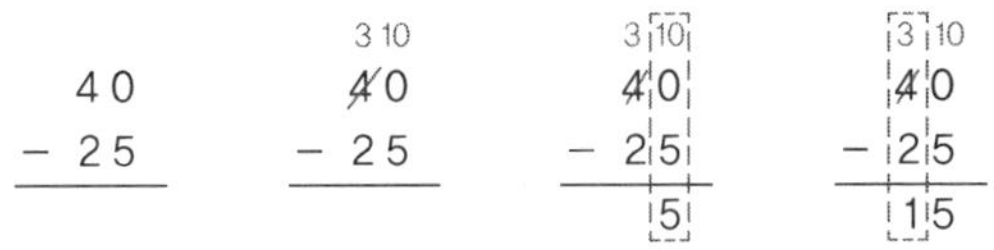

◑ 적용

(가) (두 자리 수)−(두 자리 수)에 대한 실생활 문제를 만들고, 학생들 수준에서 이를 해결할 수 있는 문제해결 방법을 여러 가지 제시하시오.

(나) 43+28을 표준화된 알고리즘을 이용하지 않고, 학생들이 제시할 수 있는 여러 가지 해결 방법을 생각해 보고, 제시하시오.

(다) (두 자리 수)−(두 자리 수)를 해결하기 위하여 이용할 수 있는 여러 가지 교구와 그 활용 방법을 제시하시오.

5-2. 자연수의 곱셈

자연수 곱셈은 여러 가지 의미를 가지고 있지만, 본질적인 의미는 배의 개념이다. 곱셈을 처음 도입할 때에는 묶어세기, 뛰어세기의 방법을 사용하여 '~의 ~배'를 곱셈식으로 나타내고, 곱을 정의하도록 한다. 또한 구체물이나 그림과 같은 여러 가지 모델링 도구를 활용하여 곱셈 문제를 해결함으로써 곱셈에 대한 기초 활동을 경험하도록 한다.

곱셈 전략은 덧셈이나 뺄셈을 하는 전략보다 더 복잡하지만, 학생들은 표준화된 알고리즘과 유사한 전략들을 이용하여 해결할 수 있다. 곱셈을 하는 중요한 성질의 하나는 분배법칙(distributive law)이다. 예를 들면, 23×5의 경우에 23을 20과 3으로 나누어 계산하면 쉽게 답을 얻을 수 있다. 즉, 23×5=(20+3)×5=20×5+3×5=100+15=115이다. 학생들은 자신이 개발한 다양한 비형식적인 방법으로 표준화된 알고리즘을 배우기 전에라도 곱셈 문제를 해결할 수 있을 것이다.

(1) (두 자리 수)×(한 자리 수)의 문제해결

한 봉지에 34개씩 들어 있는 사탕을 4봉지 구입하였다. 사탕을 모두 몇 개 구입했는지 구하시오.

◑ 직관적 탐구

(두 자리 수)×(한 자리 수)를 위해서 그림이나 모델을 이용할 수 있다. 먼저 34개의 사탕을 점으로 나타내고 이를 셀 수 있다. 이러한 과정은 따분할 수 있으나, 답을 찾는 데에는 문제가 되지 않는다. 좀 더 발전적으로 생각하면 각각에 34개씩 4봉지가 있으므로 34+34+34+34를 이용하여 결과를 얻을 수도 있을 것이다. 이용할 수 있는 모델로는 십진블록이 있고, 넓이 구하는 원리를 적용하여 넓이 모델을 이용할 수도 있다.

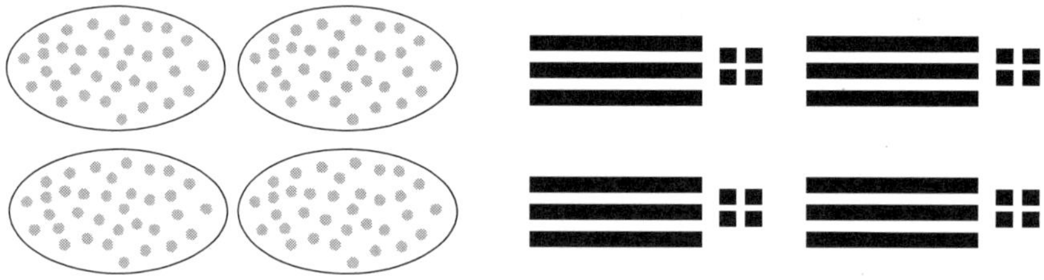

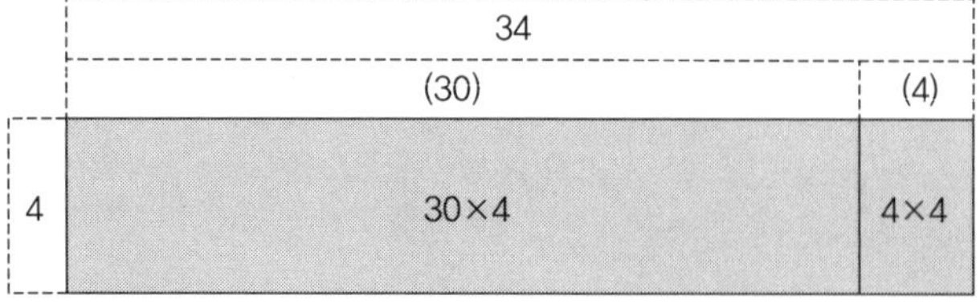

다음으로 식을 이용하는 방법은 34×4에서 34를 하나의 집합으로 간주하여 반복으로 더해 나가는 방법을 들 수 있다. 아래 그림은 34를 계속하여 더해가는 방법과 34를 각각 두 번씩 더

한 후에 다시 더하는 전략을 보여주고 있다.

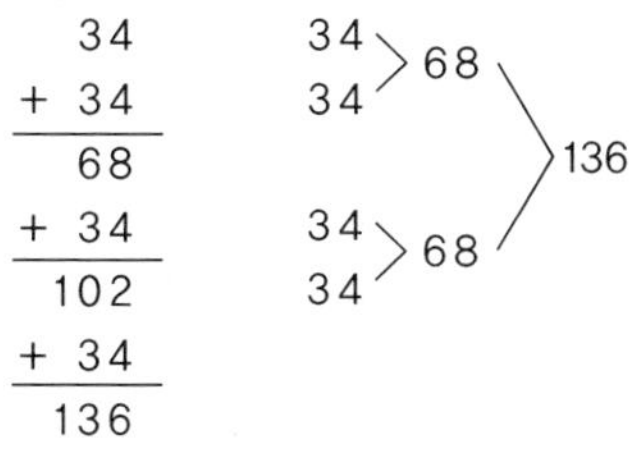

다음으로는 피승수를 십의 자리나 일의 자리로, 또는 몇 개의 십과 일의 자리로 분할하여 구하는 전략을 들 수 있다. 이 경우에는 표준화된 알고리즘과 유사한 경향이 있으나, 큰 자리 수에서 계산을 시작한다는 점에서 차이가 있다. 또한 문제에 주어진 수에 따라 여러 가지 전략이 나타날 수도 있다.

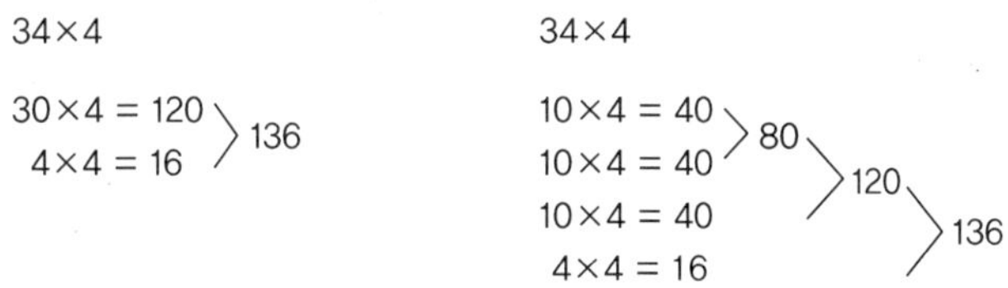

함께 생각하기

(두 자리 수)×(한 자리 수)의 계산에서 여러분이 생각한 직관적 탐구 방법을 생각해 보고, 서로 의견을 공유해 봅시다.

◑ 형식적 탐구

(두 자리 수)×(한 자리 수)의 도입은 받아올림이 없는 경우, 십의 자리에서 받아올림이 있는 경우, 일의 자리에서 받아올림이 있는 경우, 일의 자리와 십의 자리 모두에서 받아올림이 있는 경우로 구분하여 제시할 수 있다. 34×4의 표준화된 알고리즘은 아래 왼쪽 그림과 같이 일의 자리와 십의 자리를 나누어 각각 계산하는 과정을 거친 후에, 단축된 형태로 일의 자리에서 받아올림하는 수를 십의 자리 위에 쓰고, 십의 자리와의 곱을 구한 뒤 이를 더하여 쓰도록 한다.

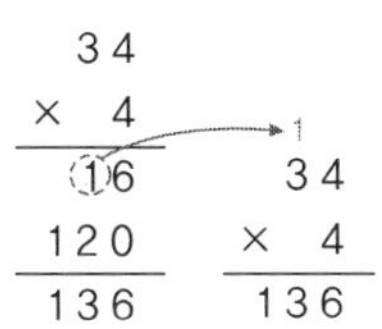

◑ 적용

(가) (두 자리 수)×(한 자리 수)에 대한 실생활 문제를 만들고, 학생들 수준에서 이를 해결할 수 있는 문제해결 방법을 여러 가지 제시하시오.

(나) 세 장의 숫자 카드 [3], [6], [9]를 이용하여 (두 자리 수)×(한 자리 수)를 만들었을 때, 계산 결과가 가장 큰 값과 가장 작은 값을 나타내는 식과 계산 결과를 쓰시오.

(다) (두 자리 수)×(한 자리 수)에 대한 문제해결에서 학생들에게 나타날 수 있는 전형적인 오류와 교정 방법을 제시하시오.

⑵ (두 자리 수)×(두 자리 수)의 문제해결

자원 재활용을 위해 우유갑을 모으고 있다. 매일 25명이 13일 동안 마시면 모은 우유갑은 모두 몇 개인지 구하시오.

◑ 직관적 탐구

25×13을 위해 25에 주목하여 5×13을 5번 반복할 수 있다. 다른 방법으로는 분배법칙을 이용하여 25×13=(20+5)×(10+3)=20×10+20×3+5×10+5×3=200+60+50+15=325를 구할 수 있다. (두 자리 수)×(두 자리 수)의 경우에 구체적인 모델을 이용하는 것은 가능하지만, 상당히 많은 자료를 이용해야 하기 때문에 힘든 과정이 될 수 있다. 이 경우에 다음과 같은 넓이 모델을 활용할 수 있다.

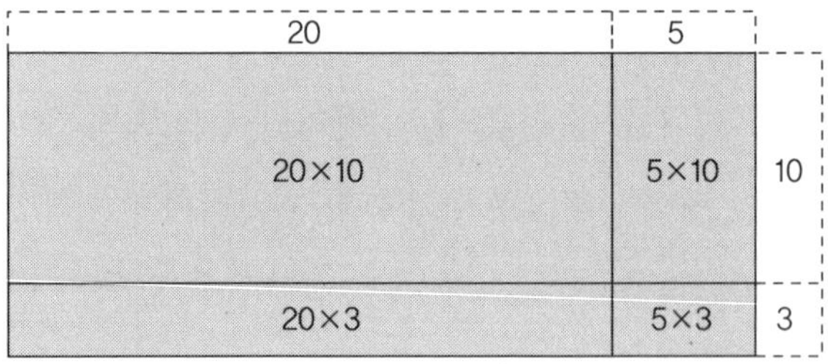

함께 생각하기

(두 자리 수)×(두 자리 수)의 계산에서 여러분이 생각한 직관적 탐구 방법을 생각해 보고, 서로 의견을 공유해 봅시다.

◑ 형식적 탐구

(두 자리 수)×(두 자리 수)는 아래 그림과 같이 일의 자리와 일의 자리의 곱에서 시작하여 순차적으로 진행하도록 한다. 이 경우에 받아올림하는 수를 십의 자리 위에 쓰고, 십의 자리와 일의 자리의 곱을 구한 뒤 이를 더하여 쓰도록 한다.

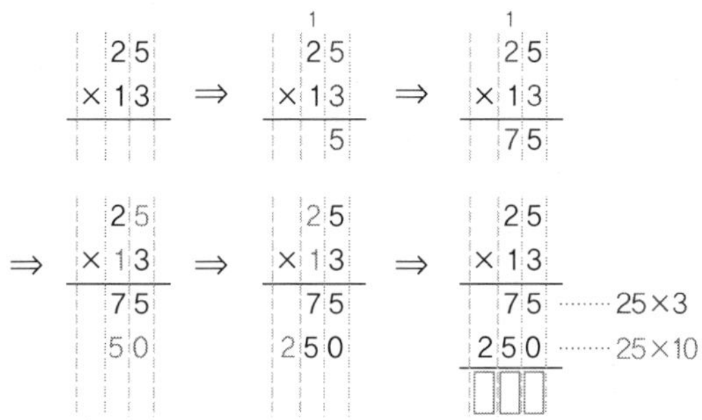

◑ 적용

(가) (두 자리 수)×(두 자리 수)에 대한 실생활 문제를 만들고, 학생들 수준에서 이를 해결할 수 있는 문제해결 방법을 여러 가지 제시하시오.

(나) 304×6과 같이 수에 0이 있는 곱셈에서 학생들에게 나타날 수 있는 전형적인 오류와 교정 방법을 제시하시오.

(다) 다음 그림을 보고 □안에 수를 찾는 식을 찾고, 이를 이용하여 식을 계산하는 방법을 설명해 보시오.

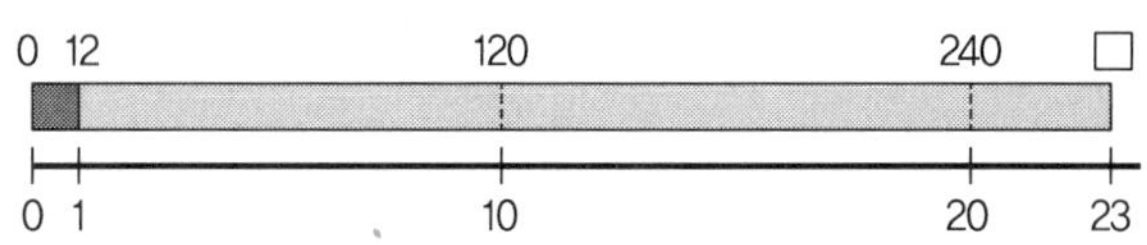

(라) **[계산기 이용]** 20보다 작은 수를 하나 선택하여라. 그 수가 짝수이면 2로 나누고, 홀수이면 그 수에 3을 곱한 후 1을 더하여라. 창에 나타난 수를 이용하여 앞의 과정을 반복하여라.

(a) 각 수들은 1에 도달했는지 확인하시오.

(b) 1에 도달하는데 오랜 과정이 걸린 수는 무엇인지 구하시오.

(c) 짝수와 홀수 중에서 1에 도달하는데 빠른 수는 어느 것인지 구하시오.

5-3. 자연수의 나눗셈

자연수의 나눗셈은 생활 속에서 똑같이 나누는 상황을 바탕으로 도입하여 점진적으로 계산 방법을 형식화하도록 지도해야 한다. 생활 장면에서 나타나는 나눗셈은 포함제(measurement division)와 등분제(partitive division)로 구분할 수 있는데, 포함제와 등분제는 서로 다른 의미를 가지고 있지만, 계산이라는 측면에서 같은 나눗셈으로 통합되게 된다. 포함제는 '8명의 학생들을 2명씩 모둠으로 나누면 몇 모둠이 되는가?'와 같이 주어진 수에 얼마나 많은 모둠이 있는가를 정하는 나눗셈이다. 등분제는 '8명의 학생들을 2모둠으로 나누면 한 모둠에는 몇 명의 학생들이 있게 되는가?'와 같이 각 모둠에 얼마나 많은 학생들이 있는가를 정하는 나눗셈이다. 따라서 모델이나 구체물을 이용하여 두 유형의 나눗셈 문제를 풀 때에는 그 방법에서 차이가 나타나게 된다.

자연수 나눗셈은 나누는 수가 한 자리인 나눗셈의 계산 원리를 이해하게 하고, 나눗셈의 몫과 나머지의 의미를 이해하게 한다. 나누는 수가 두 자리인 나눗셈에서는 계산 방법을 기계적으로 연습하는 데 중점을 두기보다는 여러 가지 방법으로 나눗셈 방법을 탐구하고, 점진적으로 표준화된 알고리즘을 발견하도록 한다. 특히 나눗셈은 다른 연산에 비해 학생들이 숙달하기에 어려움을 가지고 있는데, 그 이유는 다음과 같다(이대현, 2019c).

- 다른 연산에 비해 나눗셈은 왼쪽에서부터 시작한다.
- 나눗셈 알고리즘은 나눗셈 구구뿐만 아니라, 뺄셈과 곱셈도 수반한다.
- 알고리즘에 많은 상호작용이 있지만, 그 규칙은 가변적이다.
- 어림에 의한 대략의 몫을 이용해야 하는데, 첫 어림에서 꼭 성공하는 것은 아니며, 둘째 어림에서 실패하는 경우도 있다.

곱셈과 나눗셈은 서로 역연산 관계이기 때문에 두 연산의 관계를 개념과 절차에 바탕을 두고 서로 관련지어 이해하는 것이 필요하다. 즉, 곱셈식 $a\times b=c$는 두 개의 나눗셈식 $c\div a=b$, $c\div b=a$로 나타낼 수 있으며, 서로의 관계를 의미 있게 이해하도록 해야 한다.

(1) (두 자리 수)÷(한 자리 수)의 문제해결

사탕 47개를 3명이 똑같이 나누어 가지려고 한다. 한 명이 몇 개씩 가질 수 있고, 몇 개가 남는지 구하시오.

◑ 직관적 탐구

자연수의 나눗셈은 제수가 한 자리 수인 나눗셈에서 시작하여 점진적으로 제수가 두 자리 수인 나눗셈으로 확장한다. 먼저, 47÷3을 계산하기 위하여 십진블록을 이용할 수 있다. 47은 십 모형 4개와 일 모형 7개로 표현할 수 있다. 자연수 나눗셈은 똑같이 나누는 것이므로 먼저 4개의 십 모형 중에서 3개의 십 모형을 각각에게 줄 수 있다. 이제 남은 한 개의 십 모형으로는 분배가 어려우므로 이를 일 모형으로 교환한다. 이제 일 모형은 17개가 되고, 3명에게 5개씩 나눌 수 있다. 따라서 3명 각각은 15개씩을 똑같이 나누어 갖게 되고, 남는 것은 일 모형 2개가 된다.

다음으로 표준화된 알고리즘을 수행하는 방법과 유사하게 나눌 수 있는 양을 적절히 반복하여 더 이상 나눌 수 없을 때까지 나누어 가는 방법을 들 수 있다. 아래 그림에서 먼저 10씩 나누고, 다음으로 3으로, 마지막으로 2로 나누어 몫은 이들 합인 10+3+2=15가 되고, 나머지는 2가 된다는 것을 알 수 있다. 특히 이 방법은 피제수가 큰 경우에 이용하기 용이하다는 것을 알 수 있다.

```
3 ) 47 |
    30 | ⑩
   ----|
    17 |
     9 | ③
   ----|
     8 |
     6 | ②
   ----|----
     2 | 15
```

함께 생각하기

(두 자리 수)÷(한 자리 수)의 계산에서 여러분이 생각한 직관적 탐구 방법을 생각해 보고, 서로 의견을 공유해 봅시다.

◑ 형식적 탐구

(두 자리 수)÷(한 자리 수)의 표준화된 알고리즘은 계산의 단축된 형태를 수행하는 것이다. 이를 위해 십진블록을 이용하여 계산 과정을 식으로 표현하도록 한다. 식으로 표현할 때에는

아래 그림과 같이 계산의 각 과정을 나타낸 식에서 좀 더 단축되고 간결한 형태로 표현하도록 한다.

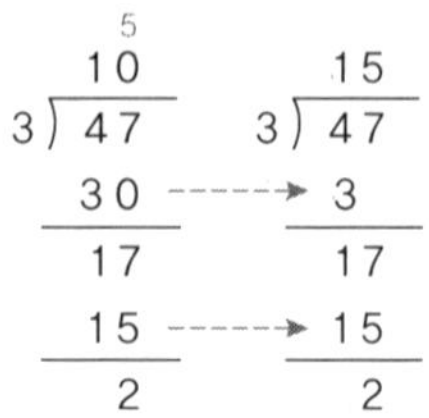

◑ 적용

(가) (두 자리 수)÷(한 자리 수)에 대한 실생활 문제를 만들고, 학생들 수준에서 이를 해결할 수 있는 문제해결 방법을 여러 가지 제시하시오.

(나) 나눗셈 48÷8에 적합한 포함제와 등분제를 각각 하나씩 제시하시오.

(다) 다음 그림을 보고, 나눗셈 과정을 설명해 보시오.

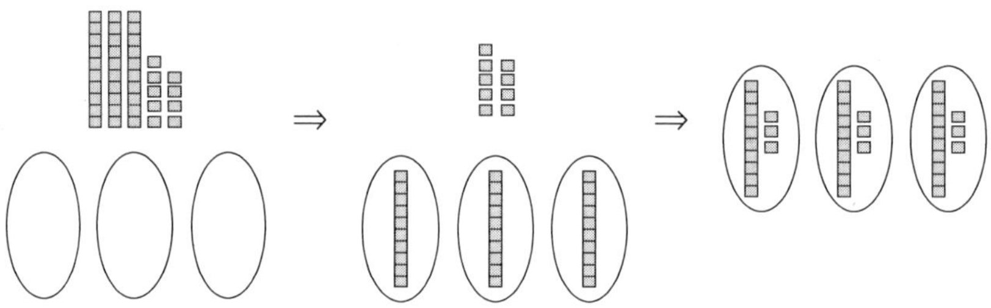

(2) (세 자리 수)÷(두 자리 수)의 문제해결

> **사탕 685개를 27명이 똑같이 나누어 가지려고 한다. 한 명이 몇 개씩 가질 수 있고, 몇 개가 남는지 구하시오.**

◑ 직관적 탐구

제수가 두 자리 수인 경우에는 십진블록과 같은 모델을 이용할 수 있지만, 피제수에 적합한 몫을 발견하기가 용이하지 않다. 이 경우에 가상의 제수를 고려하여 몫을 찾아가는 것이 바람직하다. 예를 들어, 685÷27의 경우에는 제수인 27 대신에 30을 이용하여 685를 30으로 나눌 수 있는 방법을 고려하도록 한다.

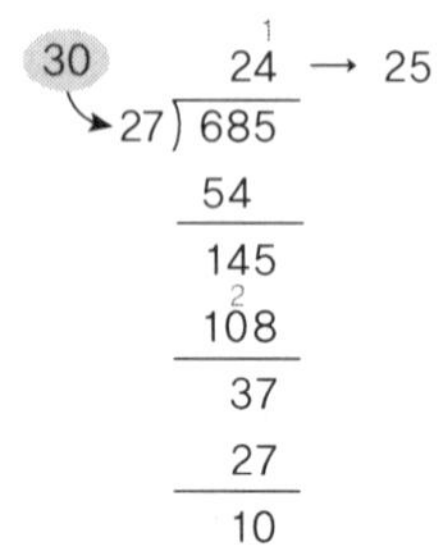

이 경우의 가상 몫은 몫에 해당되지 않을 수 있기 때문에 교정 과정을 거쳐야 한다. 그림에서는 제수 27 대신에 30을 이용하여 가상 몫을 이용한 경우에 두 번째 단계에서 145에 대한 몫이 5임에도 불구하고 제수를 30으로 하여 가상 몫을 산출하였기 때문에 마지막 단계에서 한 번의 과정이 더 요구되었다. 따라서 685÷27의 몫은 25가 되고, 나머지가 10임을 알 수 있다.

> **함께 생각하기**
>
> (세 자리 수)÷(두 자리 수)의 계산에서 여러분이 생각한 직관적 탐구 방법을 생각해 보고, 서로 의견을 공유해 봅시다.

◑ 형식적 탐구

(세 자리 수)÷(두 자리 수)의 계산식은 (두 자리 수)÷(한 자리 수)와 마찬가지로, 각각의 계산 과정을 나타낸 식에서 좀 더 단축되고 간결한 형태로 표현하도록 한다. 이 경우에 각 단계에서 수행되는 식의 의미를 명확히 이해하고 절차를 수행하도록 하는 것이 중요하다. 특히 (세 자리 수)÷(두 자리 수)는 많은 연습을 통해서도 숙련되기 어려운 내용이므로 점진적으로 계산 과정을 수행하여 그 과정을 익히도록 한다.

```
     25   ← 25+5           25
27)685                 27)685
   540   ← 27×20          54
   145                    145
   135   ← 27×5           135
    10                     10
```

◑ 적용

(가) (세 자리 수)÷(두 자리 수)에 대한 실생활 문제를 만들고, 학생들 수준에서 이를 해결할 수 있는 문제해결 방법을 여러 가지 제시하시오.

(나) 어떤 수에 48을 곱하였더니 2928이 되었다. 어떤 수는 얼마인지 구하시오.

(다) 다음에 제시된 문제에 대하여 옳지 않은 부분을 찾고 옳게 바꾸시오.

```
    40          29           3
24)97       19)583      19)583
    8           38          81
   17          203          19
    0          171
   17           32
```

5-4. 분수의 덧셈과 뺄셈

분수의 덧셈과 뺄셈은 자연수의 덧셈과 뺄셈처럼 일상생활의 상황을 결합하고 분해하는 것에서 시작하는 것이 좋다. 예를 들면, 원이는 컵에 $\frac{1}{2}$만큼 들어 있는 물을 마신 후에 같은 크기의 컵에 $\frac{1}{4}$만큼 들어 있는 우유를 마셨을 때 원이가 마신 물과 우유의 양을 구하는 상황을 제시할 수 있다. 분수의 덧셈과 뺄셈에서는 공통분모가 왜 필요한지에 대해 알도록 하는 것이 중요하다. 자연수에서 2+4가 6이 되는 것은 같은 단위의 2와 4를 합하면 6이 되기 때문이다. 그렇지만 $\frac{1}{2}+\frac{1}{4}$에서는 각 분수를 이루는 단위가 다르기 때문에 같은 단위로 바꾸어야 계산을 할 수 있는 것이다.

분모가 다른 분수의 덧셈과 뺄셈에서는 한 분모가 다른 분모의 배수인 경우, 두 분모가 서로 소인 경우, 최소공배수를 구하면 약분이 필요없는 경우로 지도하는 것이 바람직하다.

$$\frac{1}{3}+\frac{1}{6}=\frac{1}{2}$$

$$\frac{1}{3}+\frac{1}{4}=\frac{7}{12}$$

$$\frac{1}{4}+\frac{5}{6}=\frac{13}{12}$$

분모가 다른 분수의 덧셈에서 분모가 같은 분수로 바꾸기 위해서는 아래 그림과 같이 처음 나누어진 단위를 더 세분하여 공통의 크기를 갖는 단위로 바꾸어 주는 과정이 중요하다. 이 과정을 통해 공통의 분모를 갖는 분수로 바꾸는 의미를 알도록 해야 한다.

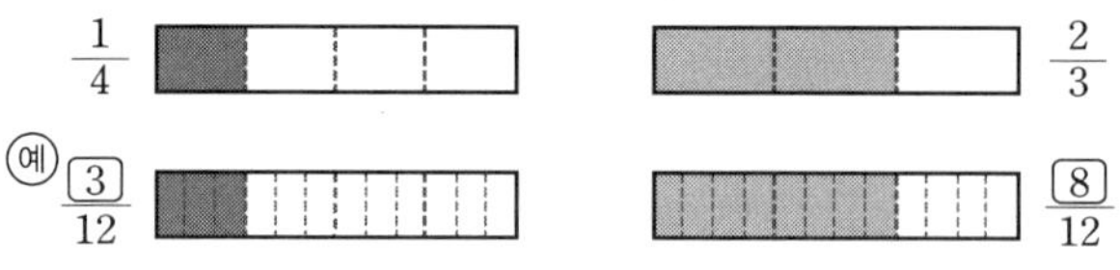

$$\frac{1}{4}+\frac{2}{3}=\frac{\boxed{3}}{12}+\frac{\boxed{8}}{12}=\frac{\boxed{11}}{12}$$

(1) 분모가 같은 분수의 덧셈과 뺄셈

민이는 컵에 $\frac{1}{4}$만큼 들어 있는 물을 마신 후에 같은 크기의 컵에 $\frac{2}{4}$만큼 들어 있는 우유를 마셨다. 민이가 마신 물과 우유의 양은 모두 얼마 만큼인지 구하시오.

◑ 직관적 탐구

민이가 마신 물과 우유의 양을 각각 전체의 얼마인지 그림에 나타내면 다음 그림과 같고, 각 부분의 크기가 같으므로 이것을 한 그림에 나타내면 민이가 마신 물과 우유의 양을 구할 수 있다. 따라서 민이가 마신 물과 우유의 양은 모두 $\frac{3}{4}$컵이 된다.

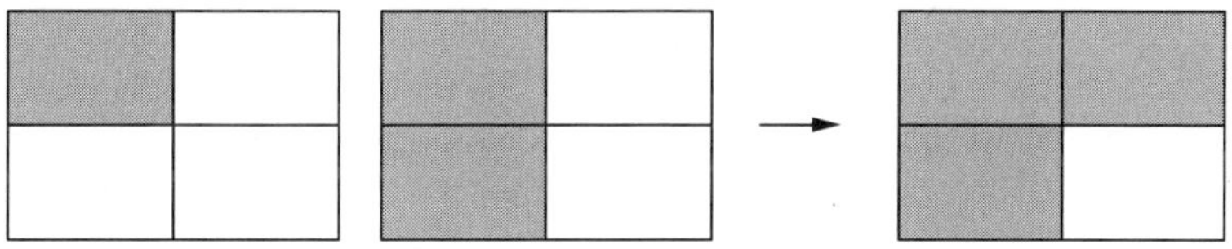

다른 한편으로, 분수의 의미에 기초하여 $\frac{2}{4}$는 $\frac{1}{4}$이 2개 있고, 처음에 $\frac{1}{4}$이 1개 있었으므로 $\frac{1}{4}$이 모두 3개가 된다. 따라서 민이가 마신 물과 우유의 양은 모두 $\frac{3}{4}$컵이 된다.

> **함께 생각하기**
>
> 분수 모델을 이용하여 분모가 같은 분수의 덧셈을 직관적으로 해결할 수 있는 여러 가지 방법을 생각해 보고, 서로 의견을 공유해 봅시다.

◑ 형식화된 원리 발견

분모가 같은 분수의 덧셈은 분모는 그대로 두고, 분자끼리의 합으로 구할 수 있다. 따라서 다음 식이 성립한다.

$$\frac{1}{4}+\frac{2}{4}=\frac{1+2}{4}=\frac{3}{4}$$

◑ 적용

(가) 수직선을 이용하여 $\frac{2}{5}+\frac{3}{5}$을 계산하는 방법을 설명하시오.

(나) 직사각형 모델을 이용하여 $1-\frac{1}{4}$을 계산하는 방법을 설명하시오.

(다) 분수 모델을 이용하여 대분수의 뺄셈 $3\frac{4}{5}-1\frac{2}{5}$를 계산하는 방법을 설명하시오.

(2) 분모가 다른 분수의 덧셈과 뺄셈

> 빵을 만들기 위해 우유 $\frac{1}{4}$컵과 물 $\frac{2}{3}$컵을 사용하였다. 빵을 만들기 위해 사용한 우유와 물의 양의 합을 구하시오.

◑ 직관적 탐구

빵을 만들기 위해 사용한 우유와 물의 양을 각각 그림으로 나타내면 아래 그림과 같다.

이 그림에서는 각 부분의 크기가 같지 않으므로 새로운 단위를 생성해야 한다. 따라서 같은 크기의 부분이 되도록 4개로 나누어진 영역을 각각 3개씩 나누어 12개로, 3개로 나누어진 영역을 각각 4개씩 나누어 12개로 만들면 같은 크기의 부분을 갖게 된다. 그러므로 색칠된 부분의 수를 세어보면 전체 12개 중 11개가 되므로 $\frac{11}{12}$컵이 된다는 것을 알 수 있다.

> **함께 생각하기**
>
> 분모가 다른 분수의 덧셈과 뺄셈에 대해 여러분이 생각한 직관적 해결 방법을 생각해 보고, 서로 의견을 공유해 봅시다.

◑ 형식적 탐구

두 분수 $\frac{1}{4}$과 $\frac{2}{3}$를 통분하여 다음과 같이 구할 수 있다.

$$\frac{1}{4}+\frac{2}{3}=\frac{3}{12}+\frac{8}{12}=\frac{3+8}{12}=\frac{11}{12}$$

◑ 적용

(가) 분수의 덧셈 $\frac{1}{6}+\frac{3}{4}$을 분모를 12로, 24로 하여 계산하고, 각 방법의 장점과 단점에 대해 이야기해 보시오.

(나) 분수 모델을 이용하여 분수의 뺄셈 $\frac{4}{5}-\frac{1}{2}$을 구하는 과정을 설명해 보시오.

(다) 대분수의 뺄셈 $2\frac{3}{5}-1\frac{1}{2}$을 다음 두 가지 방법으로 계산해 보시오.

(a) 자연수는 자연수끼리, 분수는 분수끼리 계산해 보시오.

(b) 대분수를 가분수로 나타내어 계산해 보시오.

(라) 분수 모델을 이용하여 대분수의 뺄셈 $5\frac{1}{3}-3\frac{1}{2}$을 계산하는 방법을 설명해 보시오.

5-5. 분수의 곱셈과 나눗셈

분수의 곱셈은 분모끼리 곱하여 분모를 구하고 분자끼리 곱하여 분자를 구하듯이 계산 절차는 매우 간단하다. 그러나 계산 절차만을 가르치면 학생들은 도구적 이해에 머무르게 되어 그러한 계산 절차가 왜 그렇게 되는지 이유를 알지 못하게 된다. 따라서 계산 절차를 가르치기 전에 그 계산 절차가 왜 작용하는지에 대한 이유를 알려주는 것이 바람직하다.

분수의 곱셈은 승수가 자연수인 (분수)×(자연수)를 먼저 다루며, 승수가 분수인 (자연수)×(분수), (분수)×(분수)의 순으로 지도한다. 또한 두 분수끼리의 곱셈의 계산 원리와 방법을 확장하여 세 분수의 곱셈도 계산 방법을 이해하고 계산할 수 있어야 한다.

분수의 나눗셈도 제수가 자연수인 (분수)÷(자연수)를 먼저 다루고, 제수가 분수인 (자연수)÷(분수), (분수)÷(분수)의 순으로 지도한다. (분수)÷(자연수)는 넓이 모델을 이용하여 구할 수 있는데, $\frac{2}{3}\div 4$를 다음 그림과 같이 나타내어 구할 수 있다.

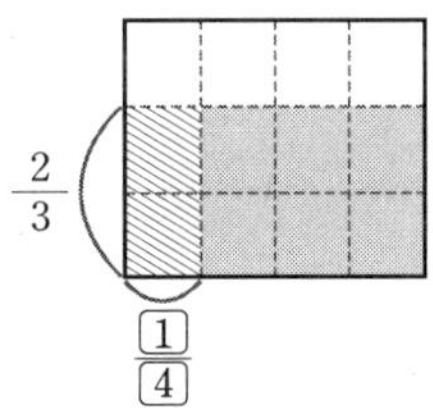

$\frac{2}{3}\div 4$는 $\frac{2}{3}$를 똑같이 4로 나눈 것 중의 하나입니다.
이것은 $\frac{2}{3}$의 $\frac{1}{4}$이므로 $\frac{2}{3}\times\frac{1}{4}$입니다.

(분수)÷(분수)는 포함제 상황과 등분제 상황이 가능한데, 각각의 문장제에 따라 이용하는 모델에 차이가 있다. 다음은 포함제와 등분제 상황의 문장제이다.

- 포함제: $\frac{4}{5}$m의 끈을 $\frac{2}{3}$m씩 자르면 몇 도막이 되는지 구하시오.
- 등분제: 페인트 $\frac{2}{3}$통으로 $\frac{4}{5}m^2$를 칠할 수 있다. 이 페인트 한 통으로 칠할 수 있는 넓이를 구하시오.

(1) (분수)×(자연수)

$1\frac{1}{3}$L의 물이 들어 있는 물병 2개가 있다. 물병 2개에 들어 있는 물의 양을 구하시오.

◑ 직관적 탐구

물의 양을 아래 그림과 같이 분수 모델로 나타내어 구해 보도록 한다.

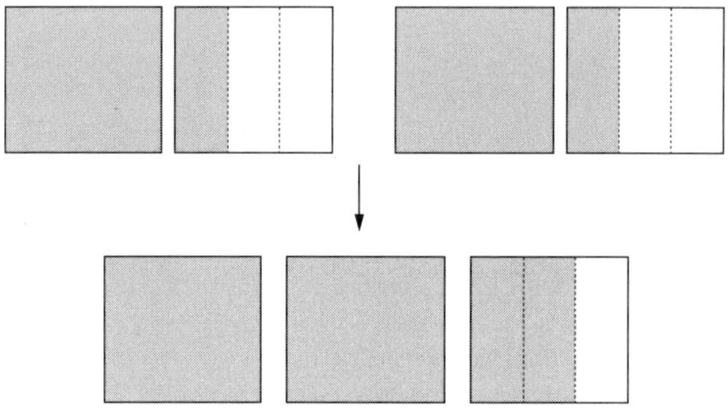

두 병에 들어 있는 물의 양을 분수 모델로 나타내고 합해 보면 $2\frac{2}{3}$L가 된다. 다른 방법으로는 $1\frac{1}{3}\times2$를 덧셈식으로 나타내어 구하면 $1\frac{1}{3}+1\frac{1}{3}=2\frac{2}{3}$이다. 한편으로 비형식적 지식을 이용하여 $1\frac{1}{3}$를 자연수 부분과 분수 부분으로 분리하여 $1\frac{1}{3}\times2=1\times2+\frac{1}{3}\times2=2+\frac{2}{3}=2\frac{2}{3}$로 계산할 수도 있다.

함께 생각하기

(분수)×(자연수)의 계산에 대해 여러분이 생각한 직관적 해결 방법을 생각해 보고, 서로 의견을 공유해 봅시다.

◑ 형식적 탐구

대분수를 가분수로 바꾸어 다음과 같이 계산할 수 있다.

$$1\frac{1}{3}\times2=\frac{4}{3}\times2=\frac{4\times2}{3}=\frac{8}{3}=2\frac{2}{3}$$

◑ 적용

(가) 분수 모델을 이용하여 $\frac{3}{4}\times3$을 계산하는 방법을 설명하시오.

(나) 민이는 $\frac{3}{4}$L의 물을 세 병 가지고 있다. 민이가 가지고 있는 물의 양을 구하는 방법을 다음 수직선을 이용하여 설명하시오.

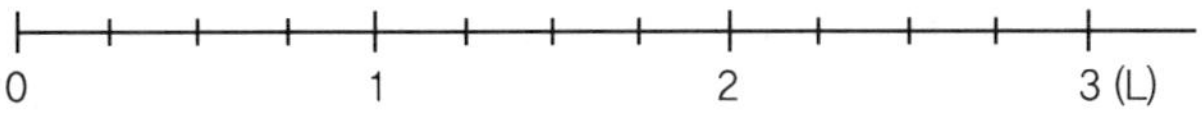

(다) $\frac{2}{9}\times12$를 다음과 같이 두 가지 방법으로 계산하였다. 두 가지 계산 방법을 설명하고, 장점과 단점을 말해 보시오.

$\frac{2}{9}\times 12=\frac{2\times 12}{9}=\frac{\overset{8}{\cancel{24}}}{\underset{3}{\cancel{9}}}=\frac{8}{3}=2\frac{2}{3}$ 로 계산했어.

$\frac{2}{\underset{3}{\cancel{9}}}\times \overset{4}{\cancel{12}}=\frac{2\times 4}{3}=\frac{8}{3}=2\frac{2}{3}$ 로 계산했어.

(2) (자연수)×(분수)

정이는 선물을 포장하기 위해 2m 끈의 $\frac{3}{8}$만큼을 사용하였다. 정이가 사용한 끈의 길이를 구하시오.

◑ 직관적 탐구

2m 끈을 그림으로 나타내고 그 중에서 $\frac{3}{8}$만큼을 선택하면 정이가 사용한 끈의 길이를 구할 수 있다. 따라서 아래 그림에서 정이가 사용한 끈의 길이는 $\frac{3}{4}$m임을 알 수 있다.

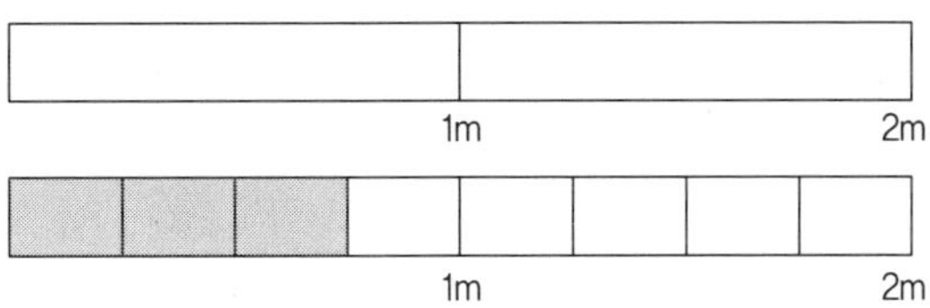

함께 생각하기

(자연수)×(분수)의 계산에 대해 여러분이 생각한 직관적 해결 방법을 생각해 보고, 서로 의견을 공유해 봅시다.

◑ 형식적 탐구

$2\times\frac{3}{8}=\frac{2\times3}{8}=\frac{6}{8}=\frac{3}{4}$으로 구할 수 있다. 이 경우에 계산 전에 약분을 하거나, 계산 후에 약분하는 방법이 가능하다. 다른 방법으로는 $\frac{3}{8}$은 $\frac{1}{8}$의 3배이므로 $2\times\frac{3}{8}=2\times\frac{1}{8}\times3$에서 $\frac{6}{8}$을 구할 수 있다.

◑ 적용

(가) 분수 모델을 이용하여 $2\times1\frac{1}{3}$을 다음과 같이 두 가지 방법으로 구하였다. 각각의 방법에 적용된 원리를 설명하고, 계산 과정을 식으로 나타내시오.

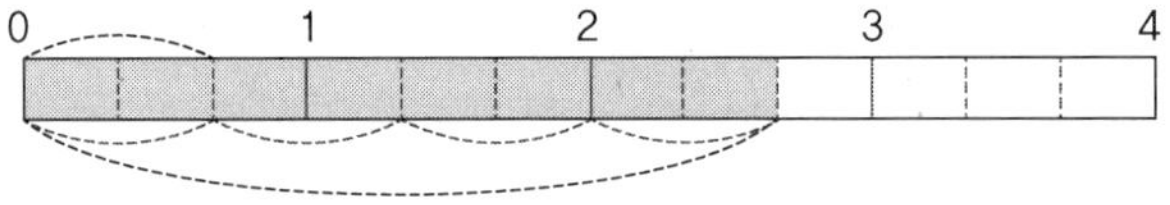

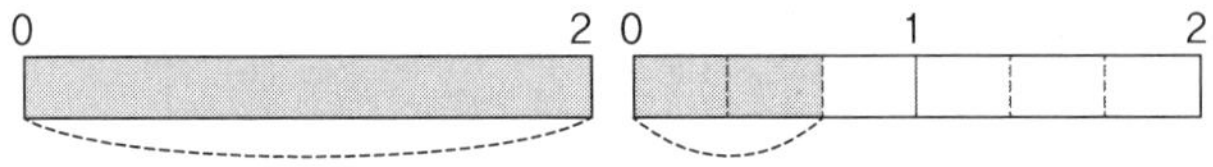

(나) $10\times\frac{4}{15}$를 여러 가지 방법으로 계산해 보시오.

(3) (분수)×(분수)

민이는 물 $\frac{4}{5}$L의 $\frac{1}{3}$만큼을 마셨다. 민이가 마신 물의 양을 구하시오.

◑ 직관적 탐구

민이가 마신 물의 양을 그림으로 나타내면 다음과 같다. 먼저 물의 양인 $\frac{4}{5}$를 나타내고, 그 중에서 $\frac{1}{3}$을 나타내면 민이가 마신 물의 양은 $\frac{4}{15}$L임을 알 수 있다.

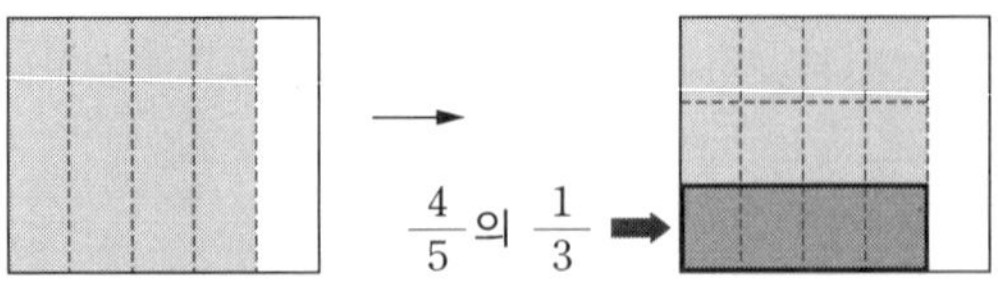

함께 생각하기

(분수)×(분수)의 계산에 대해 여러분이 생각한 직관적 해결 방법을 생각해 보고, 서로 의견을 공유해 봅시다.

◑ **형식적 탐구**

민이가 마신 물의 양은 $\frac{4}{5}$의 $\frac{1}{3}$이므로 $\frac{4}{5}\times\frac{1}{3}=\frac{4}{15}$이다. 다른 방법으로 $\frac{4}{5}$는 $\frac{1}{5}$의 4배이므로 $\frac{4}{5}\times\frac{1}{3}=4\times\frac{1}{5}\times\frac{1}{3}=\frac{4}{15}$와 같이 구할 수도 있다.

◑ **적용**

(가) $\frac{3}{4}\times\frac{2}{5}$를 계산 전에 약분을 하거나, 계산 후에 약분하는 방법으로 계산하시오.

(나) 다음 그림을 이용하여 $2\frac{2}{3}\times1\frac{1}{4}$을 계산하는 방법을 설명해 보시오.

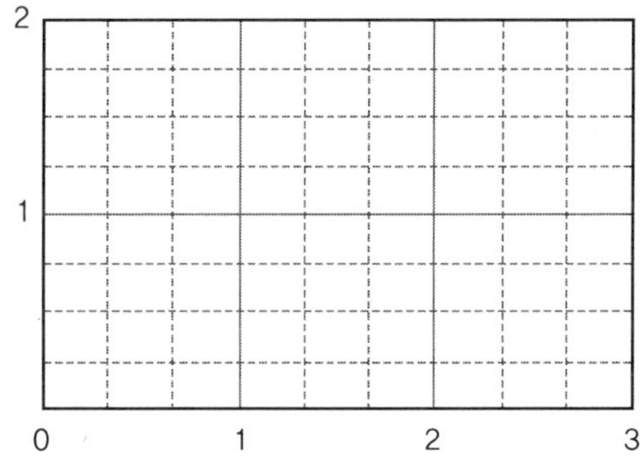

(다) $3\frac{2}{3}\times1\frac{1}{6}$을 계산하는 방법을 이야기 하고, 그 방법으로 계산하시오.

(4) (분수)÷(자연수)

민이는 $\frac{6}{8}$m의 끈을 3등분하여 그 중 하나를 사용하였다. 민이가 사용한 끈의 길이를 구하시오.

◑ **직관적 탐구**

민이가 사용한 끈을 그림으로 나타내면 다음과 같다. 이것을 3등분하면 그 중 하나는 $\frac{2}{8}=\frac{1}{4}$m임을 알 수 있다.

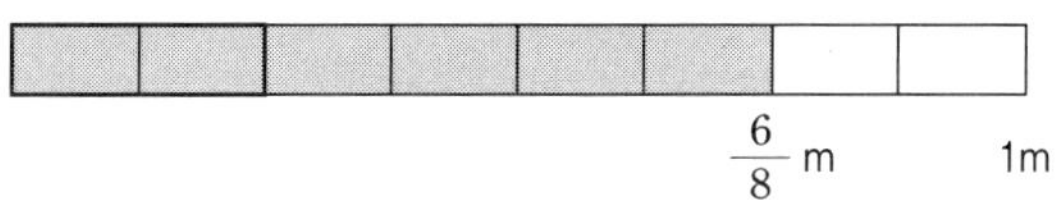

다른 방법으로 $\frac{6}{8}$은 $\frac{1}{8}$이 6개 있는 것이므로 $\frac{6}{8}$을 3으로 나누는 것은 $\frac{1}{8}$의 6÷3과 같다.

따라서 $\frac{6}{8}\div3=\frac{6\div3}{8}=\frac{2}{8}=\frac{1}{4}$m임을 알 수 있다.

함께 생각하기

(분수)÷(자연수)의 계산에 대해 여러분이 생각한 직관적 해결 방법을 생각해 보고, 서로 의견을 공유해 봅시다.

◑ 형식적 탐구

$\frac{6}{8}\div3$의 몫은 $\frac{6}{8}$을 3등분한 것 중의 하나이므로 $\frac{6}{8}$의 $\frac{1}{3}$과 같다. 따라서 다음 식이 성립한다. $\frac{6}{8}\div3=\frac{6}{8}\times\frac{1}{3}=\frac{2}{8}=\frac{1}{4}$m임을 알 수 있다.

◑ 적용

(가) 다음 그림을 보고 $\frac{2}{3}\div4$를 계산하는 방법을 설명해 보시오.

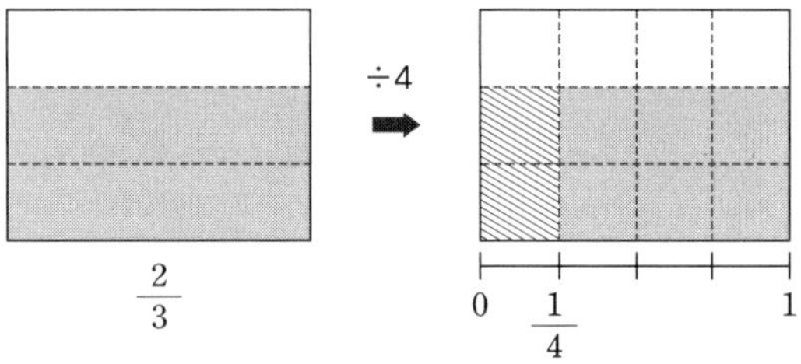

(나) $3\frac{4}{5}\div2$를 계산하는 다음 각각의 방법을 설명하고, 어느 방법이 더 편리한지 이야기해 보시오.

[방법 1] $3\frac{4}{5}\div2=\frac{19}{5}\div2=\frac{38}{10}\div2=\frac{36\div2}{10}=\frac{19}{10}$

[방법 2] $3\frac{4}{5}\div2=\frac{19}{5}\div2=\frac{19}{5}\times\frac{1}{2}=\frac{19}{10}$

(5) (분수)÷(분수)

페인트 $\frac{2}{3}$통으로 $\frac{4}{5}m^2$를 칠할 수 있다. 한 통으로 칠할 수 있는 넓이를 구하시오.

◑ 직관적 탐구

아래 그림과 같은 모델을 이용하여 $\frac{4}{5} \div \frac{2}{3}$를 계산할 수 있다. 이 방법은 학생들이 비형식적으로 문제를 해결하는 방법과 유사한 특징을 가지고 있다. 즉, 제수의 단위분수만큼을 먼저 구한 후에(그림에서는 $\frac{1}{3}$에 해당하는 양으로, 이를 위해 제수의 분자인 2로 나누어야 한다) 기준 단위가 되는 양을 구하기 위해 단위분수 $\frac{1}{n}$의 n배를 곱해야 한다(그림에서는 $\frac{1}{3}$의 3배를 곱해야 한다). 그러한 과정은 $\frac{4}{5} \div \frac{2}{3}$의 경우에 제수의 분자인 2로 나누고, 분모인 3을 곱하는 것이므로 그 결과는 $\frac{4}{5} \times \frac{2}{3}$와 같은 것이다.

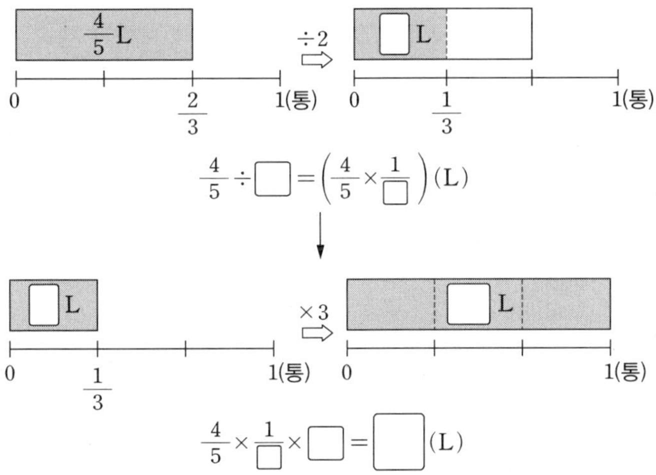

함께 생각하기

(분수)÷(분수)의 계산에 대해 여러분이 생각한 직관적 해결 방법을 생각해 보고, 서로 의견을 공유해 봅시다.

◑ 형식적 탐구

$\frac{4}{5} \div \frac{2}{3} = \frac{4\times3}{5\times3} \div \frac{2\times5}{3\times5} = (4\times3) \div (2\times5) = \frac{4\times3}{2\times5} = \frac{4\times3}{5\times2} = \frac{4}{5} \times \frac{3}{2} = \frac{12}{10} = \frac{6}{5}$이다.

◑ 적용

(가) $\frac{6}{7} \div \frac{2}{7}$는 $6 \div 2$와 같다는 것을 설명하시오.

(나) $2\frac{1}{2} \div \frac{3}{4}$을 다음의 방법으로 계산하시오.

(a) 분수의 곱셈으로 나타내어 계산하시오.

(b) 분모를 같게 변형하여 계산하시오.

(다) $4\div\frac{3}{4}$을 다음의 방법으로 계산하시오.

(a) 분수의 곱셈으로 나타내어 계산하시오.

(b) 분모를 같게 변형하여 계산하시오.

5-6. 소수의 덧셈과 뺄셈

소수의 계산은 근본적으로 자릿값에서만 차이가 있을 뿐 자연수의 계산과 같은 계산 규칙을 따르기 때문에 분수의 계산보다 훨씬 더 쉽다. 따라서 소수에 대한 계산 절차를 가르칠 때, 자릿값에 대한 설명과 자연수의 계산 절차를 서로 대응시키면서 이해시키는 것이 유용하다. 학생들이 자연수의 덧셈과 뺄셈에 익숙해지면 소수의 덧셈과 뺄셈을 지도하는 데에는 많은 시간이 필요하지 않을 수도 있다(이대현, 2019c).

소수의 덧셈과 뺄셈에서는 소수 한 자리 수의 덧셈과 뺄셈, 소수 두 자리 수의 덧셈과 뺄셈 등을 다룬다. 먼저, 자릿수가 같은 소수의 범위에서 받아올림이나 받아내림이 없는 덧셈과 뺄셈을 다루고, 다음으로 받아올림이나 받아내림이 있는 경우, 자연수가 있는 소수의 경우, 자릿수가 다른 소수의 경우 등을 다룬다. 소수의 덧셈과 뺄셈은 자릿값의 원리를 이용하여 같은 자리의 수끼리 계산하게 한다.

특히 소수의 덧셈과 뺄셈에서는 자릿값을 맞추지 못하여 오류가 발생하기도 한다. 예를 들면, 1.34+4.5의 경우에 3밑에 5를 적지 않아서 문제해결에 실패하기도 한다. 이 경우에는 어림을 해보도록 하는 것은 효과적이다. 어림을 해 보면 자신이 구한 값이 답에서 멀리 떨어져 있어서 잘못 구했다는 것을 알게 될 것이다.

(1) (소수 한 자리 수)+(소수 한 자리 수)

0.9m짜리 끈과 1.5m짜리 끈이 있다. 두 끈의 길이는 모두 얼마인지 구하시오.

◑ 직관적 탐구

두 끈의 길이를 아래와 같은 그림으로 나타내어 구해 보도록 한다.

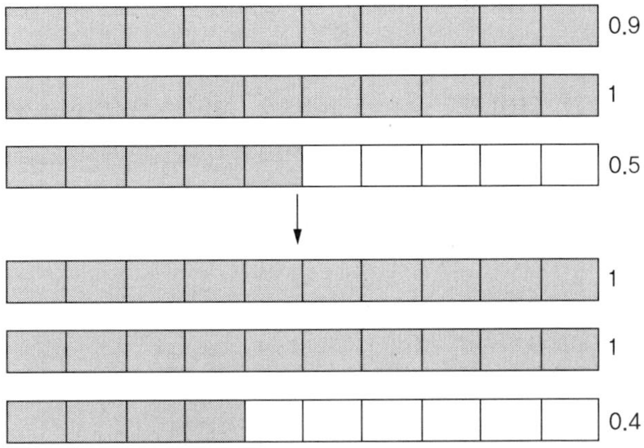

위 그림에서 0.9+1.5=2.4임을 알 수 있다. 다른 방법으로는 0.9는 0.1이 9개이고, 1.5는 0.1이 15개이므로 0.9+1.5는 0.1이 24개가 되어 2.4이다. 마지막으로 분수를 이용하면 $0.9=\frac{9}{10}$, $1.5=\frac{15}{10}$이므로 $0.9+1.5=\frac{9}{10}+\frac{15}{10}=\frac{24}{10}=2.4$이다.

함께 생각하기

소수 한 자리 수끼리의 덧셈과 뺄셈에서 여러분이 생각한 직관적 해결 방법을 생각해 보고, 서로 의견을 공유해 봅시다.

◑ 형식적 탐구

소수 한 자리 수의 덧셈을 세로셈으로 나타내어 계산하면 다음과 같다.

$$\begin{array}{r} 0.9 \\ +\ 1.5 \\ \hline \end{array} \Rightarrow \begin{array}{r} \overset{1}{0}.9 \\ +\ 1.5 \\ \hline .4 \end{array} \Rightarrow \begin{array}{r} \overset{1}{0}.9 \\ +\ 1.5 \\ \hline 2.4 \end{array}$$

◑ 적용

(가) 민이가 물 1.5L 중에서 0.6L를 마셨다. 남은 물의 양을 구하는 식을 쓰고, 그림을 이용하여 구하시오.

(나) 4.3−2.7을 수직선을 이용하여 해결하시오.

(다) 4.3+2.7을 수모형을 이용하여 해결하는 방법을 이야기해 보시오.

⑵ (소수 두 자리 수)-(소수 두 자리 수)

원이의 키는 1.73m이고, 민이의 키는 1.65m이다. 원이는 민이보다 몇 m 더 큰지 구하시오.

◑ 직관적 탐구

1.73−1.65를 그림으로 나타내어 구해 보도록 한다.

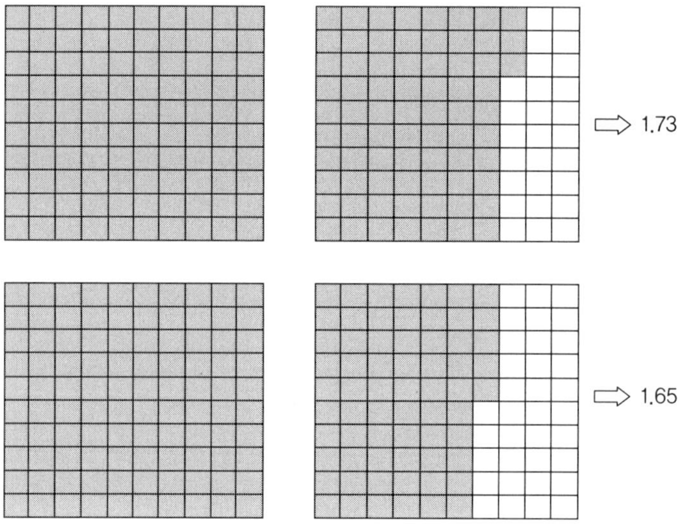

위의 두 그림에서 빗금 친 부분을 비교하여 그 차이의 수를 세어보면 8칸이고, 한 칸은 0.01이므로 1.73−1.65=0.08이다. 다른 방법으로는 아래 그림과 같은 수직선을 이용하여 구할 수 있다.

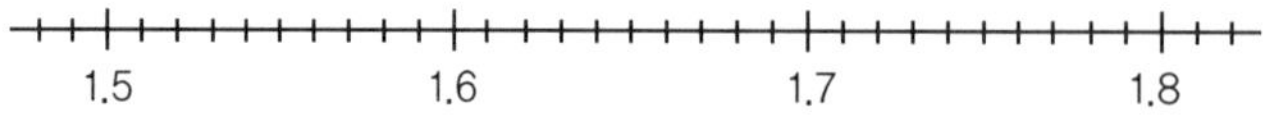

소수의 자릿값을 이용하면 1.73은 0.01이 173개이고, 1.65는 0.01이 165개이므로 1.73−1.65는 0.01이 8개가 되어 0.08이다. 마지막으로 분수를 이용하면 $1.73=\frac{173}{100}$, $1.65=\frac{165}{100}$이므로 $1.73-1.65=\frac{173}{100}-\frac{165}{100}=\frac{8}{100}=0.08$이다.

함께 생각하기

소수 두 자리 수끼리의 덧셈과 뺄셈에서 여러분이 생각한 직관적 해결 방법을 생각해 보고, 서로 의견을 공유해 봅시다.

◑ 형식적 탐구

소수 두 자리 수끼리의 뺄셈을 세로셈으로 나타내어 계산하면 다음과 같다.

$$\begin{array}{r} 1.73 \\ -\ 1.65 \\ \hline \\ \end{array} \Rightarrow \begin{array}{r} 1.\overset{6}{\not7}\overset{10}{3} \\ -\ 1.65 \\ \hline 8 \end{array} \Rightarrow \begin{array}{r} 1.\overset{6}{\not7}\overset{10}{3} \\ -\ 1.65 \\ \hline 0.08 \end{array}$$

◑ 적용

(가) 민이는 매일 3.2km 달리기를 하는데, 오늘은 1.78km를 달렸다. 민이가 목표에 도달하기 위해서 더 달려야 하는 거리를 구하시오.

(나) 수모형을 이용하여 1.3−0.87을 구하는 방법을 이야기해 보시오.

(다) 수직선을 이용하여 1.83+0.9를 구하는 방법을 이야기해 보시오.

5-7. 소수의 곱셈과 나눗셈

소수의 곱셈은 자연수의 곱셈과 유사하며, 소수의 자릿값에 유의하는 것이 중요하다. 이를 위해 소수와 자연수, 소수끼리의 곱셈은 소수를 분수로 고쳐서 분수의 곱셈 과정에서 소수의 곱셈 원리를 이해하고, 이를 형식화하여 계산하게 한다.

소수의 나눗셈은 '(자연수)÷(자연수)'에서 몫이 나누어떨어지지 않는 경우에 몫을 소수로 나타낼 수 있다는 것을 이해하고, 이를 계산 형식에 따라 계산을 할 수 있게 한다. '(소수)÷(자연수)'의 경우 '(자연수)÷(자연수)'의 계산 원리를 확장하여 계산 형식에 따라 계산을 할 수 있게 한다. 특히 나누는 수가 소수인 나눗셈은 먼저 소수를 분수로 고쳐서 분수 나눗셈으로 계산하는 과정에서 소수 나눗셈의 계산 원리를 발견하게 하고, 이를 일반화하여 소수 나눗셈을 하도록 한다.

(1) (자연수)×(소수)

민이는 매일 2km를 걷기로 하였는데, 오늘은 목표의 0.8배만큼을 걸었다. 민이가 오늘 걸은 거리를 구하시오.

◑ 직관적 탐구

민이가 오늘 걸은 거리를 어림해 보면 2km 보다는 적게 걸었다는 것을 알 수 있다. 민이가 걸은 거리를 그림으로 나타내어 구하면 다음과 같다. 즉, 2km의 0.8배이므로 2km의 $0.8=\frac{8}{10}$을 택하면 1.6km임을 알 수 있다.

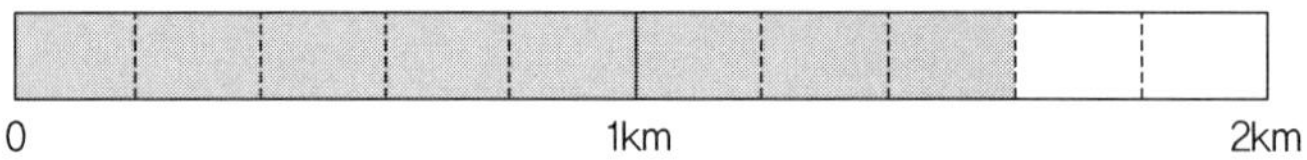

함께 생각하기

(자연수)×(소수)의 계산에서 여러분이 생각한 직관적 해결 방법을 생각해 보고, 서로 의견을 공유해 봅시다.

◑ 형식적 탐구

소수는 십진분수에서 유도되었으므로 소수의 곱셈을 분수의 곱셈으로 바꾸어 계산할 수 있다. 즉, $2\times0.8=2\times\frac{8}{10}=\frac{2\times8}{10}=\frac{16}{10}=1.6$이다. 소수 곱셈에 대한 알고리즘을 이용하면 자연수 곱셈 방법에서 유추하여 아래와 같이 구할 수 있다.

$$\begin{array}{r} 2 \\ \times\ 8 \\ \hline 16 \end{array} \Rightarrow \begin{array}{r} 2 \\ \times 0.8 \\ \hline 1.6 \end{array}$$

◑ 적용

(가) 1.3×4를 그림과 분수 계산 방법을 이용하여 계산하는 방법을 설명하시오.

(나) 2×2.3을 분수의 곱셈으로 고쳐서 계산하시오.

(다) 12×1.3을 12×13을 이용하여 계산하는 방법을 설명하시오.

(2) (소수)×(소수)

> 가로가 0.7m이고, 세로가 0.5m인 직사각형 모양의 땅에 토마토를 재배하려고 한다. 토마토를 재배할 땅의 넓이를 구하시오.

◑ 직관적 탐구

토마토를 재배할 땅의 모양을 아래 그림과 같이 가로가 0.1m, 세로가 0.1m인 모눈종이 위에 나타내고 그 넓이를 구할 수 있다.

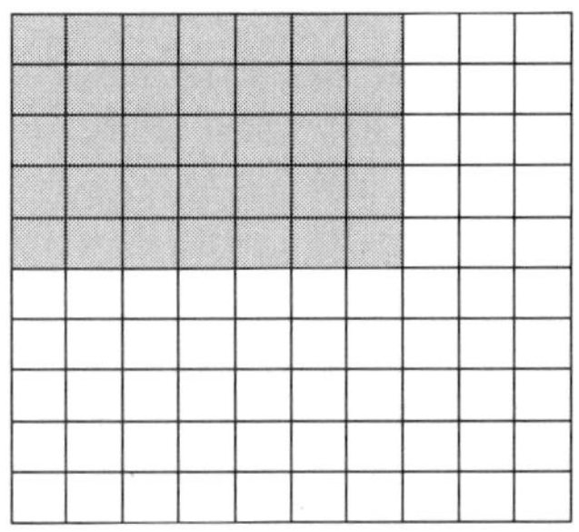

그러면 작은 정사각형 하나의 넓이는 $0.01m^2$이고, 넓이가 $0.01m^2$인 정사각형이 가로에 7개, 세로에 5개 있으므로 토마토를 재배할 땅의 넓이는 $0.35m^2$가 된다.

함께 생각하기

(소수)×(소수)의 계산에서 여러분이 생각한 직관적 해결 방법을 생각해 보고, 서로 의견을 공유해 봅시다.

◑ 형식적 탐구

소수는 십진분수에서 유도되었으므로 소수의 곱셈을 분수의 곱셈으로 바꾸어 계산할 수 있다. 즉, $0.7\times0.3=\frac{7}{10}\times\frac{5}{10}=\frac{7\times5}{10\times10}=\frac{35}{100}=0.35$이다. 소수 곱셈에 대한 알고리즘을 이용하면 자연수 곱셈 방법에서 유추하여 아래와 같이 구할 수 있다.

$$
\begin{array}{ccccc}
7 & \times & 5 & = & 35 \\
\downarrow \frac{1}{10}\text{배} & & \downarrow \frac{1}{10}\text{배} & & \downarrow \frac{1}{100}\text{배} \\
0.7 & \times & 0.5 & = & 0.35
\end{array}
$$

◑ 적용

(가) 직사각형의 넓이 모델을 이용하여 1.3×2.6을 계산하는 방법을 설명해 보시오.

(나) 분수의 곱셈을 이용하여 1.2×1.5를 계산하시오.

(다) 다음 식을 보고, 소수의 곱셈에 대하여 찾을 수 있는 규칙을 말하시오.

$3450 \times 1 = 3450$

$3450 \times 0.1 = 345$

$3450 \times 0.01 = 34.5$

$3450 \times 0.001 = 3.45$

(3) (소수)÷(자연수)

길이가 2.5m인 끈을 2명이 똑같이 나누어 가지려고 한다. 한 사람이 가질 끈의 길이는 몇 m인지 구하시오.

◑ 직관적 탐구

한 사람이 가질 끈의 길이를 어림해 보면 약 1.2m정도 일 것이다. 한편, 단위를 변환하여 나타내면 2.5m는 250cm이므로 250÷2=125cm가 된다. 따라서 한 사람이 가질 끈의 길이는 1.25m가 된다.

함께 생각하기

(소수)÷(자연수)의 계산에서 여러분이 생각한 직관적 해결 방법을 생각해 보고, 서로 의견을 공유해 봅시다.

◑ 형식적 탐구

소수의 나눗셈을 분수의 계산으로 바꾸어 계산할 수 있다.

$$2.5 \div 2 = \frac{25}{10} \div 2 = \frac{250}{100} \div 2 = \frac{250 \div 2}{100} = \frac{125}{100} = 1.25$$

또한 표준화된 알고리즘은 다음과 같은 방법으로 적용할 수 있다.

```
                     1              1.2              1.25
2)2.5   ⇒   2)2.5    ⇒   2)2.5    ⇒   2)2.5
                 2              2               2
              -----          -----           -----
                   5              5               5
                                  4               4
                              -----           -----
                                  1              10
                                                 10
                                              -----
                                                  0
```

◑ **적용**

(가) 다음 소수 나눗셈에 대한 두 식에서 분수의 계산으로 바꾸는 과정에 분모가 10인 분수와 100인 분수로 선택한 이유를 설명하시오.

$$2.8 \div 2 = \frac{28}{10} \div 2 = \frac{28 \div 2}{10} = \frac{14}{10} = 1.4$$

$$3.5 \div 2 = \frac{35}{10} \div 2 = \frac{350}{100} \div 2 = \frac{350 \div 2}{10} = \frac{150}{100} = 1.50$$

(나) 소수 나눗셈 8.2÷4를 자연수의 나눗셈에서 유추하여 해결하고자 한다. 이 문제에 적합한 나눗셈 식을 쓰고, 이에 따라 세로셈으로 문제를 해결하시오.

(다) 사과 4개를 5사람이 똑같이 나누어 먹으려고 한다. 한 사람이 먹게 되는 양을 소수로 나타내시오.

(라) 사과 4개를 9사람이 똑같이 나누어 먹으려고 한다. 한 사람이 먹게 되는 양을 소수 둘째 자리에서 반올림하여 나타내시오.

(4) (소수)÷(소수)

11.5m의 끈을 1.6m씩 자르면 몇 도막을 만들 수 있는지 구하시오.

◑ **직관적 탐구**

11.5에서 1.6을 계속해서 빼어 가면 11.5−1.6−1.6−1.6−1.6−1.6−1.6−1.6=0.3이므로 1.6짜리 7개를 만들고 0.3m의 끈이 남는다.

함께 생각하기

(소수)÷(소수)의 계산에서 여러분이 생각한 직관적 해결 방법을 생각해 보고, 서로 의견을 공유해 봅시다.

◑ 형식적 탐구

소수의 나눗셈을 분수로 바꾸어 계산할 수 있다. 즉, $11.5 \div 1.6 = \frac{115}{10} \div \frac{16}{10} = \frac{115}{10} \times \frac{10}{16} = 115 \div 16$이다. 이 경우에 몫으로만 나타내면 $7\frac{3}{16}$이 되고, 몫과 나머지로 나타내면 몫은 7이고, 나머지는 0.3이 된다. 즉, $1.6 \times \frac{3}{16} = 0.3$이 되는 것이다. 다른 방법으로는 표준화된 알고리즘을 적용하여 다음과 같은 방법으로 해결할 수 있다.

```
                                       7
1.6 ) 11.5  ⇒  16 ) 115  ⇒  1.6 ) 11.5
                                   11 2
                                   ────
                                     .3
```

◑ 적용

(가) 1.84÷0.23을 분수의 나눗셈으로 계산하시오.

(나) 1.84÷0.23을 184÷23의 계산 방법을 이용하여 계산하시오.

(다) 5÷1.25를 분수 나눗셈과 세로로 계산하는 방법으로 계산하시오.

(라) 소수의 나눗셈에서 나누어떨어지지 않는 경우에 몫을 표현하는 방법에 대해 이야기해 보시오.

도전! 문제해결!

01 1, 2, 3, 4, 5, 6을 써 놓은 6장의 카드로 두 개의 세 자리 수를 만들 때, 그 두 수의 합이 최대인 경우와 최소인 경우를 각각 구하시오.

02 1, 2, 3, 4가 쓰인 4장의 카드와 ×를 이용하여 가장 큰 수를 만들려고 한다. 가장 큰 수를 만드는 식과 그 값을 구하시오.

03 1, 2, 3, 4, 5, 6을 써 놓은 6장의 카드로 세 개의 두 자리 수를 만들 때, 그 세 수의 곱이 최대인 경우와 최소인 경우를 각각 구하시오.

04 1, 2, 3, 4, 5, 6을 써 놓은 6장의 카드로 두 개의 세 자리 수를 만들 때, 그 두 수의 곱이 최대인 경우와 최소인 경우를 각각 구하시오.

Math Cafe

고대인들의 곱셈 방법

고대 이집트인들은 2배만을 이용하여 (두 자리 수)×(두 자리 수)를 계산하였다고 한다. 다음에 제시된 곱셈식 34×23에 적용된 이집트인들의 곱셈 방법을 탐구해 보아라.

$$
\begin{aligned}
34\times23 \;\Rightarrow\; & 34\times1=34 \quad * \\
& 34\times2=68 \quad * \\
& 34\times4=136 \quad * \\
& 34\times8=272 \\
& 34\times16=544 \quad *
\end{aligned}
$$

위의 식에서 승수를 1, 2, 4, 8, 16, …(이 수들은 이진법의 수임을 확인하자.)으로 확장하면서 각각의 곱을 구한다. 그리고 승수인 23을 이 수의 합으로 표현하면 16+4+2+1=23이므로 이에 대응되는 식의 계산 결과를 이용하여 합을 구하면 34+68+136+544=782가 된다는 것을 알 수 있다.

다음으로 러시아의 전통적인 방법은 피승수와 승수에 2배와 $\frac{1}{2}$배를 적용하여 (두 자리 수)×(두 자리 수)를 다음과 같이 구하였다고 한다. 다음에 제시된 23×34에 적용된 러시아인들의 전통적인 곱셈 방법을 탐구해 보아라.

$$
\begin{aligned}
&23\times34 \\
&46\times17 && 23\times34=46\times17 \\
&92\times8 && \quad=92\times8+46 \\
&184\times4 && \quad=184\times4+46 \\
&368\times2 && \quad=368\times2+46 \\
&736\times1 && \quad=736\times1+46=782
\end{aligned}
$$

위 식에서 23×34=46×17이 되는 것과 같이 피승수를 2배 하고, 승수를 $\frac{1}{2}$배하면 계산 결과는 같게 된다. 그런데 승수가 짝수가 아닌 경우에는 $\frac{1}{2}$배 하게 되면 자연수가 되지 않는다. 따라서 그 경우에는 승수 1만큼에 해당되는 피승수 값을 더해 주고 나머지는 그대로 피승수와 승수에 2배와 $\frac{1}{2}$배를 적용하면 되는 것이다.

마지막으로 격자 이용 방법은 격자를 만들어 각각의 곱을 쓴 다음, 오른쪽 위에서 왼쪽 아래로 대각선 방향으로 있는 수를 더하여 계산 결과를 얻는 방법이다. 이 경우에 10이 되면 받아올림을 하여 계산 결과를 얻게 된다.

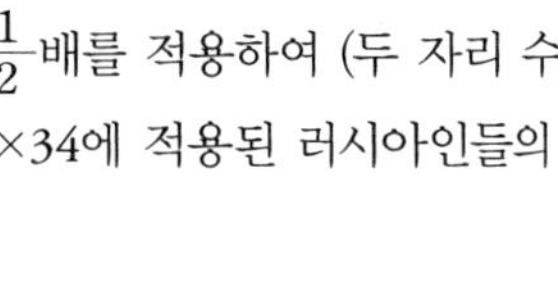

6장 도형과 측정

함께 해결할 탐구 문제

두 변의 길이가 2cm인 이등변삼각형의 끼인각이 30°이다. 이 삼각형의 넓이를 구하시오.

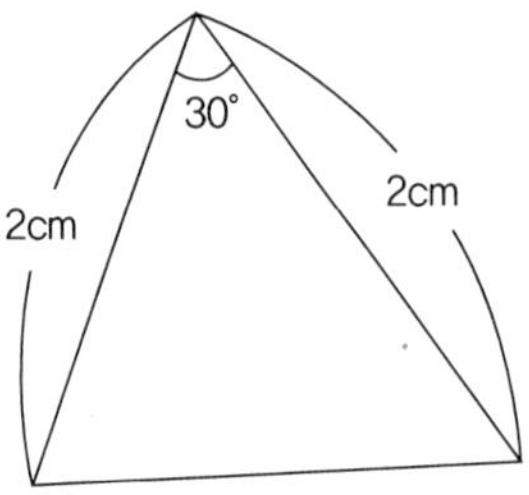

문제해결 전략 1 아래 그림과 같이 삼각형 ABC의 꼭짓점 B에서 변 AC에 수선을 내리면 새로 만들어지는 삼각형 ABH의 변 BH의 길이는 1cm가 된다. 따라서 삼각형 ABC의 넓이는 $S=\frac{1}{2}\times2\times1=1\text{cm}^2$이다.

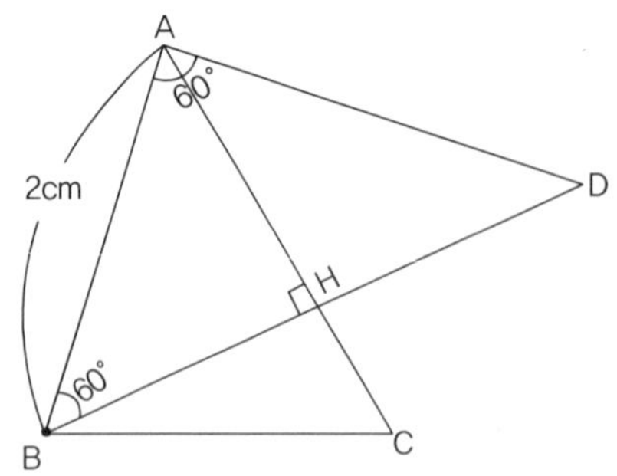

문제해결 전략 2 삼각형의 넓이를 구하는 공식을 이용하면 $S=\frac{1}{2}\times2\times2\times\sin 30^\circ=1\text{cm}^2$이다.

ㅁ 위의 문제와 유사한 문제를 만들어 보고, 그 문제를 해결해 보시오.

내가 만든 문제	문제해결 전략

6-1. van Hiele의 기하학습 사고 수준별 탐구 활동

van Hiele는 피아제의 이론을 바탕으로 기하학습 사고 수준 이론을 제시하였다. 그는 종전의 기하 학습이 학생들의 사고 수준을 넘어서는 용어를 사용하거나 성질을 이해하도록 하고 있음을 발견하고, 학생들의 사고 수준을 넘어서는 학습은 학생들에게 도움이 되지 못한다는 것을 알아내었다. van Hiele가 제시한 기하학적 사고 수준의 발달 과정 또는 기하에 관련된 학습 수준은 시각적 인식 수준, 분석적 수준, 비형식적 연역 수준, 형식적 연역 수준, 엄밀화 수준으로 구분된다.

첫 번째 시각적 인식 수준은 주변 대상을 모양이라는 측면에서 인식하고 파악하는 수준이다. 이 수준에 있는 학생들은 도형을 그 구성 요소에 대한 명확한 고려 없이, 전체로서 시각적 외관에 의해 판별한다. 예를 들면, 삼각형, 사각형, 육면체 등으로 도형의 이름을 말할 수 있으나, 그 성질을 명확하게 파악하지는 못한다. 이 수준의 학생은 도형의 용어를 배울 수 있으며, 도형이 주어졌을 때 그것을 똑같이 그릴 수 있는 능력이 있다.

두 번째 분석적 수준은 도형의 성질에 주목하여 도형의 구성 요소와 성질에 대한 비형식적 분석을 통해 도형을 파악하는 수준이다. 즉, 관찰과 실험을 통해 도형의 특성을 식별한다. 이 수준의 학생들은 '직사각형'이라는 용어의 사용에 익숙해지면서 '직사각형' 대신에 '모든 각이 직각인 네 변을 갖는 모양'으로 언급하게 된다. 그렇지만 이 수준의 학생들은 다른 도형들의 성질과의 연관성을 파악하지 못하는 상태에 있다.

세 번째 수준은 비형식적 연역 수준으로, 이 수준의 학생들은 한 도형 내에서, 또는 다른 도형들과의 성질에서 상호 관련성을 이해할 수 있다. 이 수준의 학생들은 도형과 그 성질사이의 논리적인 관계가 정의를 통해 확립되지만, 연역의 완전한 관계를 아직 이해하지 못한다. 예를 들면, '정사각형은 직사각형이다', '정사각형은 마름모이다'라고 말할 수는 있으나, 이러한 추론을 증명할 일련의 명제를 조직하지 못한다.

네 번째 수준은 형식적 연역 수준으로, 이 수준의 학생들은 명제들 간의 논리적 관계를 통해 공리, 정리, 증명의 의미와 역할을 이해하고, 기하의 연역(또는 추론)의 본질을 이해할 수 있다. 또한 이 수준에 도달한 학생은 연역의 의미를 이해하고, 어떤 명제가 참임을 증명할 수 있으며, 필요조건과 충분조건의 상호 관계를 이해하며, 명제와 그 역의 차이점을 알 수 있다.

다섯 번째 수준은 엄밀화 수준으로 이 수준에 도달한 학생들은 비유클리드 기하와 같은 다양한 공리 체계를 학습할 수 있으며, 구체적인 도형이 없이도 이론을 전개할 수 있을 정도로 추상화가 발달되어 있다.

(1) 시각적 인식 수준의 문제해결

다음 도형 중에서 직사각형을 모두 찾으시오(백은자, 2006, p. 125).

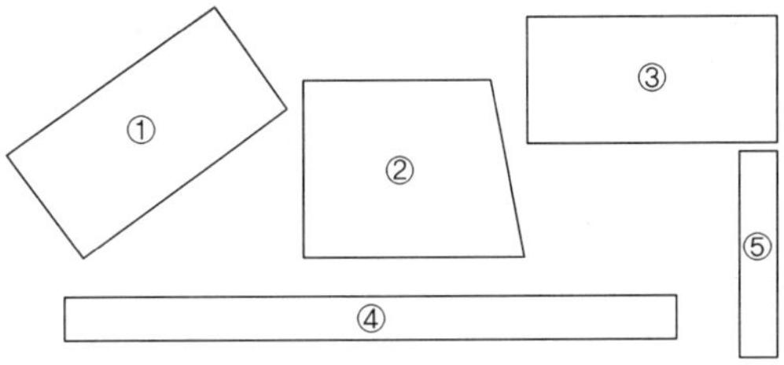

◑ 직관적 탐구

시각적 인식 수준에서는 도형의 구성 요소에 대한 명확한 고려 없이 전체적인 시각적 외관에 의해 그 대상을 판별한다. 따라서 ③번과 같은 전형적인 직사각형만을 직사각형으로 인식할 수 있다. 특히 기울어진 ①번과 길쭉한 ④번과 ⑤번을 직사각형으로 인식하지 못하는 경우도 있다.

함께 생각하기

주변 환경에서 여러 가지 도형을 찾아보고, 찾은 도형의 특징에 대해 생각해 보고, 서로 의견을 공유해 봅시다.

◑ 형식적 탐구

학생들이 시각적 외관에 의해 직사각형을 인식하도록 하기 위해서는 학습할 주제인 직사각형에 관한 학생들의 선행 지식이 무엇인지를 파악하고, 그를 바탕으로 직사각형에 대한 경험의 기회를 제공하도록 한다. 학생들은 교사가 제공하는 계열화된 활동을 통해 직사각형과 친숙해져야 한다. 예를 들어 체험활동으로 다양한 구체물로 만들어진 직사각형을 제공하여 직사각형과 친숙해지도록 하거나(지각적 다양성의 원리), 다양한 모양의 직사각형을 제공하여 그 외관적 특징을 살펴보도록 할 수 있다(수학적 다양성의 원리). 전형적인 직사각형을 돌려보는 활동은 ①번 그림을 직사각형으로 인식하도록 하는데 도움을 줄 수 있다.

◑ 적용

(가) 다음 도형 중에서 삼각형을 모두 찾으시오(백은자, 2006, p. 125).

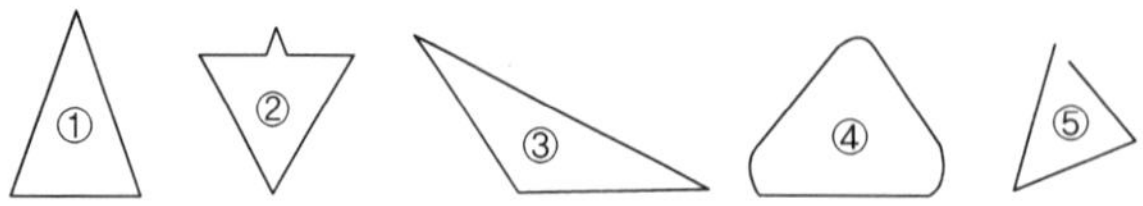

(나) 다음 도형 중에서 정사각형을 모두 찾으시오(백은자, 2006, p. 125).

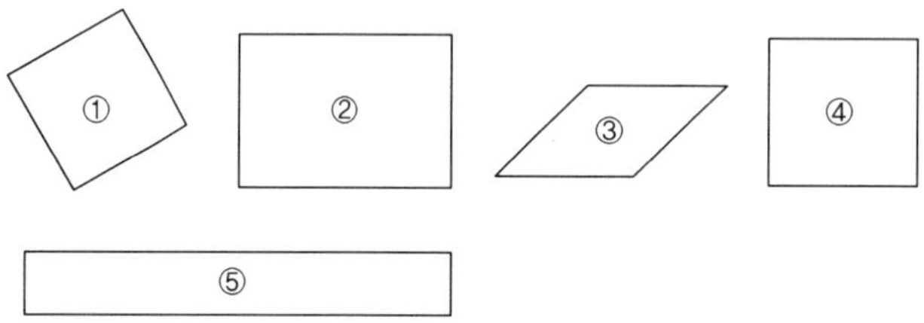

(다) 다음 도형 중에서 평행사변형을 모두 찾으시오(백은자, 2006, p. 126).

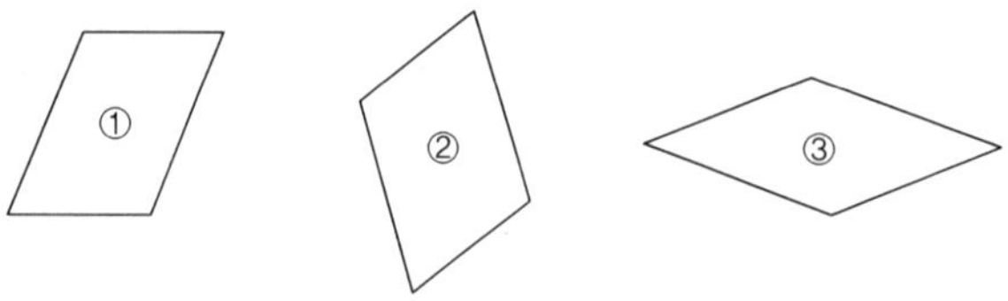

(2) 도형 분석적 수준의 문제해결

다음 그림에 제시된 마름모는 네 변의 길이가 모두 같은 사각형이다. 모든 마름모에 대하여 항상 옳은 것이 아닌 것을 찾으시오.

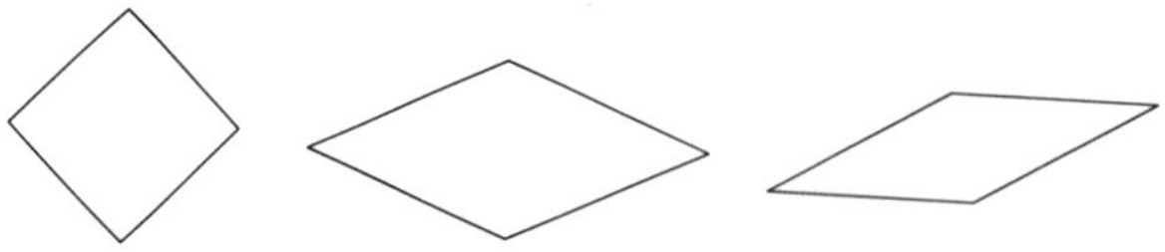

① 두 대각선은 수직으로 만난다.
② 두 대각선의 길이가 같다.
③ 마주보는 변의 길이가 같다.
④ 마주보는 변이 서로 평행하다.
⑤ 마주보는 두 각의 크기가 같다.
⑥ 모든 네 각의 크기가 같다.

◑ 직관적 탐구

분석적 수준에서는 관찰과 실험과 같은 비형식적 분석을 통해 도형의 구성 요소와 성질을 파악하는 수준이다. 학생들은 마름모를 관찰하고 구성 요소인 변과 각에 초점을 두고 관찰과 실험을 통해 그 성질을 탐구할 수 있다. 예를 들어 마름모에서 두 대각선이 수직으로 만나는가를 탐구하기 위해 마주보는 꼭짓점을 연결하여 선으로 나타내면 두 대각선이 직각으로 만난다는 것을 발견하고 '두 대각선은 수직으로 만난다.'는 성질이 옳다는 것을 인식할 수 있다.

함께 생각하기

여러 가지 사각형에 대하여 관찰과 실험을 통해 성질을 탐구할 수 있는 방법을 생각해 보고, 서로 의견을 공유해 봅시다.

◑ 형식적 탐구

관찰과 실험과 같은 비형식적 분석을 통해 도형의 성질을 파악하는 수준인 도형 분석적 수준에서는 한 도형의 성질을 발견할 수는 있지만, 도형의 성질 간의 관계나 도형 간의 관계를 파악하기는 어려운 수준이다. 이 수준에서는 한 도형의 성질을 발견하기 위하여 특정 모양만이 아니라, 다양한 형태의 도형을 제시하여 그들의 공통점을 발견하도록 한다. 마름모의 경우에 전형적인 마름모뿐만이 아니라, 정사각형과 같은 마름모도 제시하여 마름모가 가지는 여러 가지 성질과 특징을 찾도록 안내하는 것이 필요하다.

◑ 적용

(가) 다음은 모두 이등변삼각형이다. 그림을 보고 이등변삼각형의 성질을 쓰시오.

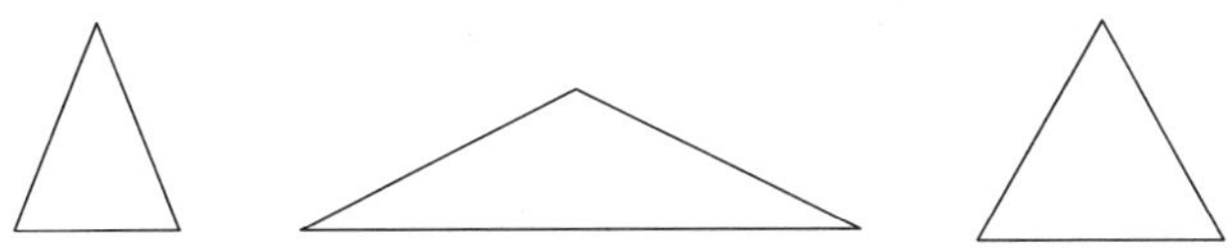

(나) 다음 도형들이 모두 가지고 있는 성질을 찾아보시오.

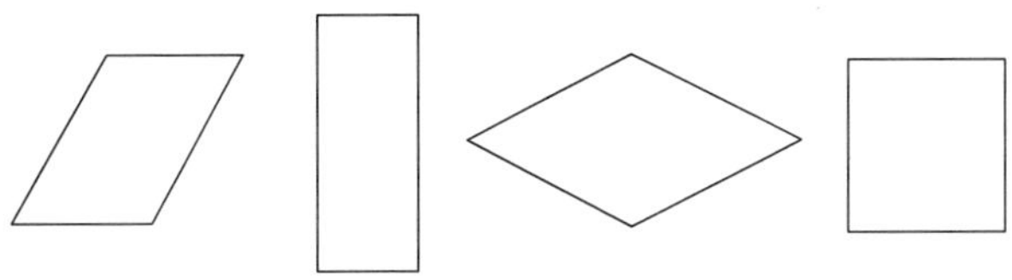

(다) 아래 그림에 있는 도형을 보고 그림에 있는 도형을 분류할 수 있는 가능한 많은 다양한

특징들을 발견하고, 그러한 특징들에 따라 도형들을 표에 적고 분류하시오.

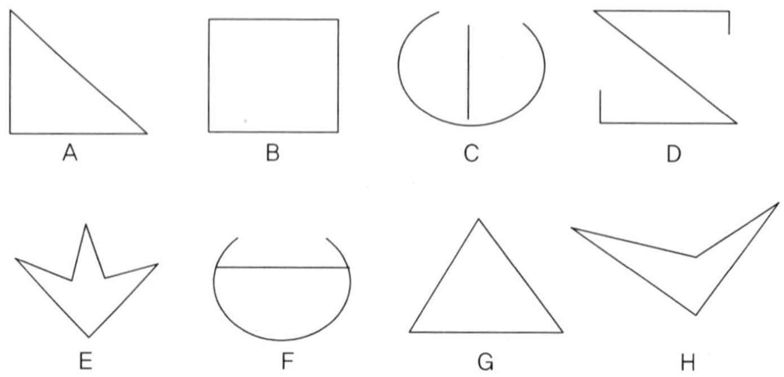

특 징	A	B	C	D	E	F	G	H
90°의 각을 가짐	/	/		/				

(라) 아래 그림에 있는 도형을 보고 그림에 있는 도형을 분류할 수 있는 가능한 많은 다양한 특징들을 발견하고, 그러한 특징들에 따라 도형들을 표에 적고 분류하시오.

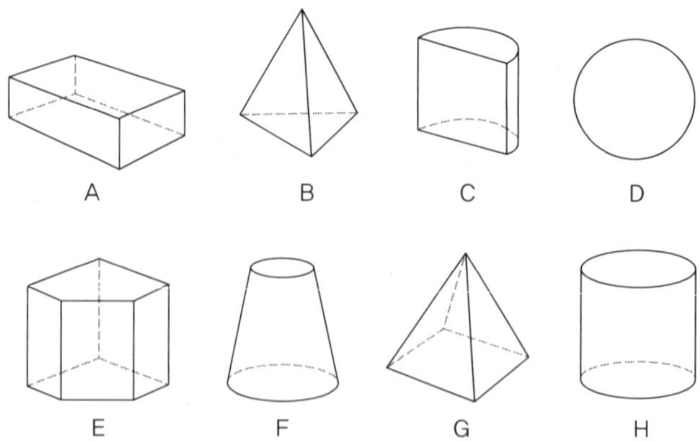

입체도형 B에 대해 예상되는 반응의 예는 다음과 같다.

특 징	A	B	C	D	E	F	G	H
삼각형의 면을 가짐		/					/	

(3) 비형식적 연역 수준의 문제해결

다음 중에서 옳은 것을 모두 고르시오.

① 사다리꼴은 정사각형이 가지고 있는 모든 성질을 가지고 있다.
② 평행사변형은 정사각형이 가지고 있는 모든 성질을 가지고 있다.
③ 마름모는 직사각형이 가지고 있는 모든 성질을 가지고 있다.
④ 직사각형은 정사각형이 가지고 있는 모든 성질을 가지고 있다.
⑤ 평행사변형은 사다리꼴이 가지고 있는 모든 성질을 가지고 있다.
⑥ 정사각형은 직사각형이 가지고 있는 모든 성질을 가지고 있다.

◑ 직관적 탐구

비형식적 연역 수준에 있는 학생들은 한 도형 내에서, 또는 다른 도형들과의 성질에서 상호 관련성을 파악할 수 있어서 도형과 그 성질사이의 논리적인 관계가 정의를 통해 확립될 수 있다. 예를 들면, '정사각형은 직사각형이다', '정사각형은 마름모이다'라는 관계를 파악할 수 있다. 그렇지만 연역의 완전한 관계를 아직 이해하지 못하기 때문에 추론을 증명할 일련의 명제를 조직하지 못한다.

구체적으로 이 수준의 학생들은 각 도형의 특징과 성질을 각각 발견하고, 서로의 성질을 비교하여 도형 간의 관계를 이끌어낼 수 있지만, 이를 증명할 수준에는 이르지 못하는 것이다. 그렇지만 초보적인 수준의 논증은 가능한데, 삼각형의 내각의 크기의 합을 이용하여 사각형의 내각의 크기의 합을 발견할 수준에는 이른 것이다.

학생들이 한 도형 내에서, 또는 다른 도형들과의 성질에서 상호 관련성을 파악하도록 하기 위해서는 각 도형이 가지는 성질을 다른 도형이 가질 수 있는가를 분석적으로 파악하여 판단하도록 이끌어 주어야 한다.

함께 생각하기

여러 가지 사각형 사이의 관계를 발견할 수 있는 방법을 생각해 보고, 서로 의견을 공유해 봅시다.

◑ 형식적 탐구

비형식적 연역 수준에 있는 학생들은 아직 연역의 체계와 논증의 필요성을 인식하지 못하기 때문에 도형의 성질 사이의 관계가 성립하는 이유를 탐구해 보도록 이끌어 줄 필요가 있다. 특히 수학적 사실이 성립하는 이유를 정당화해 볼 수 있는 기회를 제공하는 것이 바람직하다. 수학적 정당화는 이미 알려진 아이디어에 바탕을 둔 논리적인 주장으로 어떤 진술이 참인지에 대해 자신과 타인을 납득시키는 것을 의미한다. 이 수준에서는 증명의 의미와 논증의 필요성을 지도하기보다, 왜 그런 관계가 성립하는지 탐구하고 설명하도록 이끌어 주는 것이 필요하다.

◑ 적용

(가) 다음 도형 중에서 평행사변형을 모두 찾으시오(백은자, 2006, p. 130).

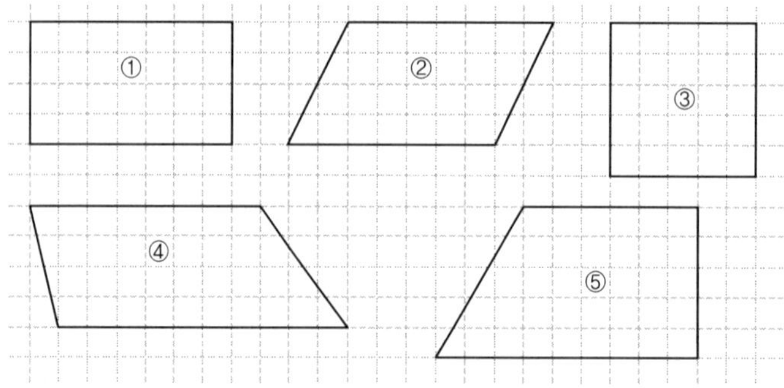

(나) 다음 진술문이 맞는지 틀렸는지 판정하시오. 틀렸으면 그 이유를 쓰시오.

> '정사각형의 대각선은 수직이다. 정사각형이 아닌 사각형은 대각선이 수직이 아니다.'

(다) 평행사변형이 사다리꼴이라는 것을 설명해 보시오.

6-2. 공간감각 기르기

우리는 3차원 공간에서 살아가며 주변의 다양한 물체와 관계 지으며 살아가고 있다. 우리가 가지는 공간 감각은 자기 주변의 상황과 그 물체에 대한 직관적인 느낌을 의미한다(NCTM, 1989). 공간 감각은 여러 개의 요인들로 구성되지만, 크게 공간 시각화와 공간 방향으로 구분할 수 있다.

공간 시각화는 공간의 대상, 관계, 변환에 대한 정신적 표상을 구성하고 조작하는 능력으로 정신적 회전, 정신적 변형, 정신적 차원 변형, 도형 배경 지각으로 나누어진다. 정신적 회전은 평행 이동(밀기), 회전 이동(돌리기), 대칭 이동(뒤집기)과 같은 변환 후의 모양과 과정을 상상하면서 공간의 대상을 정신적으로 변환하는 능력을 말하고, 정신적 변형은 공간 대상의 부분들의 패턴을 바꾸어 재배열하는 능력으로 쌓기나무나 입체 퍼즐 조각들로 새로운 모양을 만드는 것을 들 수 있다. 정신적 차원 변형은 공간의 대상과 평면을 서로 변형하는 능력(3→2, 2→3, 2→2, 3→3)을 의미하며, 도형 배경 지각은 도형이나 대상을 배경과 분리하여 인식할 수 있는 능력으로 숨은 그림 찾기와 같은 것을 예로 들 수 있다(정영옥, 2017).

공간 방향은 공간에서 자기 자신과 여러 가지 대상의 상대적 위치와 거리 관계를 이해하고, 공간에서 위치, 방향, 거리를 알고 공간에서 이동해 가는 방법을 아는 능력으로, 방향 감각, 거리 감각, 위치 감각을 들 수 있다. 방향 감각은 공간에서 전후, 좌우, 상하, 동서남북과 같은 위치와 방향을 아는 능력을 말하고, 거리 감각은 공간이나 지도의 축척이나 실제 거리를 포함하여 자신과 대상 또는 대상 간의 거리나 원근을 파악하는 능력을 말하며, 위치 감각은 공간의 대상들이 다양한 위치와 각도의 조망에서 어떻게 보이는가를 상상하는 능력이다(정영옥, 2017).

(1) 도형의 이동

아래의 왼쪽 그림에서 오른쪽 그림을 얻기 위해 밀기, 뒤집기, 돌리기를 이용하여 움직이는 방법에 대해 말해 보시오.

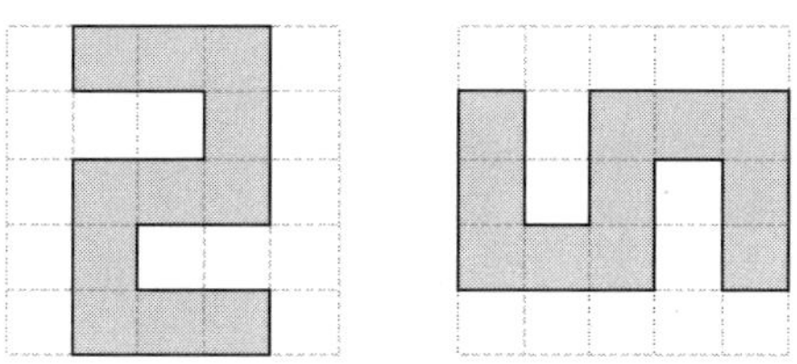

◑ 직관적 탐구

밀기, 뒤집기, 돌리기와 같은 도형의 이동에서는 구체물을 이용하여 직접 움직여 봄으로써 방법을 발견할 수 있다. 주어진 그림에서는 다음과 같은 두 가지 방법으로 왼쪽 그림에서 오른쪽 그림으로 움직이는 것이 가능하다.

① 시계방향으로 90°(시계반대 방향으로 270°)만큼 돌리고, 아래쪽(위쪽)으로 뒤집기

② 오른쪽(왼쪽)으로 뒤집고, 시계방향으로 90°(시계반대 방향으로 270°)만큼 돌리기

함께 생각하기

패턴블록 2~3개 조각을 이용하여 모양을 만들고, 이를 이용하여 여러 가지 밀기, 뒤집기, 돌리기를 한 후 나타난 모양에 대해 추론해 보고, 그 결과를 공유해 봅시다.

◑ 형식적 탐구

구체물을 이용하지 않고 공간감각(정신적 회전)을 이용하여 도형의 움직임을 추론해 보도록 한다. 이 경우에 한 번의 밀기, 뒤집기, 돌리기로 움직여지는 것이 아니기 때문에 다양한 방법으로 움직임을 시도해 보고, 친구들과 서로의 방향을 공유해 보도록 한다.

◑ 적용

(가) 다음 도형을 오른쪽으로 뒤집고, 시계 반대방향으로 270°만큼 돌리기를 한 모양을 그려 보시오.

(나) 다음 그림을 시계 방향으로 90°만큼 6번 돌리고, 위로 뒤집기를 하면 어떤 모양이 되는지 그려보시오.

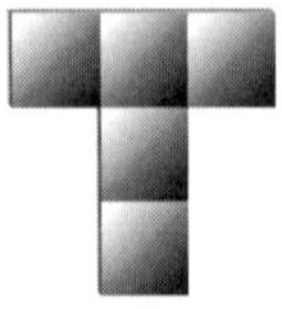

(다) 다음 그림은 오른쪽으로 5번 뒤집고, 시계방향으로 90°만큼 5번 돌려서 얻은 도형이다. 원래 도형을 그리시오.

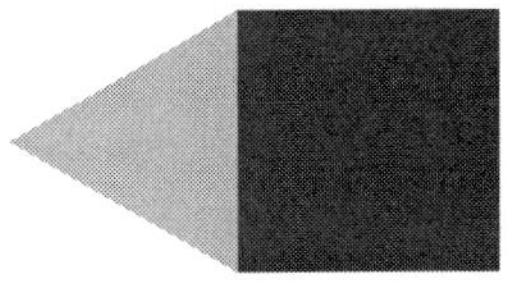

(2) 테셀레이션(무늬꾸미기) 문제해결

아래 그림과 같은 무늬타일과 이동을 이용하여 여러 가지 무늬를 꾸며보시오.

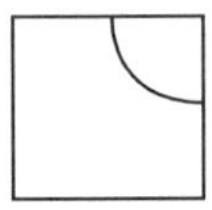

◑ 직관적 탐구

무늬타일을 여러 개 만들어 밀기, 뒤집기, 돌리기를 하여 무늬를 꾸며 보도록 한다. 이 경우에 다음 그림과 같은 무늬를 꾸밀 수 있을 것이다.

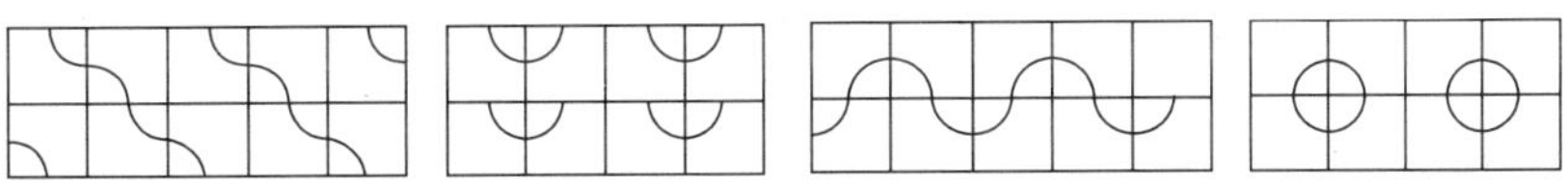

함께 생각하기

패턴블록을 이용하여 아름다운 무늬꾸미기를 해 보고, 무늬꾸미기 방법에 대해 서로 의견을 공유해 봅시다.

◑ 형식적 탐구

어떤 틈이나 포개짐 없이 평면이나 공간을 덮는 패턴을 테셀레이션이라고 한다. 테셀레이션은 라틴어 'tessella'에서 유래되었는데, 고대 로마 때 모자이크에 사용되었던 작은 정사각형 모양의 돌이나 타일을 의미한다. 테셀레이션은 생활 속에서 다양하게 활용되는데, 기본 단위

조각을 이용하여 스스로 규칙을 정하고 다양한 무늬를 꾸며 볼 수 있도록 한다. 이때 밀기, 뒤집기, 돌기기 등을 이용하여 기본 도형이 어떻게 배열이 되었는지 알아보도록 한다.

◑ 적용

(가) 기본 무늬 도형을 한 개 그리고, 이를 이용하여 무늬꾸미기를 해 보시오.

(나) 테셀레이션이 가능한 정다각형을 찾고, 그 이유를 설명해 보시오,

(다) 네 변의 길이가 같은 합동인 임의의 사각형들로 테셀레이션이 가능한지 판단해 보시오.

(라) 합동인 임의의 육각형들로 테셀레이션이 가능한지 판단해 보시오.

(3) 쌓기나무 활동 탐구

다음은 쌓기나무로 만든 모양을 앞과 옆에서 본 그림이다. 이렇게 보이도록 모양을 만드는데 필요한 쌓기나무의 최대 개수와 최소 개수를 구하시오.

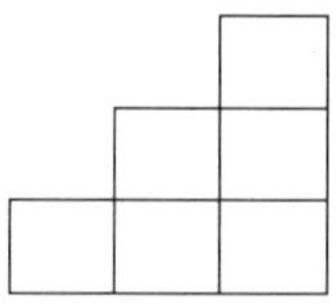

[앞에서 본 그림]

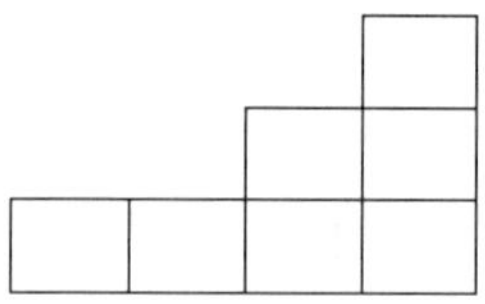

[옆에서 본 그림]

◑ 직관적 탐구

쌓기나무를 이용하여 문제의 조건에 맞도록 직접 쌓아보면 아래 그림과 같이 쌓기나무가 최대로 사용되는 경우는 17개이고, 최소로 사용되는 경우는 7개임을 알 수 있다.

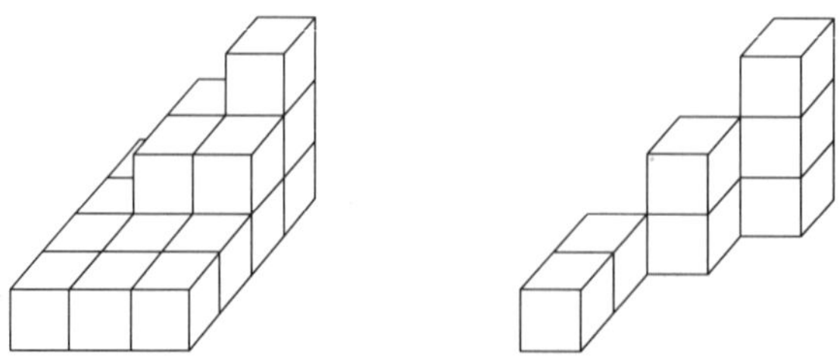

함께 생각하기

쌓기나무를 이용하여 다양한 모양을 만들고, 앞에서 본 모습, 옆에서 본 모습, 위에서 본 모습을 탐구해 봅시다.

◑ 형식적 탐구

저학년 학생들에게는 쌓은 모양을 보고 똑같이 쌓아보고, 쌓은 모양의 위치나 방향을 이해하도록 한다. 이때 쌓은나무는 보는 방향에 따라 모양이 달라지기 때문에 모양을 설명하기 전에 학생들과 앞, 뒤, 오른쪽, 왼쪽을 약속해야 한다. 또한 여러 가지 모양으로 쌓기나무를 만들어 보고, 쌓은 모양에 대해 위치나 방향을 이용하여 설명하도록 한다.

고학년 학생들에게는 입체도형의 구조를 파악하는 활동으로 쌓기나무로 만든 입체도형을 보고 사용된 쌓기나무의 개수를 구하게 한다. 이때 입체도형을 평면에 나타낸 모양만을 보고 입체도형의 구조를 완전히 파악할 수 없는 경우도 있기 때문에 사용된 쌓기나무의 개수를 구할 때 학생들에게 구조를 추측하게 하고 의사소통하게 한다. 또한 어떤 입체도형을 위, 앞, 옆에서 본 모양으로 표현한 것이나 위에서 본 모양의 각 칸 위에 쌓여 있는 쌓기나무의 개수를 적는 방법으로 표현한 것에서 그 입체도형의 모양을 알 수 있게 한다.

◑ 적용

(가) 정육면체 모양의 쌓기나무 7개를 면과 면이 꼭 맞게 붙여서 하나의 입체도형을 만들려고 한다. 겉넓이가 가장 큰 것과 가장 작은 것의 겉넓이를 구하시오.

(나) 다음 그림에서 본 방향대로 위, 앞, 옆에서 본 모양을 그리시오.

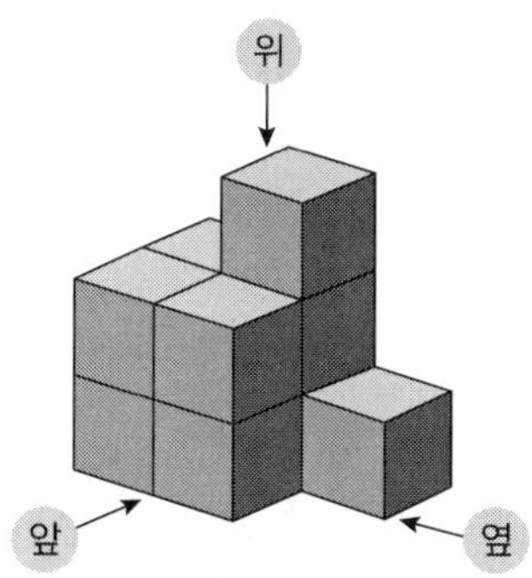

(다) 쌓기나무로 쌓은 모양을 위, 앞, 옆에서 본 모양이다. 쌓은 모양과 사용된 쌓기나무의 개수를 구하시오.

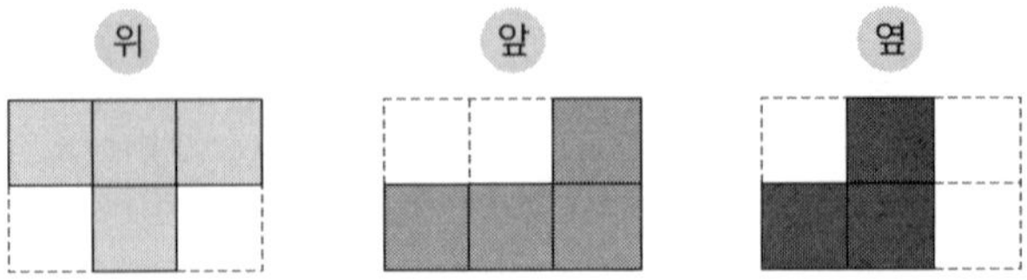

6-3. 측정의 속성과 단위 탐구

측정은 공통된 속성을 가지는 단위를 이용하여 주어진 사물의 속성을 비교하는 활동이다. 길이는 길이 단위로 비교하고, 무게는 무게 단위로 비교하며, 들이는 들이 단위로 비교하게 된다. 측정 활동을 통해 학생들은 주변 사물에 대하여 양감을 기르게 된다.

양은 이산량과 연속량으로 분류되는데, 이산량이란 더 이상 분할할 수 없는 양으로, 사람이나 달걀, 사과, 구슬의 개수와 같이 독립된 개체의 수를 나타내는 양을 뜻한다. 이산량을 수치화하는 과정을 '센다'고 하고, 그 수치는 정수가 대응된다. 이에 반해, 길이, 넓이, 부피, 무게, 시간, 각도 등과 같이 얼마든지 분할가능한 양을 연속량이라 한다. 연속량을 수치화하는 과정을 '잰다'고 하고, 그 수치는 실수가 대응된다. 따라서 측정 영역의 주요 대상은 연속량이 된다.

연속량은 시간, 길이, 들이, 무게, 넓이, 부피와 같이 가법적인 양과 속도, 밀도, 농도와 같이 비가법적인 양으로 분류된다. 가법적인 양은 사물의 외형적 크기를 나타내는 양으로 외연량이라 하고, 비가법적인 양은 사물의 속성의 크기를 나타내는 양으로 내포량이라 한다.

길이, 시간, 들이, 무게, 넓이, 부피 등은 초등학교에서 측정할 수 있는 속성이다. 비록 각각의 속성이 다를지라도, 이러한 속성을 측정하는 것을 배우도록 하기 위하여 다음과 같은 순서를 따르도록 한다.

① 대상을 비교함으로써 측정할 대상의 속성을 알게 되는데, 비교에는 직관적 비교, 직접비교, 간접비교가 있다.
② 단위를 선정하여 측정을 하게 되는데, 단위에는 임의단위와 보편단위가 있다.
③ 단위에 의해 대상을 비교한다. 즉, 단위를 이용하여 측정하고자 하는 대상의 크기를 비

교하게 된다.

④ 단위를 이용하여 측정한 단위의 수를 찾는데, 단위의 수를 찾는 방법으로는 측정 도구를 이용하여 계기를 읽거나 측정 공식을 이용하는 방법이 있다.

⑤ 산출된 단위의 수를 단위와 함께 기록하도록 한다.

(1) 비교활동(속성 파악하기)

한 개의 감과 한 개의 바나나 중에서 어느 것이 무거운지 알 수 있는 방법을 말해 보시오.

◑ 직관적 탐구

육안으로 볼 때 어느 과일이 무거운지 판단하거나(직관적 비교), 양 손에 감 한 개와 바나나 한 개를 들고 무게를 비교해 본다(직접비교). 그렇지만 이 방법으로는 두 과일의 크기나 무게가 비슷하여 무게의 차이를 느끼지 못할 수도 있다. 이럴 경우에는 윗접시 저울을 이용하여 접시 양쪽에 감과 바나나를 각각 올려놓고, 어느 쪽으로 기우는가를 살펴보면 알 수 있다(직접비교).

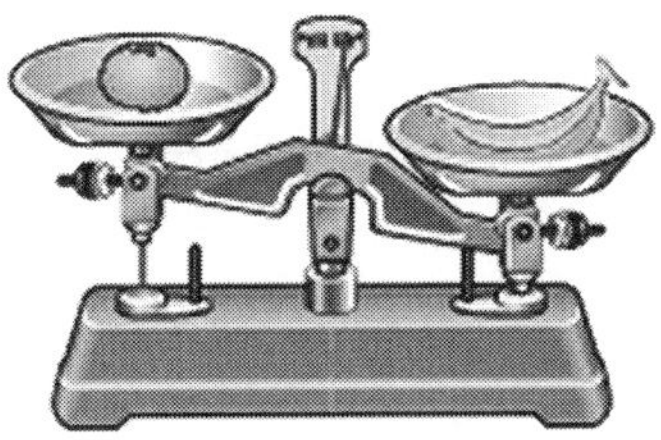

함께 생각하기

물이 가득 차 있는 물통이 있다. 이 물통에 관하여 측정할 수 있는 속성들을 생각해 보고, 발견한 속성들을 어떻게 측정할 수 있는지 서로 의견을 공유해 봅시다.

◑ 형식적 탐구

두 과일의 무게가 얼마나 차이가 있는가를 알기 위해서는 무게를 나타낼 수 있는 단위를 이용해야 한다. 이 경우에 같은 크기의 동전이나 바둑돌을 이용할 수 있다. 만약 바둑돌을 이용한다면 먼저 감을 한쪽 접시에 올리고 수평이 유지되도록 바둑돌을 올려서 그 개수를 센다. 다음으로 바나나를 한쪽 접시에 올리고 수평이 유지되도록 바둑돌을 올려서 그 개수를 세면 두 과일의 무게에 해당되는 바둑돌의 수를 알 수 있다(간접비교). 바둑돌의 수의 차이만큼 무게의 차이가 있는 것이다.

◑ 적용

(가) 길이가 다른 두 끈이 있다. 두 끈의 길이를 비교하는 방법을 3가지 제시하시오.

(나) 물이 가득 찬 물병이 2개 있다. 물병 2개의 들이를 비교하는 방법을 3가지 제시하시오.

(다) 넓이가 다른 두 직사각형이 있다. 두 직사각형의 넓이를 비교하는 방법을 3가지 제시하시오.

(라) 과자를 포장한 직육면체 모양의 상자가 있다. 두 상자의 부피를 비교하는 방법을 3가지 제시하시오.

(2) 측정 단위의 탐구

다음 두 사람의 이야기를 보고, 이 상황에서 사용하는 단위가 다르면 어떤 점이 불편한지 말해 보시오.

환이: 집에 올 때 가족사진 넣을 액자를 하나 사오도록 해라.
민이: 어떤 크기의 액자를 사가지?
환이: 내 손으로 재어보니 가로가 3뼘, 세로가 2뼘인 액자면 맞을 거 같다.
[잠시 후]
환이: 내가 말한 액자 크기보다 작은 것을 사왔네.
민이: 분명히 내 손으로 가로가 3뼘, 세로가 2뼘인 액자를 골라 왔는데, 봐, 맞잖아?
환이: 그래도 사진보다 액자가 작잖아.

◑ 직관적 탐구

대화의 두 사람은 각자 자기 손의 뼘을 임의단위로 사용하여 액자의 크기를 측정하였기 때문에 크기가 맞지 않은 액자를 선택하게 되었다. 이와 같이 단위의 크기가 일정하지 않으면 의사소통에 문제가 생긴다. 그러한 문제로는 다음과 같은 것을 들 수 있다.

- 측정값을 알아도 본래의 크기를 만들어 낼 수 없다.
- 같은 크기의 대상에 대해 다른 측정값을 산출할 수 있다.

함께 생각하기

생활 속에서 임의단위를 사용한 경험에 대해 서로 의견을 공유해 봅시다.

◑ 형식적 탐구

임의단위의 불편성을 알게 됨으로써 보편단위의 필요성을 알게 된다. 위의 대화의 문제를 해결하기 위해서는 같은 크기의 단위를 이용하는 것이다. 같은 크기의 단위를 정하기 위해 우리는 보편단위를 사용하게 되는데, 측정에 이용되는 단위는 다음과 같은 특성이 있다.

- 측정 단위는 선택한 속성에 적절해야 한다.
- 속성을 여러 가지 단위로 측정할 수 있다.
- 단위는 대상의 크기에 적절해야 한다.
- 단위의 수는 단위의 크기와 반대로 바뀐다.
- 서로 다른 측정 단위를 선택할지라도 측정 과정에서 단위를 바꿀 수는 없다.

◑ 적용

(가) 초등학교에서 다루는 길이, 시간, 들이, 무게, 넓이, 부피에 대해 표준단위를 조사하고, 각 단위의 관계를 탐구해 보시오.

(나) 우리나라에서 사용했던 전통 단위를 조사해 보고, 이 단위와 표준단위의 크기를 비교해 보시오.

(다) 섭씨온도 28도는 화씨온도로 몇 도인지 구하시오.

(라) 섭씨온도와 화씨온도의 변환 식을 구하시오.

(3) 측정 지도의 예(들이)

다음 두 물병에 가득 찬 물의 양을 비교하고 측정하는 방법에 대해 이야기해 보시오.

◑ 직관적 탐구(비교 단계)

두 물병에 가득 찬 물의 양의 비교에서는 직접비교와 간접비교를 통하여 들이의 속성을 파악하도록 한다. 먼저 들이는 똑같은 모양, 똑같은 크기의 그릇일 경우에 직접비교가 가능하고, 모양이 다른 그릇의 경우에는 한쪽 그릇에 물을 가득 채웠다가 다른 그릇에 옮겨 담아 보고 과부족의 상태에 따라 들이를 비교할 수 있다. 문제에 주어진 물병과 같이 두 그릇의 모양이나 크기가 다른 경우에 간접비교를 한다. 간접비교에서는 두 그릇에 물을 채우고 정해진 다른 그릇에 따르면서 서로 얼마나 되는가를 보고 비교한다.

> **함께 생각하기**
>
> 모양이 다른 두 그릇의 들이를 비교하는 여러 가지 방법에 대해 생각해 보고, 서로 의견을 공유해 봅시다.

◑ 형식적 탐구(단위를 이용한 측정 단계)

종이컵과 같은 임의단위를 이용하여 두 그릇의 들이를 비교하게 된다. 컵의 수가 정수가 되지 않는 경우에는 '좀 더 된다', '약 몇 컵 정도이다'와 같은 어림수로 표현하게 해야 한다. 임의단위의 불편함을 해소하기 위하여 들이를 측정하는 단위로 1L를 도입한다. 그리고 그릇의 들이를 어림하고 1L를 확인하는 과정을 통하여 1L에 대한 양감을 기르도록 해야 한다.

◑ 적용

(가) 주변에 있는 물병이나 주전자와 같은 용기의 들이를 여러 가지 단위로 재어 들이를 비교하여 보시오.

(나) 길이에 대해 직접비교, 간접비교, 임의단위 도입, 보편단위 도입의 과정으로 지도할 수 있는 방법에 대해 말해 보시오.

(다) 무게에 대해 직접비교, 간접비교, 임의단위 도입, 보편단위 도입의 과정으로 지도할 수 있는 방법에 대해 말해 보시오.

(라) 넓이에 대해 직접비교, 간접비교, 임의단위 도입, 보편단위 도입의 과정으로 지도할 수 있는 방법에 대해 말해 보시오.

(마) 부피에 대해 직접비교, 간접비교, 임의단위 도입, 보편단위 도입의 과정으로 지도할 수 있는 방법에 대해 말해 보시오.

6-4. 평면도형의 넓이 구하기

평면도형의 넓이는 가장 기본 도형인 직사각형을 이용하여 넓이의 속성을 이해하도록 하고 단위를 도입하며, 넓이를 구하는 공식을 발견하도록 한다. 한 물건이 다른 물건에 완전히 포함되는 경우에는 두 물건을 포개어 넓이를 직접비교하는 활동을 한다. 직접비교할 수 없을 때에는 다른 물건을 이용하여 간접비교 활동을 한다. 예를 들면, 책상의 넓이를 색종이나 책의 넓이를 기준으로 하여 재어보는 간접비교 활동을 한다. 이때 색종이의 넓이나 책의 넓이와 같이, 어떤 넓이를 재는데 기준이 되는 넓이를 임의단위라고 한다.

마지막으로 여러 가지 임의단위로 재어 보고, 의사소통의 불편함을 발견하게 하는 활동을 통하여 모든 사람들이 공유하여 사용할 수 있는 보편단위인 한 변이 1cm인 정사각형의 넓이를 표준단위로 하여 $1cm^2$를 정의한다. 평면도형의 넓이는 일반적으로 직사각형–평행사변형–삼각형–마름모–사다리꼴의 순으로 지도한다.

(1) 사다리꼴의 넓이 구하기

아래 그림과 같이 모눈 하나의 넓이가 $1cm^2$인 모눈종이 위에 그려진 사다리꼴의 넓이를 구하시오.

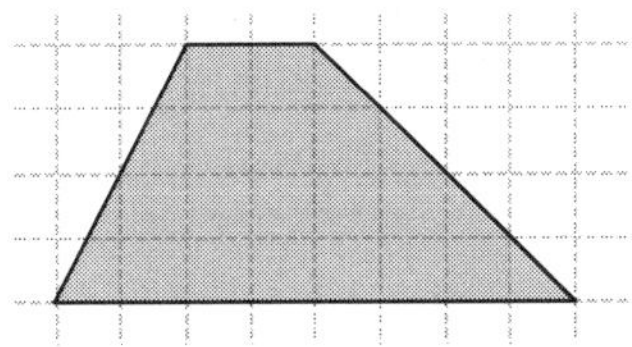

◑ 직관적 탐구

문제에 제시된 그림과 같이 모눈종이 위에 사다리꼴이 놓여 있는 경우는 모눈의 수를 세어서 넓이를 구하는 '직접측정'이 가능하다. 그렇지 않은 경우에는 넓이를 구하는 공식을 이용하여 간접측정을 해야 한다. 아래 [그림 1]에서는 사다리꼴을 평행사변형과 삼각형으로 나누어 두 도형의 합으로 넓이를 구할 수 있고, [그림 2]에서는 사다리꼴을 두 개의 삼각형으로 나누어 두 도형의 합으로 넓이를 구할 수 있다.

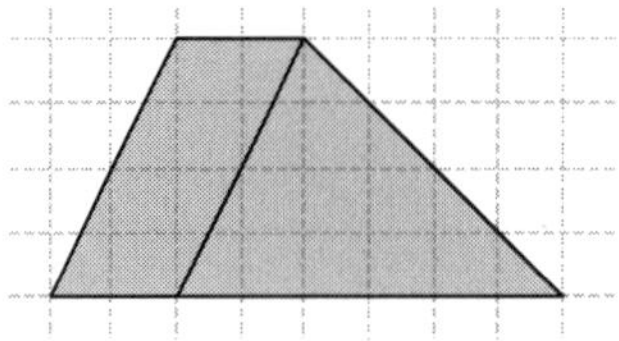

[그림 1]

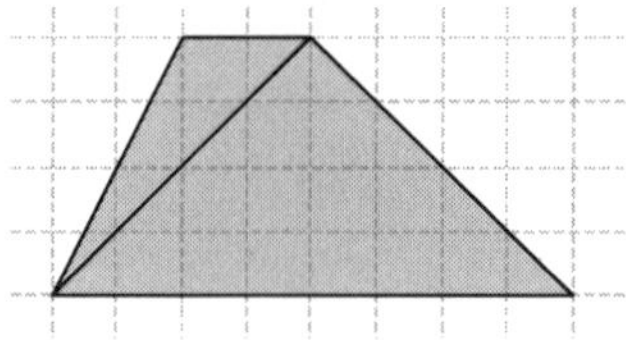

[그림 2]

[그림 1] 넓이$=2\times4+\frac{1}{2}\times6\times4=20\text{cm}^2$

[그림 2] 넓이$=\frac{1}{2}\times2\times4+\frac{1}{2}\times8\times4=20\text{cm}^2$

함께 생각하기

직사각형, 평행사변형, 삼각형, 마름모의 넓이를 구하기 위한 공식을 유도하는 여러 가지 방법을 생각해 보고, 서로 의견을 공유해 봅시다.

◑ 형식적 탐구

사다리꼴의 넓이를 구하기 위하여 합동인 사다리꼴 2개를 뒤집어 붙이면 평행사변형이 된다. 그러면 새로 만들어진 평행사변형은 밑변의 길이가 원래 사다리꼴의 (윗변+아랫변)이 되고, 높이는 같으므로 넓이를 구하는 공식은 {(윗변)+(아랫변)}×(높이)÷2가 된다.

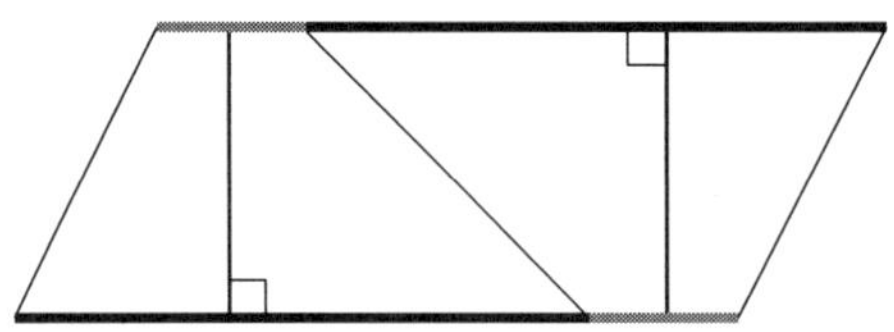

따라서 주어진 사다리꼴의 넓이는 $(8+2)\times4\div2=20\text{cm}^2$가 된다.

◑ 적용

(가) 두 대각선의 길이가 각각 6, 8cm인 마름모의 넓이를 여러 가지 방법으로 구해보고, 그 방법을 서로 이야기해 보시오.

(나) 아래 그림과 같은 도형의 넓이를 여러 가지 방법으로 구해 보시오.

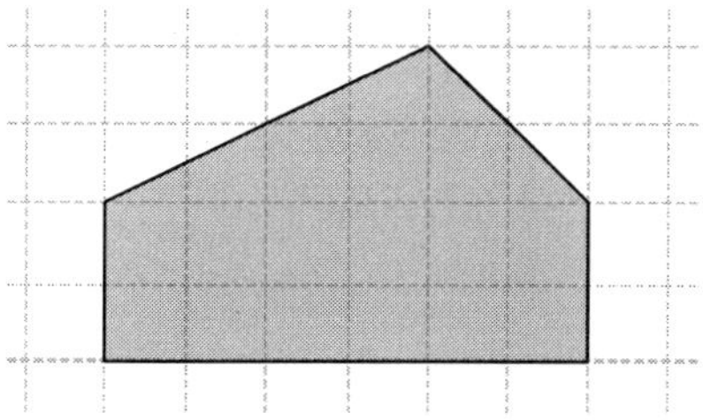

(다) 다음 문장이 옳은지 판정하고, 그 이유를 설명하시오.

> '도형의 둘레가 길어지면 그 넓이도 늘어난다.'

(라) 둘레가 일정한 도형 중에서 넓이가 가장 큰 도형을 구하시오.

(2) 원의 넓이 구하기

> 반지름이 10cm인 원의 넓이를 구하시오.

◑ 직관적 탐구

초등학교 수학에서 원의 넓이를 구하는 방법은 원을 여러 등분으로 나누고, 그 등분된 모양을 직사각형으로 재구성하여 넓이를 구하도록 한다. 다음 그림에서는 원을 잘라 이어 붙임으로써, 원이 직사각형 모양으로 변화되어 가는 과정을 볼 수 있을 것이다.

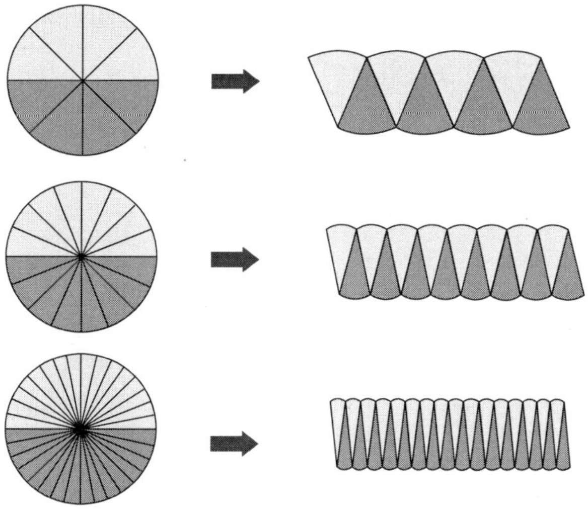

이 과정을 계속하면 새로 만들어지는 직사각형의 세로는 원의 반지름인 10이 되고, 가로의 길이는 원주의 반인 $\frac{1}{2}\times2\times3.14\times10$이므로, 원의 넓이는 $10\times\frac{1}{2}\times2\times3.14\times10=314\text{cm}^2$가 된다(원주율을 3.14로 계산함).

함께 생각하기

원의 구성 요소인 원과 지름과의 관계에 대해 탐구해 보고, 알게 된 점을 서로 공유해 봅시다.

◑ 형식적 탐구

원의 넓이를 구하는 과정에서 원이 직사각형으로 변형되면서 다음과 같은 식을 찾을 수 있다.

$$
\begin{aligned}
(\text{원의 넓이}) &= (\text{원주의 }\tfrac{1}{2})\times(\text{반지름})\\
&= (\text{지름})\times(\text{원주율})\times\tfrac{1}{2}\times(\text{반지름})\\
&= (\text{반지름})\times(\text{반지름})\times(\text{원주율})
\end{aligned}
$$

따라서 반지름이 10인 원의 넓이는 $10\times10\times3.14=314\text{cm}^2$가 된다(원주율을 3.14로 계산함).

◑ 적용

(가) 반지름이 3cm인 원에 내접하는 정사각형과 원에 외접하는 정사각형을 이용하여 원의 넓이를 어림하여 보시오.

(나) 반지름이 1cm인 원을 한 바퀴 굴리면 원이 굴러간 길이는 얼마가 되는지 구하시오.

(다) [그림 1] 도형에서 빗금친 부분의 넓이를 구하시오.

(라) [그림 2]에서 반지름이 2cm인 큰 원 안에 반지름이 1cm인 작은 원을 4개 그려 넣었다. 빗금이 칠해지지 않은 4개의 은행잎의 넓이를 구하시오.

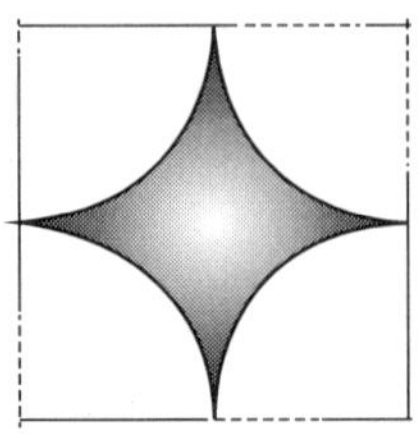

[그림 1]

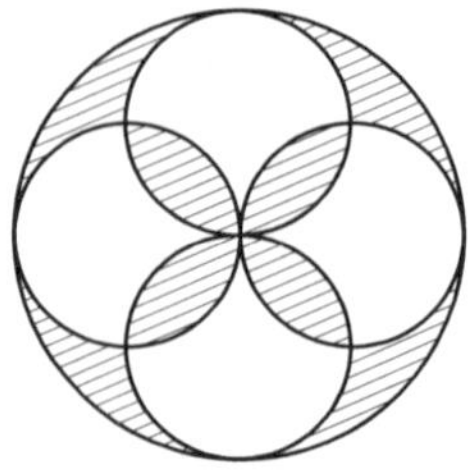

[그림 2]

6-5. 입체도형의 부피 구하기

생활 주변에서 구체물을 통해 부피 개념을 형성하게 하고, 부피의 보편 단위로 $1cm^3$와 $1m^3$를 알게 한다. 특히 $1cm^3$는 가로, 세로, 높이가 각각 1cm인 정육면체가 차지하는 공간의 크기로, 부피의 표준단위의 하나임을 알게 한다. 직육면체와 정육면체의 부피는 단위 부피의 개수를 세는 활동으로 구할 수 있는데, 그 과정에서 (가로)×(세로)×(높이)로 부피를 구할 수 있음을 알게 한다.

(1) 직육면체의 부피 구하기

아래 도형과 같이 가로가 6cm, 세로가 4cm, 높이가 5cm인 직육면체의 부피를 구하시오.

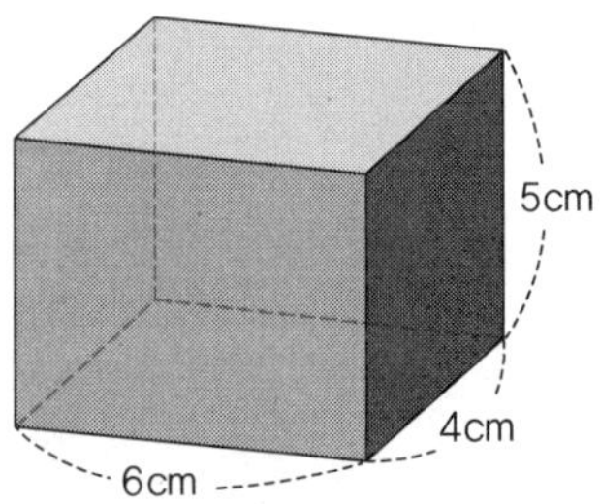

◑ 직관적 탐구

부피를 구하는 직관적인 방법은 가로, 세로, 높이가 1cm인 정육면체로 모양이 똑같은 직육면체를 만들어 보고, 구하고자 하는 직육면체를 만들기 위해 사용된 정육면체의 개수를 구하는 것이다. 아래 그림과 같은 과정으로 가로가 6cm, 세로가 4cm, 높이가 5cm인 직육면체를 만들어 보면 사용된 $1cm^3$의 정육면체의 개수는 모두 $6 \times 4 \times 5 = 120cm^3$임을 알 수 있다.

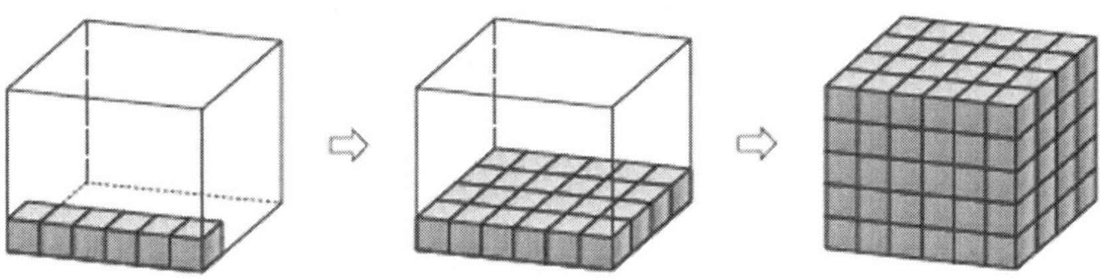

함께 생각하기

부피에 대한 속성을 파악하기 위하여 교실에서 할 수 있는 비교 활동에 관해 이야기해 보고, 활동 과정에서 나타날 수 있는 문제점에 관해 논의해 보시오. 또 부피와 들이와의 관계에 대해서도 이야기해 보시오.

◑ 형식적 탐구

직육면체의 부피는 (가로)×(세로)×(높이)로 구할 수 있으므로 $6\times4\times5=120cm^3$이다.

◑ 적용

(가) 휴지 갑의 가로는 25cm, 세로는 15cm, 높이는 14cm이다. 휴지 갑의 겉넓이와 부피를 구하시오.

(나) 다음 입체도형의 부피를 구하시오.

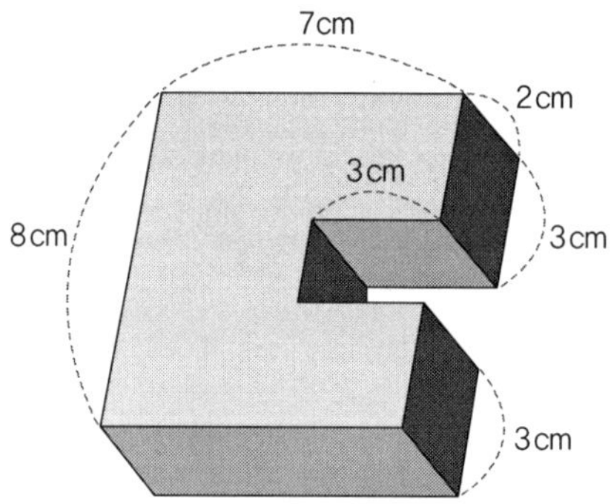

(다) 가로 4cm, 세로 5cm, 높이 3cm의 용기에 60cc의 물이 꽉 들어 있다. 이 용기에 물 30cc를 남기고 다른 2개의 그릇에 10cc, 20cc씩 담으려고 한다. 측정할 수 있는 용기와 그릇은 60cc의 용기와 2개의 그릇 외에는 없다. 어떻게 하면 되는지 방법을 말하시오. 단, 두 그릇 모두 30cc이상의 물을 담을 수 있다고 한다.

(라) $1m^3$는 몇 cm^3인지 구하시오.

(마) 겉넓이가 일정할 때 부피가 가장 큰 입체도형을 구하시오.

도전! 문제해결!

01 정다면체의 꼭짓점의 수, 모서리의 수, 면의 수를 구하시오.

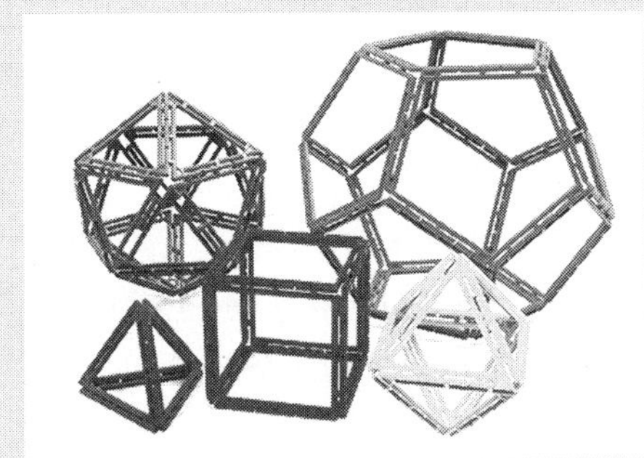

02 축구공다면체는 다음 그림과 같이 정오각형 12개와 정육각형 20개로 이루어진 준정다면체이다. 축구공다면체의 꼭짓점의 수, 모서리의 수, 면의 수를 구하시오.

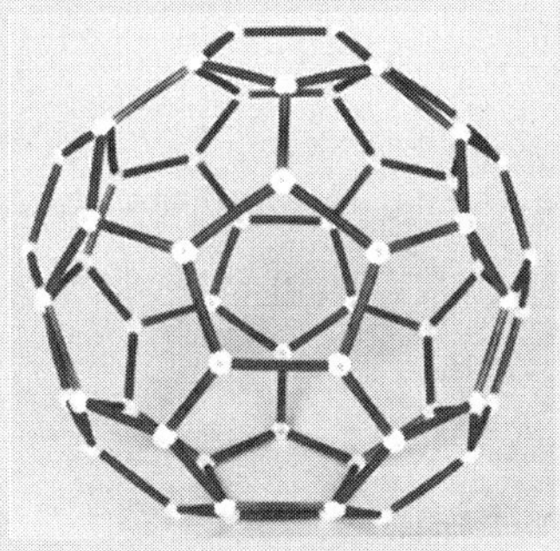

Math Cafe

내가 사랑하는 원(Schneider, 1994)

14세기에 교황 베네딕투스 12세는 미술가를 선발하면서 자신의 재능을 밝힐 수 있는 작품을 만들도록 하였다. 여기에 참여한 화가 조토(Giotto; 1266-1337)는 원 하나만을 그려놓고 제출하였는데, 그럼에도 불구하고 선발이 되었다고 한다. 그렇다면 이 원에는 어떤 의미가 있어서 단순히 원 하나로 선발이 되었을까?

어린 아이는 원필을 들고 처음에는 선을 그리다가 처음과 끝을 연결하여 고리 모양을 만들어 낸다. 고리 모양은 끝없이 돌 수 있고, 공간을 내부와 외부로 분리하기도 한다. 이 원을 통해 우주의 전체성과 통일성을 발견하며, 원을 통해 자신과 타인을 구별하기 시작한다고 한다. 특히 도형에서 모든 원은 크기만 다를 뿐 똑같다. 원은 아무 것도 없는 0차원의 점으로부터 무한히 많은 원주 상의 점들로 팽창해 간다. 원을 구성하는 반지름과 원주는 π라는 매개체로 연결되어 있기 때문에 결코 같은 단위로 측정될 수 없다. 반지름이나 원주 중에서 어느 하나가 정수나 유리수이면 다른 하나는 무리수로 나타나는 것이다. 따라서 원에는 유한과 무한이 공존하는 것이다. 그렇기 때문에 원은 이상적인 완전성과 신성한 상태인 하늘, 천국, 영원, 깨달음의 상징으로 사용되어 온 것이다.

수학자들은 원을 1이라는 수에 비유하였다. 그들은 원이 그 다음을 이끌어 내는 모든 모양의 원천이라고 여겼다. 원으로 표현되는 원리를 그리스어로 모나드(Monad)라고 하는데, 그 어원은 안전하다는 의미이다.

고대 철학자들은 모나드가 진공 속에서 숨을 쉬면서 모든 수를 만들어 낸다고 생각하였다. 예를 들면 $111111111 \times 111111111 = 12345678987654321$을 만들어 낸다. 어떤 수에도 1을 곱하면 항상 그 자신이 되며, 어떤 수를 1로 나누어도 마찬가지이다. 즉 1은 어떤 형태에도 흔들리지 않고 자신을 유지하는 것이다.

7장 확률과 통계

함께 해결할 탐구 문제

[상금 분배 문제] 두 사람 A, B가 3번을 먼저 이기면 상금을 모두 가지는 경기를 하는데, A와 B가 2:1의 상황에서 경기가 중단되었다. 이 상금을 어떻게 분배하는 것이 공정한지 구하시오.

문제해결 전략 1 경기가 계속된다고 가정하면 다음과 같은 4가지 경우가 일어난다. A 승 A 승, A 승 B 승, B 승 A 승, B 승 B 승. 마지막 경우를 제외하면 A가 이기므로 상금을 3:1로 분배하여야 한다.

문제해결 전략 2 경기가 이루어지는 상황을 그림으로 나타내면 다음 그림과 같다. 먼저 2:1의 상황에서 A, B 두 사람이 이길 가능성은 같으므로 직사각형을 A, B가 같게 나누면 두 번째 그림이 된다. 다음에도 같은 방식으로 나누면 빗금 친 부분이 A가 이기는 부분이고, 나머지가 B가 이기는 부분이다. 따라서 상금을 3:1로 분배하여야 한다.

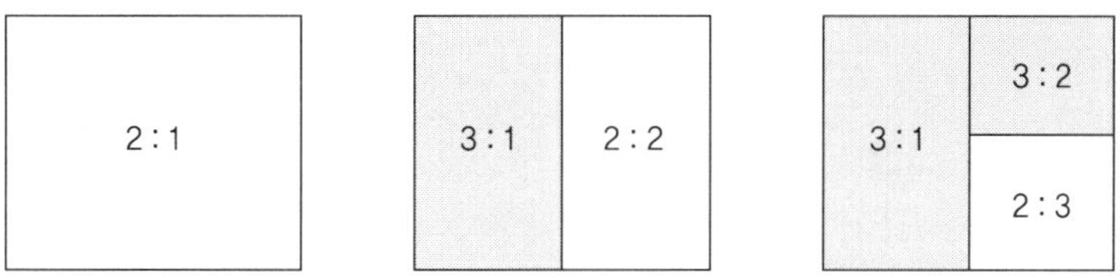

문제해결 전략 3 두 사람 A, B가 경기를 할 경우에 각 경기에서 A, B가 이길 확률은 각각 $\frac{1}{2}$이다. 그리고 경기가 계속된다고 가정할 때 다음 경기에서 A가 이기면 경기는 종료가 되고

이때 확률은 $\frac{1}{2}$이 된다. 그런데 다음 경기에서 B가 이기면 경기는 계속되어야 하고, 이때에도 A, B가 이길 확률은 각각 $\frac{1}{2}$이다. 따라서 다음 경기에서 A가 이기면 경기는 종료가 되고 이때의 확률은 $\frac{1}{2}\times\frac{1}{2}=\frac{1}{4}$이고, B가 이겨도 경기는 종료가 되고 이때의 확률도 $\frac{1}{2}\times\frac{1}{2}=\frac{1}{4}$이 된다. 따라서 A가 이길 확률은 $\frac{1}{2}+\frac{1}{4}=\frac{3}{4}$이고, B가 이길 확률은 $\frac{1}{4}$이다. 따라서 상금을 3:1로 분배하여야 한다.

ㅁ위의 문제와 유사한 문제를 만들어 보고, 그 문제를 해결해 보시오.

내가 만든 문제	문제해결 전략

7-1. 그래프 지도

생활에서 접하는 많은 정보나 자료를 수집하고 이를 바탕으로 적절한 판단을 하기 위해서는 수집한 정보나 자료를 정리해야 하는데, 그 방법 중 하나가 그래프로 나타내는 것이다. 생활에서 자주 이용되는 그래프에는 그림그래프, 막대그래프, 꺾은선그래프, 띠그래프, 원그래프 등이 있다.

그래프를 지도할 때에는 일반적으로 목적 확인, 자료 수집, 분류 및 정리, 해석, 판단의 과정을 거치는데, 목적 확인 과정에서는 '무엇 때문에 이와 같은 조사를 실시하는가?'를 분명하게 해야 하고 자료를 수집한다. 자료가 수집되면 관점에 따라 분류하고, 분류된 자료를 그래프로 나타내도록 한다. 그래프가 만들어졌다면, 이것을 분석해 봄으로써 객관적이고 타당하게 자료를 해석하도록 하고, 해석을 바탕으로 자료에 없는 구간에 대한 사상이나 그 범위 밖의 사상, 또는 앞으로 일어날 것을 예상하고 판단하도록 한다. 그렇게 함으로써 통계 집단의 특성을 제대로 파악할 수 있게 된다.

(1) 막대그래프 탐구

다음 두 그래프는 월요일에서 금요일까지 민이의 독서시간을 나타낸 것이다. (가) 그래프와 (나) 그래프의 특징에 대해 이야기해 보시오.

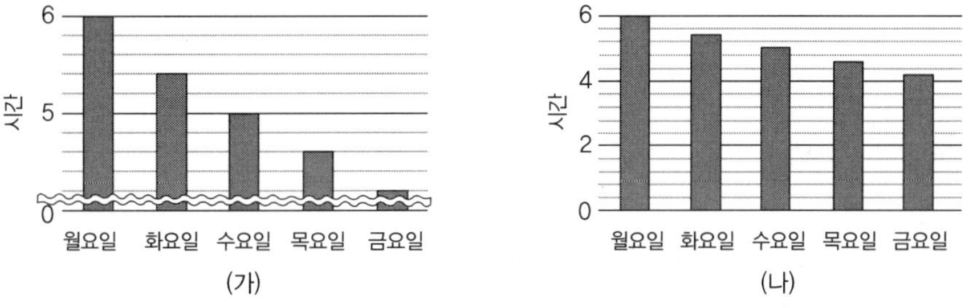

◑ 직관적 탐구

주어진 두 그래프에 제시된 항목과 각 항목에 대응하는 수량은 똑같다. 그렇지만 막대그래프가 자료의 범주를 빠르게 시각적으로 비교하기 위하여 사용되는 것인 만큼, 두 그래프에서 (가) 그래프보다 (나) 그래프에서 변화가 더 적게 감소하는 것으로 해석될 수 있다. 이 그래프에서는 독서시간을 나타낸 그래프이므로, 감소하고 있는 독서시간을 강조하기 위해서는 (가) 그래프로 제시하는 것이 유리하고, 반대의 경우에는 (나) 그래프로 제시하는 것이 유리하다.

함께 생각하기

표와 막대그래프로 제시된 자료에 대하여 같은 점은 무엇인지 생각해 봅시다. 그리고 표와 막대그래프의 장점과 단점에 대해 서로 의견을 공유해 봅시다.

◑ 형식적 탐구

막대그래프에서 물결선은 그래프를 관통하여 그릴 수 있으며, 막대그래프를 해석하는데 영향을 주지 않는 불필요한 막대 부분을 생략하여 그래프를 그리는데 이용된다. 때때로 막대그래프에서 물결선은 특정 관점에서 주어진 자료의 특징을 부각시키기 위해서 사용하기도 한다. 문제에 주어진 그래프의 경우에 독서시간이 감소하고 있음을 부각시키기 위해서는 (가) 그래프를, 그렇지 않다는 것을 강조하고 싶은 측면에서는 (나) 그래프를 이용하게 될 것이다.

◑ 적용

(가) 막대그래프를 그리는 순서에 대해 이야기 해 봅시다.

(나) 실생활에서 경험한 막대그래프에 대해 이야기해 봅시다.

(다) 인터넷을 이용하여 다음 올림픽 개최 희망 도시와 각 도시별 득표수에 관한 자료를 찾아 막대그래프로 나타내시오.

(2) 꺾은선그래프 탐구

다음 그래프는 민이의 키의 변화를 그래프로 나타낸 것이다. 이 그래프에 대하여 자료의 특징이 부각되도록 그려진 것인지 설명하시오.

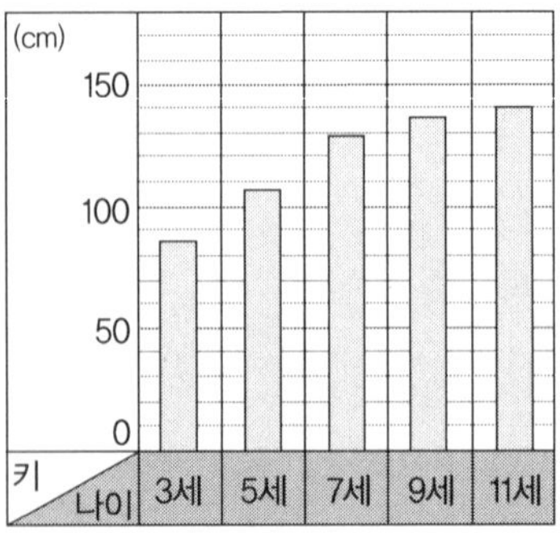

◑ 직관적 탐구

문제에 제시된 그래프는 민이의 키를 각 나이(3, 5, 7, 9, 11세)에 따라 막대그래프로 표현한 것이다. 이 경우에 막대그래프에서는 각 나이별 민이의 키를 파악할 수 있다. 예를 들면, 11세에 민이의 키는 140임을 알 수 있다. 또한 키의 변화 과정을 막대의 크기에 주목하여 파악할 수는 있지만, 연속적으로 변하는 양을 시각적으로 표현하는 데에는 한계가 있다는 것이 막대그래프의 단점이라고 할 수 있다.

> **함께 생각하기**
>
> 인터넷에서 시간의 변화에 따라 자료를 표현한 꺾은선그래프를 이용한 예를 찾아보시오. 그리고 이 그래프에서 알게 된 점에 대해 서로 의견을 공유해 봅시다.

◑ 형식적 탐구

꺾은선그래프는 일조 시간, 기온, 강우량 등과 같은 변하는 양을 표현하기에 좋으며, 여러 자료를 한꺼번에 비교하는 시각적 도구로도 효과적이다. 꺾은선그래프에서 눈금의 점은 연속적인 자료를 표현하는 데 이용된다. 따라서 각 축을 분명하게 표시해야 자료를 적절하게 해석할 수 있다.

문제에서 민이의 키의 변화를 그래프로 효과적으로 나타내기 위해서는 키의 변화가 연속적인 양을 나타내기 때문에 꺾은선그래프가 적절하다. 꺾은선그래프에서는 자료의 변화가 곡선이 아니라, 선분에 의하여 정확하게 표현된다. 민이의 키의 변화를 다음과 같이 꺾은선그래프로 나타낼 수 있다.

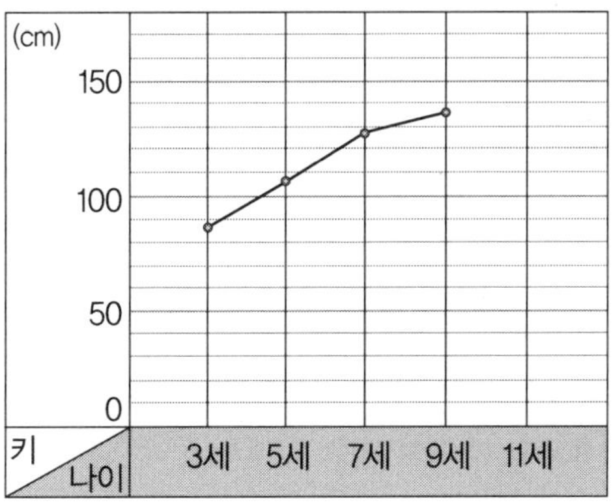

◑ **적용**

(가) 꺾은선그래프를 그리는 순서에 대해 이야기 해 봅시다.

(나) 실생활에서 경험한 꺾은선그래프에 대해 이야기해 봅시다.

(다) 인터넷을 이용하여 올해의 월별 평균 온도 변화에 관한 자료를 찾아보고, 이를 꺾은선그래프로 나타내시오.

(3) 원그래프 탐구

[TIMSS 2011문제] 다음 그래프는 어느 제과점에서 팔린 과자의 종류를 나타낸 것이다. 이 제과점에서 가장 많이 팔린 과자는 무엇인지 구하시오(김수진, 박지현, 서지희, 2013).

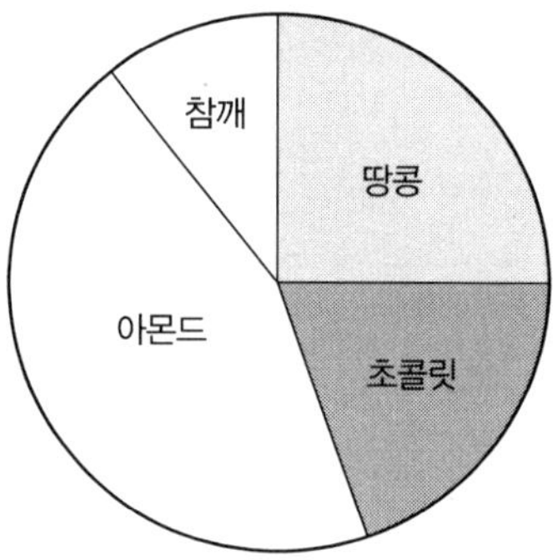

팔린 과자

◑ **직관적 탐구**

주어진 문제는 TIMSS 2011에 제시된 4학년용 문제로, 원그래프에 비율이 주어지지 않았지만, 과자 종류별 넓이를 비교하여 가장 큰 넓이를 찾는 문제이다. 우리나라 4학년 학생들은 수학과 교육과정을 통해 원그래프를 배우지 않았지만, 시각적으로 보이는 넓이를 직접 비교하여 98.4%의 학생들이 정답을 한 문항이었다.

함께 생각하기

각종 보도 자료에는 원그래프나 띠그래프가 자주 등장한다. 인터넷을 검색하여 원그래프나 띠그래프를 이용한 예를 찾아보시오. 그리고 이 그래프에서 알게 된 점에 대해 서로 의견을 공유해 봅시다.

◑ 형식적 탐구

그래프 중에서 전체에 대한 각 부분의 비율에 관심을 갖고, 이를 이용하여 나타낸 그래프가 비율그래프이다. 비율그래프에는 띠그래프와 원그래프가 있으며, 조사된 자료를 항목별로 백분율을 구하여 정리하고, 정리된 자료를 알맞은 비율그래프로 나타내게 된다. 특히, 원그래프를 지도할 때에는 초등학교에서 원과 관련하여 부채꼴과 중심각을 다루지 않기 때문에 눈금이 표시된 원을 사용한다. 주어진 문제와는 달리 기본적인 원그래프는 각 항목별로 비율만큼을 눈금을 이용하여 구분하고, 각 영역에 해당되는 비율을 표시한다. 또한, 봄-여름-가을-겨울과 같이 일정한 순서가 있는 경우가 아니면, 12시 위치에서 시계 방향으로 비율이 큰 순서대로 배열하여 나타내는 것이 시각적으로 정보를 빠르고 효과적으로 전달하는 방법이다.

◑ 적용

(가) 원그래프를 그리는 순서에 대해 이야기 해 봅시다.

(나) 실생활에서 경험한 띠그래프와 원그래프에 대해 이야기해 봅시다.

(다) 인터넷을 이용하여 비율그래프로 나타내기 적합한 자료를 찾아 비율그래프로 나타내시오.

7-2. 평균 지도

통계 집단의 변량 전체를 대표하여 그 자료 전체의 특징을 하나의 수로 나타낸 값을 그 통계집단의 대푯값이라고 한다. 대푯값에는 평균(mean), 중앙값(median), 최빈값(mode) 등이 있으나, 이 중에서 가장 널리 사용되는 것은 평균이다. 평균은 변량 값의 총합을 변량의 개수로 나눈 값으로, 실생활에서 가장 많은, 대략, 보통, 중간 등의 의미로 사용하는 상황을 생각해 보거나 자료의 높이를 맞추는 것과 같이 평균의 시각적인 의미를 파악하는 것 등을 통해 평균의 직관적인 의미를 파악하고, 평균을 계산하는 방법을 탐구하도록 한다.

(1) 평균 구하기

다음 주어진 수들의 평균, 중앙값, 최빈값을 각각 구하시오.

5, 6, 6, 8, 9

◑ 직관적 탐구

평균을 구하기 위해서는 각각의 수에 대응하는 길이를 갖는 띠를 만들어 모두 이어 붙인 다음에 이것을 5등분으로 똑같이 나누어 그 길이를 구하면 된다. 중앙값은 자료의 가운데 값을 나타내기 때문에 큰 값과 작은 값을 각각 하나씩 제거해 가면 남는 수가 중앙값이 된다. 이때 남는 수가 2개이면 두 수의 평균이 중앙값이 된다. 최빈값은 수집된 자료 가운데 가장 빈번하게 나타나는 값을 의미한다. 따라서 문제에 주어진 수들의 최빈값은 6이 된다.

함께 생각하기

일상생활 속에서 사용하는 대푯값의 예를 들고, 각각의 상황에서 어떤 대푯값을 사용하는 것이 적절한지에 대해 서로 의견을 나누어 봅시다.

◑ 형식적 탐구

주어진 수들의 평균은 $\frac{5+6+6+8+9}{5}=6.8$이고, 중앙값은 6이 된다. 최빈값은 자료 중에서 가장 빈번하게 나타나는 값인 6이 된다.

◑ 적용

(가) 종이 띠를 이용하여 6, 7, 9, 10만큼 겹치지 않게 이어 붙인 후에 4등분이 되도록 접어서 평균을 구하시오.

(나) 연결 큐브를 이용하여 평균의 의미를 직관적으로 이해시킬 수 있는 방법에 대해 이야기해 보시오.

(다) 49, 36, 51, □의 평균이 45이다. □안의 수를 구하시오.

(라) 다음 문장이 옳은지 그른지 판정하고, 그 이유를 설명하시오.

(a) 평균보다 큰 값의 합과 작은 값의 합은 같다.

(b) 평균에서 각 변량을 뺀 값들의 합은 0이다.

(c) 영수네 반 24명 학생들의 수학 평균은 70점이고, 철수네 반 22명 학생들의 수학 평균은 72점이다. 그러면 두 반 학생들의 수학 평균은 71점이다.

(d) 평균은 자료 중의 어느 하나와 반드시 일치한다.

(e) 평균을 구할 때 0은 합에 영향을 주지 않으므로 고려하지 않는다.

7-3. 가능성(확률) 지도

확률 개념은 형식적인 정의로부터 알기 어려운 개념으로, 초등학교 수학에서는 2009 개정 수학과 교육과정에서부터 확률 대신 '가능성'이란 용어를 사용해 오고 있다. 가능성은 실생활 속에서 일어날 수 있는 일의 가능한 정도를 수로 나타내는 것으로, 이를 통해 확률에 대한 초보적인 경험을 제공하고 있는 것이다.

초등학교에서 가능성은 실생활의 예를 통해 0, $\frac{1}{2}$, 1 정도로 표현할 수 있게 지도하도록 하고 있다. 즉, 일어날 일들이 확실함, 그럴듯함, 불가능함으로 나타내고, 가능성을 어떻게 수량화할 수 있는지 학습할 수 있다.

(1) 가능성 탐구

주사위를 한번 굴려서 주사위 눈의 수가 홀수일 가능성을 말과 수로 나타내어 보시오.

◑ 직관적 탐구

주사위를 여러 번 굴려서 나온 눈의 수가 홀수일 때와 짝수일 때를 기록하여 전체 굴린 횟수 중에 홀수의 눈이 나온 횟수의 비율을 구해보도록 한다. 그 결과를 불가능하다, ~아닐 것 같다, 반반이다, ~일 것 같다, 확실하다 중에서 표현한다면 홀수의 눈이 나온 횟수의 비율을 반반이다 정도로 표현할 수 있을 것이다(통계적 확률 개념). 이것을 수로 표현하면 $\frac{1}{2}$로 나타낼 수 있을 것이다.

함께 생각하기

생활에서 사용되는 확률적 상황의 여러 가지 예를 들어 보고, 확률과 확률적 사고가 우리 생활에 끼치는 영향에 대해 서로 의견을 나누어 봅시다.

◑ 형식적 탐구

주사위의 눈은 모두 6개로, 그 중 홀수의 눈은 1, 3, 5이고, 짝수의 눈은 2, 4, 6이므로 주사위를 한번 굴려서 나온 주사위 눈의 수가 홀수일 가능성은 전체 6가지 중에 3가지 경우가 있으므로 반반일 것이고, 이것을 수로 표현하면 $\frac{1}{2}$로 나타낼 수 있을 것이다(수학적 확률 개념).

◑ 적용

(가) 다음에 제시된 일이 일어날 가능성을 생각해 보고, 그 일이 일어날 가능성을 불가능하다, ~아닐 것 같다, 반반이다, ~일 것 같다, 확실하다 중에서 한 가지를 선택하여 나타내어 보시오.

(a) 주사위를 굴리면 1의 눈이 나올 것이다.

(b) 동전을 던지면 숫자 면이 나올 것이다.

(c) 흰 바둑돌 3개가 들어 있는 주머니에서 한 개의 바둑돌을 꺼내면 검은 바둑돌일 것이다.

(d) 내년엔 내가 한 살을 더 먹게 된다.

(e) 내일은 비가 올 것이다.

(나) 인터넷에서 오늘의 날씨를 검색해 보고, 오늘 비가 올 가능성을 수로 표현해 보시오.

(다) 자신의 하루 생활 속에서 일어날 수 있는 일들을 적고, 그 일의 가능성을 수로 표현해 보시오.

도전! 문제해결!

01 원 위에 5개의 점이 있다. 이 점 중에서 세 점을 뽑아 삼각형을 만들 수 있는 방법의 수를 구하시오.

02 100원 우표 4장과 500원 우표 2장으로 아래 그림의 모양으로 소포 위에 붙이려 한다. 가능한 모든 방법의 수를 구하시오.

03 여러 개의 5, 10, 25를 이용하여 50을 만들 수 있는 방법의 수를 구하시오.

04 어떤 모임에서 두 학생이 같은 달에 생일이기 위하여 필요한 최소한의 구성원의 수를 구하시오.

Math Cafe

비둘기 집의 원리

우리 반에 나와 같은 달에 생일인 친구가 존재할 것인가?라는 생각을 해본 적이 있을 것이다. 물론 있을 수도 있고, 있지 않을 수도 있다. 그렇지만 20명이 넘는 우리 반에 같은 달에 생일이 있는 친구는 반드시 있을 것이다. 이것은 비둘기 집의 원리에 따른 것이다.

비둘기 집의 원리는 $n+1$마리의 비둘기가 n개의 비둘기 집에 들어간다면 어느 집에는 반드시 두 마리 이상의 비둘기가 들어 있다는 원리이다. 이것은 결론을 부정하는 귀류법으로 간단히 증명할 수 있는데, n개의 비둘기 집에 한 마리 이하의 비둘기가 들어 있다면 기껏해야 비둘기는 n마리밖에 되지 않는다. 그런데 비둘기는 $n+1$마리이므로 모순인 것이다.

이 원리에 따르면 우리 반에 같은 달에 생일인 친구가 존재하려면 최소 13명이 있으면 되는 것이다. 이 원리를 적용하여 다음 문제를 해결해 보자.

'흰 구슬 한 개, 노란 구슬 3개, 파란 구슬 4개가 들어있는 주머니에서 반드시 같은 색깔의 구슬을 2개 꺼내려면 최소 몇 번을 뽑아야 하는가?'

8장 비례적 사고

함께 해결할 탐구 문제

민이와 원이는 우표를 수집하고 있다. 지금 민이와 원이가 수집한 우표의 양은 3:5이다. 이제 민이가 수집한 우표 20장을 원이에게 주었더니, 두 사람이 가진 우표의 양은 1:3이 되었다. 이제 두 사람이 가지고 있는 우표의 수를 구하시오.

문제해결 전략 1 민이가 원이에게 우표를 준 후의 비 1:3에서 비의 성질을 이용하여 비례식을 찾으면 1:3=2:6과 같다. 그런데 처음 두 사람이 가지고 있던 우표의 양의 비 3:5와 2:6을 비교하면 민이가 원이에게 준 20장이 비에서 1에 해당되는 값이다. 따라서 민이와 원이가 수집한 우표의 수는 160장이고, 이제 민이는 40장, 원이는 120장을 가지게 된다.

문제해결 전략 2 처음 우표의 양이 3:5이므로 아래 그림의 윗부분과 같이 8칸을 3칸과 5칸으로 구분할 수 있다. 이제 민이가 20개를 원이에게 준 후에 1:3이 되므로 8칸을 2칸과 6칸으로 구분할 수 있다. 그림에서 민이가 원이에게 준 20개는 1칸만큼 임을 알 수 있다. 따라서 민이와 원이가 수집한 우표의 수는 160장이고, 이제 민이는 40장, 원이는 120장을 가지게 된다.

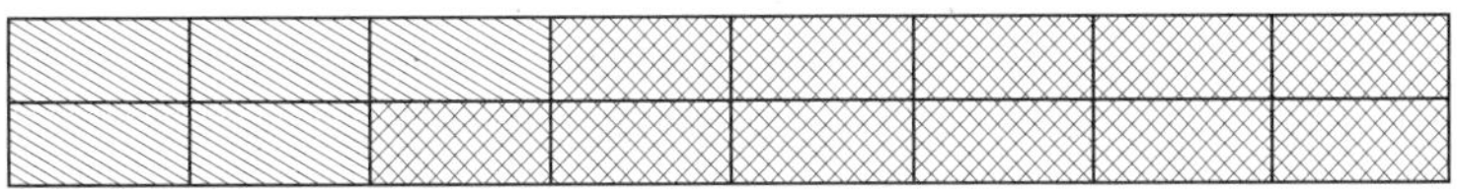

문제해결 전략 3 문자를 이용하여 식을 세우면 $3t-20:5t+20=1:3$이 되고, 이 식을 풀면 $t=20$을 얻게 된다. 따라서 민이는 40장, 원이는 120장을 가지게 된다.

□ 위의 문제와 유사한 문제를 만들어 보고, 그 문제를 해결해 보시오.

내가 만든 문제	문제해결 전략

8-1. 비율과 퍼센트 탐구

일상생활이나 수학에서 두 양 a, b를 비교하는 방법에는 다음 세 가지가 있다.

① $a>b$, $a=b$, $a<b$인지를 알아본다.
② a가 b보다 얼마나 크거나 작은지를 알아본다.
③ a가 b의 몇 배인지를 알아본다.

①은 두 양의 대소를 비교하는 것이고, ②는 절대적인 비교(뺄셈) 방법이며, ③은 상대적인 비교(나눗셈) 방법을 의미한다. 이 중에서 비와 비율은 a가 b의 몇 배인지, 수들 사이의 상대적인 관계를 알아보는 것으로, 비(ratio)와 비율을 다룬다. 두 양 a, b에 대하여 'a와 b의 비는 a의 크기를 b의 크기에 비추어 생각하는 것으로, a를 비교하는 양, b를 기준량이라고 하고, $a:b$로 나타낸다. 그리고 비율은 비를 하나의 수로 나타낼 때 쓰는 개념으로, 비교하는 양을 기준량으로 나눈 몫을 의미한다. 즉 두 양 a, b에 대하여 'a와 b의 비율'은 수학적으로 $a \div b$ 또는 $\frac{a}{b}$로 나타내며, 분수나 소수로 나타낼 수 있다.

(1) 비와 비율

> **응시자의 5명 중 4명이 합격한 그룹과 응시자의 20명 중 17명이 합격한 그룹이 있다. 어느 그룹 응시자의 합격률이 더 높다고 할 수 있는지 말해 보시오.**

◑ 직관적 탐구

두 그룹의 응시자 수와 합격자 수를 그림으로 나타내면 다음과 같다. 그림에서 보면 20명이

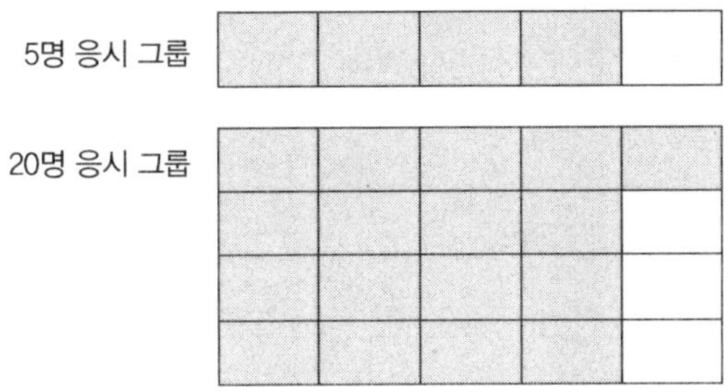

응시한 그룹이 5명이 응시한 그룹의 5명 당 4명씩보다 한 명이 더 합격했으므로 20명이 응시한 그룹의 합격률이 높다.

함께 생각하기

기준량과 비교하는 양이 서로 다른 물건을 구입하는 상황의 문제를 해결할 수 있는 방법을 생각해 보고, 서로 의견을 공유해 봅시다.

◑ 형식적 탐구

두 그룹의 응시자에 대한 합격자 수의 비율을 구해 보도록 하자. 5명이 응시한 그룹의 응시자 수에 대한 합격자 수의 비율은 $\frac{4}{5}$이고, 20명이 응시한 그룹의 응시자 수에 대한 합격자 수의 비율은 $\frac{17}{20}$이며, $\frac{4}{5} < \frac{17}{20}$이므로 20명이 응시한 그룹의 합격률이 높다.

◑ 적용

(가) 광주에서 서울까지 290km를 승용차로 3시간 30분 동안 갔다. 승용차가 광주에서 서울까지 가는데 걸린 시간에 대한 간 거리의 비율을 구하시오.

(나) 마트에서 갑 회사의 제품은 5kg을 7000원에 팔고, 을 회사의 제품은 4kg을 6000원에 팔고 있었다. 어느 회사의 제품을 구입하는 것이 유리한지 구하시오.

(다) 비의 성질을 조사하여 제시하시오.

(라) 비율의 하나인 할푼리에 대해 조사하고, 할푼리의 기준량이 각각 얼마인지 구하시오

(마) 생활 속에서 비율이 사용되는 상황을 예를 들어보고, 비율을 활용하여 판단을 한 예를 제시해 보시오.

(2) 백분율(퍼센트) 탐구

어떤 옷은 정가의 20%를 할인하여 144,000원에 판매하고 있다. 이 옷의 원래 가격을 구하시오.

◑ 직관적 탐구

이 문제는 비율(백분율)과 비교하는 양을 알 때 기준량을 구하는 것이다. 문제 상황을 이중

수직선을 이용하여 나타내면 다음 그림과 같다.

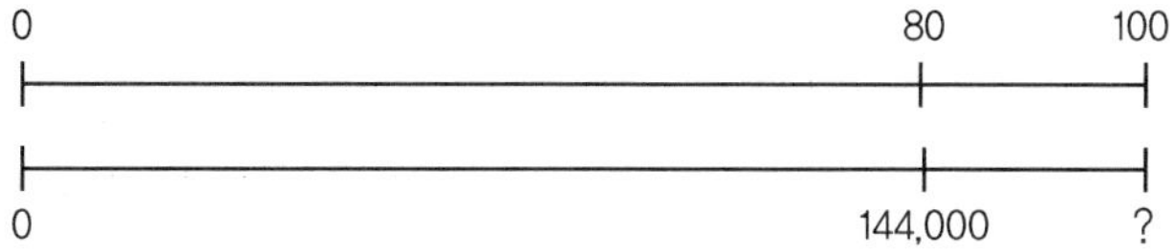

그림에서 100에 해당되는 가격을 구하기 위해서는 여러 가지 방법이 있지만, 먼저 10%에 해당되는 가격을 구한 후에 10배를 하여 100에 해당되는 가격을 구하는 방법을 들 수 있다. 즉 144,000÷8=18,000이므로 18,000×10=180,000원이다. 따라서 이 옷의 원래 가격은 180,000원이 된다.

> **함께 생각하기**
>
> 백분율에 관한 문제에서 기준량, 비교하는 양, 백분율 중 2가지 요소를 알고 나머지 한 가지 요소를 찾는 문제를 만들어 보고, 이를 해결할 수 있는 방법에 대해 서로 의견을 공유해 봅시다.

◑ 형식적 탐구

주어진 문제에서 비교하는 양은 144,000이고 백분율이 80에 해당되며, 백분율을 구하는 식은 (비교하는 양)÷(기준량)×100이므로 144,000÷□=80에서 □=180,000이 된다. 다른 방법으로 비례식을 이용하여 80:144,000=100:□에서 값을 구할 수도 있다.

◑ 적용

(가) 과제에 20명 학생 중 16명이 합격하였다. 합격한 학생의 백분율을 구하시오.

(나) 길이가 60cm인 끈을 70%로 줄이면 줄어든 끈의 길이는 얼마인지 구하시오.

(다) 어떤 제품의 단가가 상승하여 원래 가격의 120%가 되었더니 180,000원이 되었다. 원래 가격을 구하시오.

(라) 우리 학교의 남학생은 240명인데, 전교생의 $\frac{4}{9}$이다. 우리 학교 학생 수를 구하시오.

(마) 지난 번 시험에서는 20문제 중에서 14문제를 맞혔는데, 이번 시험에서는 20문제 중에서 16문제를 맞혔다. 각 시험에서 맞춘 백분율을 구하고, 백분율의 차이를 나타내시오.

8-2. 비례식과 비례배분 탐구

a:b와 c:d에서 그 비율이 같을 때 두 비는 같다고 하고, 이를 표현한 a:b=c:d와 같은 식을 비례식이라 한다. 비의 상등관계를 이용하여 주어진 비를 가장 간단한 정수비로 고치는 것을 '비를 간단히 한다.'라고 하는데, 이를 위한 비례식의 성질은 다음과 같다.

- 비례식의 전항과 후항에 0이 아닌 같은 수를 곱하여도 그 비의 값은 변하지 않는다.
  즉, $a:b=(a\times k):(b\times k),\quad k\neq 0$
- 비의 전항과 후항을 0이 아닌 같은 수로 나누어도 그 비의 값은 변하지 않는다.
  즉, $a:b=(a\div k):(b\div k),\quad k\neq 0$
- 비례식의 외항끼리의 곱과 내항끼리의 곱은 같다. 즉, $a:b=c:d \Leftrightarrow a\times d=b\times c$이다.

한편, 어떤 양을 주어진 비에 따라 나누는 것을 비례배분이라고 한다.

(1) 비례식 탐구

연비가 8km인 자동차가 120km를 가기 위해 필요한 연료의 양을 구하시오.

◑ 직관적 탐구

연비가 8km인 자동차는 1L의 연료로 8km를 갈 수 있다는 것이므로 연료와 갈 수 있는 거리를 이중수직선으로 나타내면 다음과 같다. 그림에서 연비로 표현된 8이 120이 되기 위해 15배가 필요한 만큼, 연료 1에서 15배 만큼을 구하면 15L임을 알 수 있다.

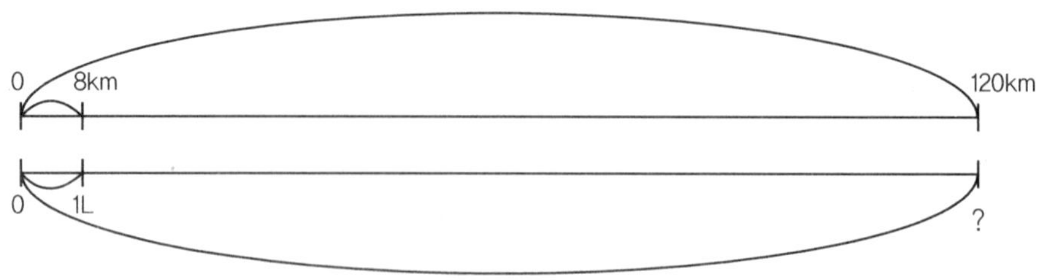

함께 생각하기

비례식을 활용하여 문제를 해결한 실생활의 예를 들어보고, 문제해결에 비례식의 성질을 어떻게 활용할 수 있는지에 대해 서로 의견을 공유해 봅시다.

◑ 형식적 탐구

연비가 8km인 자동차가 120km를 가기 위해 필요한 연료의 양을 구하기 위해서는 연료와 갈 수 있는 거리에 관한 비례식을 세우면 된다. 따라서 1:8=□:120에서 비례식의 성질 '비례식에서 내항의 곱과 외항의 곱은 같다.'를 이용하여 풀면 □=15임을 알 수 있다.

◑ 적용

(가) 민이는 길이가 15cm인 책꽂이 모형을 만들었다. 민이가 만든 모형과 실제 책꽂이의 길이의 비가 1:9일 때 실제 책꽂이의 길이를 구하시오.

(나) 페인트 한 통의 $\frac{2}{3}$로 $6m^2$를 칠할 수 있다고 한다. 페인트 한 통으로 칠할 수 있는 넓이를 구하시오.

(다) 샐러드를 2인분 만드는데 양상추 300g이 필요하다고 한다. 샐러드 5인분을 만들기 위해 필요한 양상추의 양을 구하시오.

(2) 비례배분 탐구

민이와 정이는 빵 10개를 3:2로 나누어 가지려고 한다. 민이와 정이가 가지게 될 빵의 수를 각각 구하시오.

◑ 직관적 탐구

빵 10개에 해당하는 구체물(바둑돌, 산가지, 동전 등)을 준비한 후에 두 사람에서 3개, 2개씩 계속해서 나누어 주면 민이는 6개, 정이는 4개를 가지게 된다. 마찬가지 방법으로 빵 10개를 그림으로 나타내고, 3개, 2개씩 나누어 주면 민이는 6개, 정이는 4개를 가지게 된다.

함께 생각하기

비례배분을 이용하여 물건을 분배한 경험을 이야기 해 보고, 비례배분 문제를 해결하는 직관적 탐구 방법에 대해 서로 의견을 공유해 봅시다.

◑ 형식적 탐구

비례배분은 어떤 양을 주어진 비에 따라 나누는 것이므로 10을 3:2의 비로 나누어 주게 되면 다음 식이 성립한다.

$$\text{민이: } 10\times\frac{3}{3+2}=6,\ \text{정이: } 10\times\frac{2}{3+2}=4$$

다른 방법으로는 3×□+2×□=10이므로 □=2이다. 따라서 민이는 6개, 정이는 4개를 가지게 된다.

◑ 적용

(가) 민지와 정이는 5000원을 3:2의 비로 나누어 가지려고 한다. 민지와 정이가 갖게 되는 돈을 각각 구하시오.

(나) 여행비용으로 35만원이 필요한데, 숙박비와 나머지 비용이 4:3의 비로 쓰이게 된다. 여행비용에서 숙박비와 나머지 비용에 드는 돈을 각각 구하시오.

(다) 사탕 12개를 4:2로 비례배분하는 방법을 여러 가지 방법으로 설명해 보시오.

도전! 문제해결!

01 3을 2020번 곱했을 때 일의 자리 수를 구하시오.

02 자연수에서 2020번째 홀수를 구하시오.

03 1☆3=5, 6☆9=21, 8☆2=18일 때, 11☆20의 값을 구하시오.

04 a, b, c, d의 4개의 수가 있는데, 그 합이 90이다. 지금 a에 2를 더한 것과 b에서 2를 뺀 것, c에 2를 곱한 것과 d를 2로 나눈 것이 모두 같은 수가 되었다고 한다. a, b, c, d의 4개의 수를 구하시오.

05 1에서부터 차례로 늘어놓은 수에 다음과 같이 1개, 2개, 3개의 순서로 반복하여 구획을 지어간다. 그러면 100번째 구획은 어느 수와 어느 수 사이에 있는지 구하시오.

Math Cafe

그림이 말하는 수학

수와 도형을 관련시켜서 추상적인 수를 아름다운 도형과 관련시켜 이해하려는 노력은 피타고라스 시대부터 이루어져 왔다. 이것은 특정한 수를 도형과 관련시키는 것이었는데, 아래 그림은 삼각형 모양으로 점들이 배열되어 있는 삼각수이다.

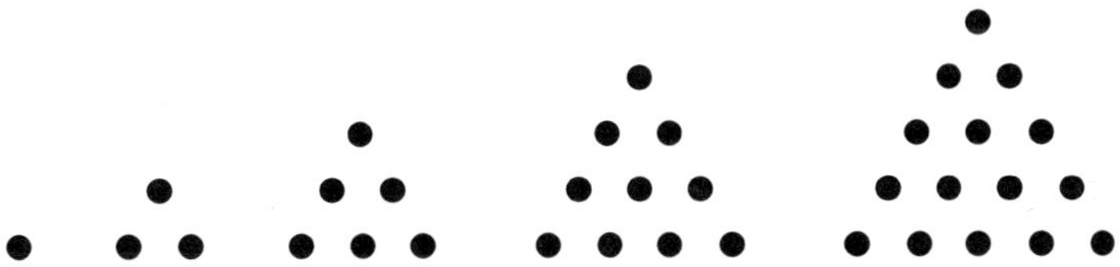

삼각수는 각 항의 수들이 자연수들의 합으로 표현되는 특징을 가지고 있다. 또한 $n+1$번째 삼각수는 n번째 삼각수와 $n+1$의 합과 같다. 삼각형 모양을 다음 그림과 같은 형태로 바꾸게 되면 계단 모양으로 바뀌게 되어 n번째 삼각수는 $\frac{n(n+1)}{2}$과 같다는 것도 알 수 있다. 이 방법은 가우스가 계단 모양에서 추론하여 자연수열의 합을 구한 것과 같다.

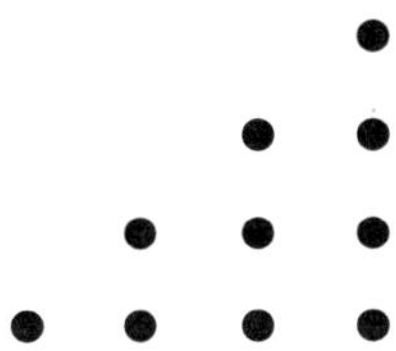

다음으로는 사각수를 들 수 있다. 사각수는 제곱수라고도 하는데, 아래 그림과 같이 정사각형 모양으로 점의 수를 늘여가는 것으로 점의 수는 제곱수인 1, 4, 9, 16, 25, …로 나열되는 것이다.

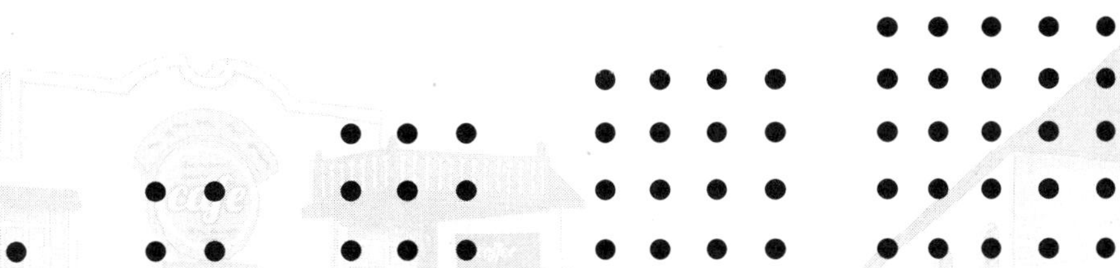

사각수의 배열에서는 1에서 $2n-1$까지 홀수의 합이 n번째 사각수와 같다는 것을 알 수 있으며, $1+2+3+\cdots+(n-1)+n+(n-1)+\cdots+3+2+1$도 n번째 사각수와 같다는 것을 알 수 있다. 다음으로는 오각형 모양으로 배열된 그림에 나타난 점의 수에 관한 오각수의 특징도 발견할 수 있을 것이다. 오각수를 나타내는 그림을 그려보고 그 특징을 탐구해 보자.

9장 규칙성과 대수적 사고

함께 해결할 탐구 문제

공원에 세워져 있는 두 발 자전거와 세 발 자전거의 바퀴 수를 세어보니 모두 16개였다. 공원에 세워져 있는 두 발 자전거와 세 발 자전거의 수를 각각 구하시오.

문제해결 전략 1 두 발 자전거와 세 발 자전거의 수를 변화시켜 가며 조건에 맞는 수를 찾아보면 다음과 같다. 따라서 가능한 경우는 두 발 자전거가 2개와 세 발 자전거가 4대, 두 발 자전거가 5개와 세 발 자전거가 2대인 경우가 있다.

두발 자전거의 수(바퀴 수)	1(2)	2(4)	3(6)	4(8)	5(10)	6(12)	7(14)	8(16)
세발 자전거의 수(바퀴 수)	×	4(12)	×	×	2(6)	×	×	0
바퀴 수의 합		16			16			

문제해결 전략 2 두 조건에 맞는 것을 식으로 세워보자. 먼저 두 발 자전거의 수를 x, 세 발 자전거의 수를 y라고 하면 $2x+3y=16$이고 x, y는 자연수이어야 한다. 이 식에서 x나 y에 수를 1부터 넣어가면서 조건에 맞는 경우를 찾으면 된다.

ㅁ위의 문제와 유사한 문제를 만들어 보고, 그 문제를 해결해 보시오.

내가 만든 문제	문제해결 전략

9-1. 규칙성 탐구

많은 사람들은 수학을 '패턴의 과학'이라고 한다. 이것은 수학이 실생활이나 현상으로부터 패턴을 추출하여 재구성한 추상화된 모형이라는 것을 의미한다. 학교 수학에서 패턴이라는 것은 수, 무늬, 도형 등을 일정한 규칙으로 늘어놓은 배열을 뜻하며, 초등학생들에게 패턴이라는 용어가 낯설어 '규칙' 또는 '규칙성'이라는 용어로 대신한다.

현상에서 패턴을 인식하고 패턴을 찾았다면 패턴을 말로 설명하게 하고, 이를 식으로 나타내어 보게 한다. 어떤 현상을 식으로 나타내어 설명함으로써 추상화 단계로 진입하는 것이며, 수학의 아름다움이나 수학의 힘을 느낄 수 있다. 특히 어떤 도형이나 행동의 패턴을 수로 나타내는 활동은 어떤 현상의 패턴을 수량으로 분석하고 일반화시켜 간단히 설명할 수 있게 하는 힘이 있다. 또한 패턴은 이후 대수학습의 기초가 되기도 한다.

(1) 규칙성 탐구(1)

다음 그림은 패턴블록을 이용하여 연속적으로 무늬를 만들어 가는 과정을 나타낸 것이다. 10번째 그림에 있게 될 정육각형과 정삼각형의 개수를 각각 구하시오.

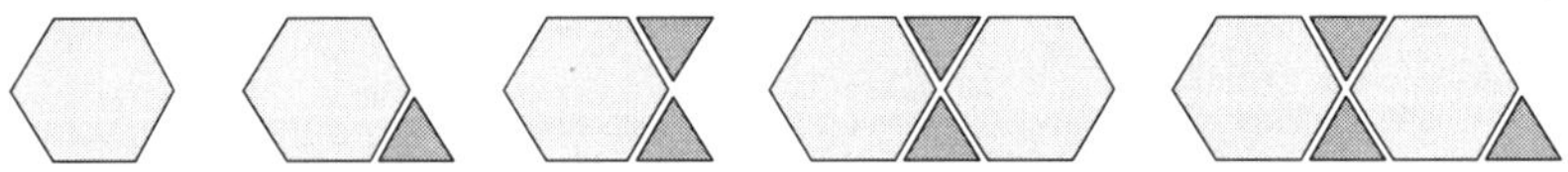

◑ 직관적 탐구

패턴블록을 이용하여 주어진 규칙(정육각형 하나, 정육각형에 정삼각형 하나, 정육각형에 정삼각형 둘)의 순으로 배열하면 10번째 그림에는 정육각형 4개와 정삼각형 6개가 있게 된다.

함께 생각하기

패턴블록은 미국의 초등과학연구회가 개발한 학습 교구로, 녹색 정삼각형, 주황색 정사각형, 파란색 평행사변형, 갈색 마름모, 빨간색 사다리꼴, 노란색 정육각형으로 구성되어 있다.

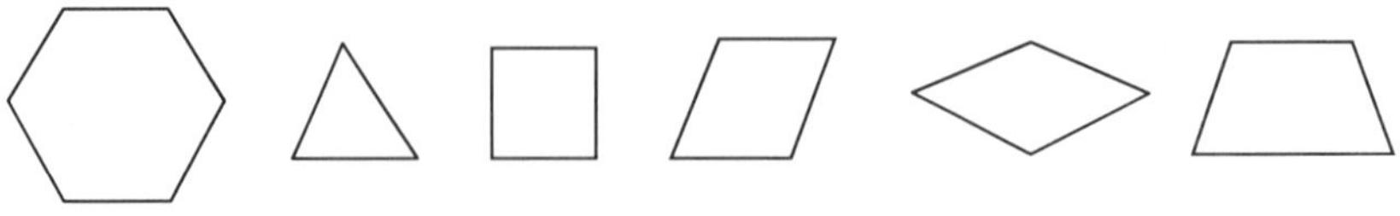

정육각형 패턴블록을 다른 패턴블록을 이용하여 테셀레이션을 하려고 한다. 아래 그림을 포함하여 가능한 모든 경우를 표현하여 보고, 서로 비교해 봅시다.

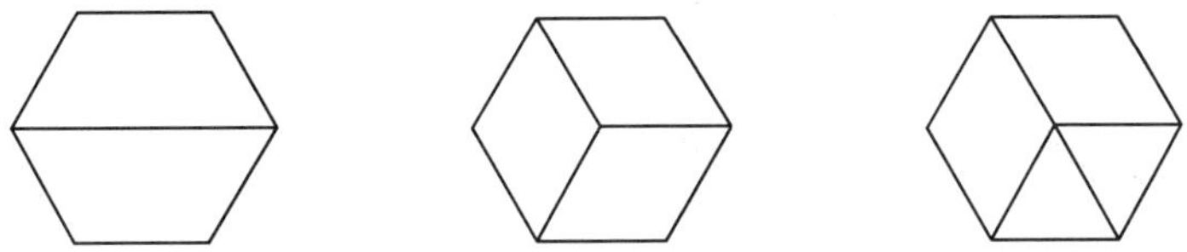

◑ **형식적 탐구**

그림에서 배열된 조각의 수는 각 항의 수와 같고, 정육각형은 3의 배수가 될 때까지 그대로 유지되며 정삼각형이 증가한다. 따라서 10번째 그림에는 3번째 3의 배수 다음의 항이므로 정육각형이 4개, 나머지 6개가 정삼각형이 된다.

◑ **적용**

(가) 다음 그림은 패턴블록을 이용하여 연속적으로 무늬를 만들어 가는 과정을 나타낸 것이다. 주어진 그림이 3번째와 4번째 무늬라고 할 때 첫 번째와 두 번째에 있게 될 무늬를 그리시오.

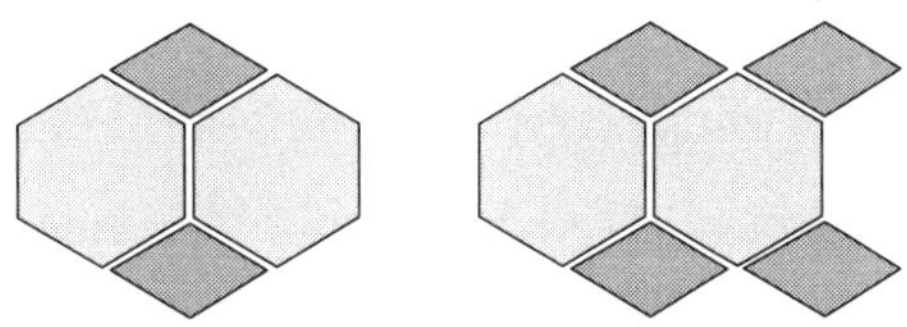

(1번째) (2번째) (3번째) (4번째)

(나) 1cm, 2cm짜리 수 막대만을 이용해서 12cm의 수 막대를 만들 수 있는 모든 방법의 수를 구하시오.

(다) 아래 그림에서 바둑돌은 위, 아래, 혹은 대각선의 비어 있는 인접한 공간으로 움직일 수 있다고 한다. 아래 그림에 있는 20개의 검은색 바둑돌과 20개의 흰색 바둑돌을 서로 바꾸는데 필요한 최소한의 수를 구하시오.

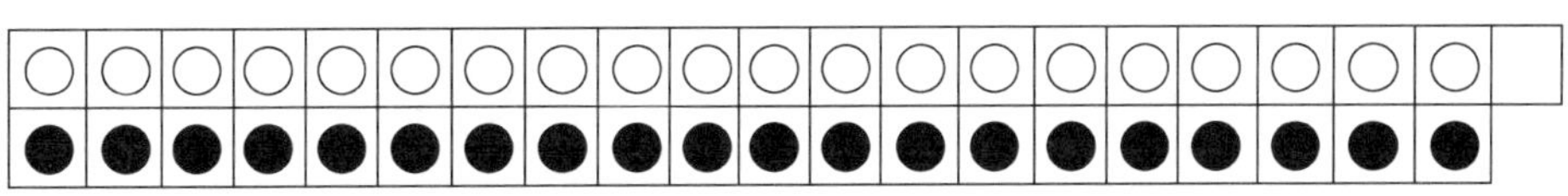

(라) 어떤 바둑돌이든지 인접한 빈 공간으로 옮길 수 있고, 인접한 한 개의 다른 색 바둑돌을 넘어 빈 공간으로 옮길 수 있다고 한다. 아래 그림과 같이 4개의 검은색 바둑돌과 흰색 바둑돌을 서로 바꾸는데 필요한 최소한의 수를 구하시오.

(2) 규칙성 탐구(2)

다음 수배열표에서 마지막 빈칸을 채워 넣어 보시오.

$$
\begin{aligned}
(1)+2 &= 3 \\
(4)+5+6 &= 7+8 \\
(9)+10+11+12 &= 13+14+15 \\
(16)+17+18+19+20 &= 21+22+23+24 \\
(25)+26+27+28+29+30 &= 31+32+33+34+35 \\
\text{..........} &= \text{..........}
\end{aligned}
$$

◑ 직관적 탐구

주어진 수배열표는 자연수를 순서대로 나열하면서 개수를 한 개씩 증가시키고 있다. 이러한 규칙을 적용하여 마지막 빈칸을 채우면 다음과 같다는 것을 알 수 있다.

$$36+37+38+39+40+41+42=43+44+45+46+47+48$$

함께 생각하기

수와 계산식을 이용하여 규칙적이며 아름다운 수배열표를 만들어 보고, 자기가 만든 수배열표를 서로 공유해 봅시다.

◑ 형식적 탐구

주어진 수배열표에는 많은 규칙이 내재되어 있다. 이를 나열하면 다음과 같은 규칙을 발견할 수 있을 것이다.

① 자연수가 1부터 시작하여 1씩 증가한다.

② 좌변의 항의 수가 우변의 항의 수보다 한 개 많다.

③ 각 줄의 항의 수가 하나씩 증가한다.

④ 좌변의 제일 앞의 수는 제곱수이다.

⑤ 좌변과 우변의 끝항의 수는 일정한 규칙으로 증가하고 있다. 좌변의 끝항은 4, 6, 8, 10, …으로 증가하고, 우변의 끝항은 5, 7, 9, 11, 13, …으로 증가하고 있다.

이 외에도 또 다른 규칙을 발견할 수 있을 것이다. 주어진 규칙을 적용하여 구하면 마지막 빈칸의 첫 항은 25 다음의 제곱수인 36에서 시작하여 7개의 연속된 수가 나타나므로 36+37+38+39+40+41+42가 되고 우변은 43에서 시작하여 6개의 연속된 수가 나타나므로 43+44+45+46+47+48이 된다. 따라서 마지막 빈칸은 다음과 같다.

36+37+38+39+40+41+42=43+44+45+46+47+48

◑ 적용

(가) 다음 수배열표에서 빈칸을 채우시오.

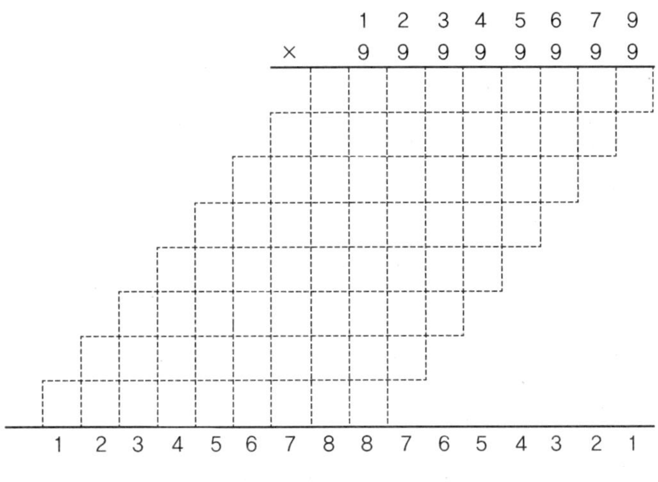

(나) 1년인 365일의 365를 여러 가지 수의 합으로 표현해 봅시다.

(다) **[호박 피라미드 1]** 민이는 호박을 피라미드 모양으로 쌓고 있는데, 각 층은 정삼각형 모양이며, 위층의 호박은 아래층의 세 개의 호박 위에 놓이도록 쌓았다.

(a) 10층을 쌓을 때, 제일 밑에 있는 호박의 수를 구하시오.

(b) 10층을 쌓을 때, 피라미드를 구성하는 전체 호박의 수를 구하시오.

(라) **[호박 피라미드 2]** 원이는 수확한 호박을 피라미드 모양으로 쌓는데, 각 층은 정사각형 모양이며, 위층의 호박은 아래층의 네 개의 호박 위에 놓이도록 쌓았다.

(a) 10층을 쌓을 때, 제일 밑에 있는 호박의 수를 구하시오.

(b) 10층을 쌓을 때, 피라미드를 구성하는 전체 호박의 수를 구하시오.

9-2. 대수 문제해결

이집트의 수학자인 Ahmes(약 B.C. 1680−B.C. 1620)가 파피루스에 남긴 일원일차연립방정식의 풀이에서 시작된 대수의 역사는 3000년 이상이 되었다. 오랜 기간의 대수의 역사에서 기호와 문자의 사용은 중요한 역할을 하였다. 오랜 시간에 걸친 대수의 역사 가운데 기호를 사용한 대수 시대는 겨우 300여년을 점하고 있지만, 그 기간 동안 대수학은 크나 큰 발전을 하게 되었다. 학교 수학에서 여러 가지로 문자를 이용하게 되는데, 수학에서 이용하는 문자에는 다음과 같은 의미가 있다.

① 특정한 수의 이름: π, e와 같이 특정한 수의 이름을 나타낸다. 즉 π는 원의 둘레와 지름 사이의 비($\pi=3.1415\cdots$)를 나타내기 위해 사용한다.

② 특정 미지수: 방정식 $2x+1=x+3$에서 $x=2$인 것과 같이, 방정식과 부등식에 이용되는 문자는 특정한 미지수의 의미로 이용되고 있다.

③ 일반적인 미지수: 자연수의 집합에서 성립하는 교환법칙을 $a+b=b+a$와 같이 나타낼 때와 같이 a, b는 임의의 자연수를 나타낸다.

④ 변수: 함수 $y=x+2$와 같이 문자의 값의 변화를 나타내는데 이용된다.

⑤ 형식적 조작의 대상: 어떤 성질을 만족하는 임의의 대상을 나타내는 기호로 간주된다. 학교수학에서는 전개나 인수분해와 같이 형식적인 조작의 대상으로 다루는 것을 들 수 있다.

한편, 식이란 대상기호, 술어기호, 논리기호, 보조기호 등에서 몇 가지를 선택하여 일정한 수학적 규칙에 따라 조합하고 배열한 것을 의미한다. 식을 표현하는데 이용되는 기호 중에 대상기호는 상수기호(1, 3, 5, $\frac{2}{3}$, π, $\cdots$), 변수기호(a, b, A, B, x, y, $\cdots$), 특징기호($\overline{a}$, i, $\cdots$) 등이 있고, 술어기호는 연산기호(+, ×, ∪, ∩, …), 함수기호(f, g, F, G, …), 관계기호(=, =, ≒, …)가 있으며, 그 외에도 논리기호(∧, ∨, →, ⇒, ⇔, ∀, ∃, …)와 괄호와 같은 보조기호가 있다. 그리고 식은 다음과 같은 역할을 가진다.

① 어떤 대상에 대하여 어떤 차례로 어떤 조작을 하는가를 나타낸다.
② 어떤 대상에 조작을 한 결과를 나타낸다.
③ 대상사이의 수학적 구조를 나타낸다.

(1) 방정식 문제해결

농장에 닭과 토끼가 13마리가 있는데, 닭과 토끼의 다리의 합은 36개이다. 이 농장에는 몇 마리의 닭과 토끼가 있는지 구하시오.

◑ 직관적 탐구

아래 그림과 같이 닭과 토끼의 수가 13이므로 이를 원으로 나타내고, 먼저 각 원에 다리 2개씩을 할당한다. 그러면 다리가 26개가 되므로 남은 10개를 다시 2개씩 할당한다. 그러면 닭은 8마리, 토끼는 5마리임을 알 수 있다.

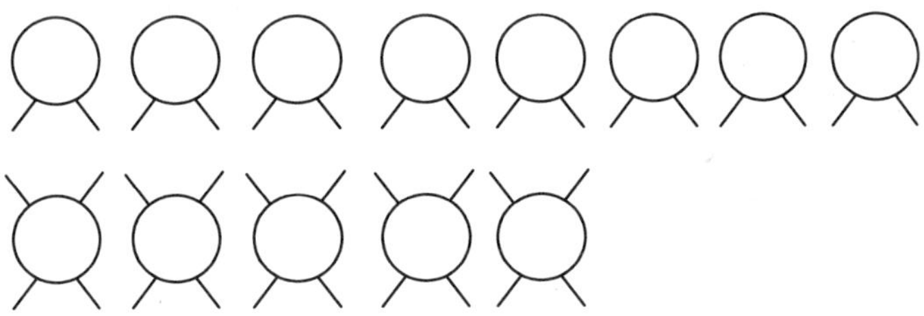

다른 방법으로는 13마리 모두 닭이라고 하자. 그러면 다리는 모두 26개만 필요하다. 이제 10개의 다리가 남기 때문에 이것은 토끼의 나머지 두 다리 수임을 알 수 있다. 따라서 닭은 8마리, 토끼는 5마리임을 알 수 있다. 반대로 13마리 모두 토끼라고 하면 다리는 모두 52개가 필요하다. 그런데 16개의 다리가 부족하므로 이것은 닭의 다리를 토끼의 다리로 생각했기 때문이다. 따라서 닭은 8마리, 토끼는 5마리임을 알 수 있다. 이 외에도 표를 만들거나 예상하고 확인하기 전략을 이용하여 문제를 해결할 수도 있다.

함께 생각하기

이원일차 연립방정식 문제를 초등학교 학생들의 수준에서 해결할 수 있는 여러 가지 방법에 대해 생각해 보고, 서로 의견을 공유해 봅시다. 또한 대수 문제를 초등학생들이 해결할 수 있도록 지도할 수 있는 방안에 대해 토의해 보시오.

◑ 형식적 탐구

주어진 문제는 이원일차 연립방정식 문제 상황을 나타내고 있다. 따라서 닭의 수를 x, 토끼의 수를 y라고 하면 다음 식이 성립한다.

$$x+y=13,\ 2x+4y=36$$

이 식을 해결하면, 닭은 8마리이고, 토끼는 5마리이다.

◑ 적용

(가) 토끼와 오리가 모두 13마리가 있는데, 모든 다리의 수는 34였다. 토끼와 오리의 수를 구하시오.

(나) 개와 닭이 한 우리 안에 있는데, 개와 닭의 다리 수의 합은 개와 닭의 수의 합의 2배보다 84가 크다고 한다. 우리 안에 있는 개의 수를 구하시오.

(다) 공원에는 두발 자전거와 세 발 자전거가 몇 대 있는데 바퀴 수의 합은 16이었다. 공원에 있는 두발자전거와 세 발 자전거의 수를 각각 구하시오.

(3) 분수만큼 나누기

저녁 장을 보기 위해 마트에 가서 3조각에 $\frac{1}{3}$kg인 고기를 샀다. 그런데 다이어트 식단을 위해 $\frac{1}{4}$kg만 먹어야 한다. 다이어트 식단을 맞추려면 9조각 중 얼마를 먹어야 하는지 구하시오.

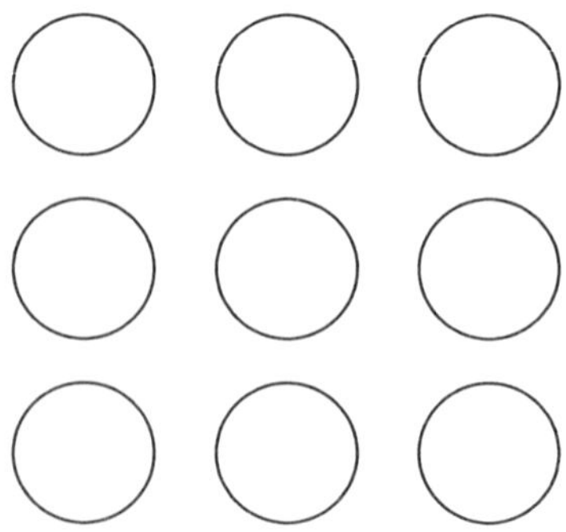

◑ 직관적 탐구

3조각이 $\frac{1}{3}$kg이기 때문에 그림에 제시된 9조각의 무게는 1kg이 된다. 따라서 다이어트 식단을 위해 $\frac{1}{4}$kg만 먹어야 한다면 아래 그림과 같이 9개의 원의 배열을 4등분하면 된다. 따라서 2조각과 $\frac{1}{4}$조각을 먹으면 된다.

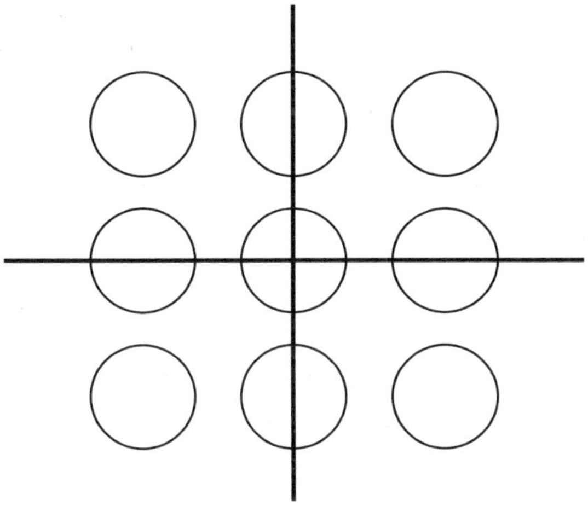

함께 생각하기

그림을 이용하여 문제를 해결할 수 있는 방법에 대해 토의해 보시오.

◑ 형식적 탐구

3조각이 $\frac{1}{3}$kg이기 때문에 한 조각의 무게는 $\frac{1}{9}$kg이 된다. 따라서 $\frac{1}{4}$kg만 먹어야 한다면 $\frac{1}{4} \div \frac{1}{9} = \frac{9}{4} = 2\frac{1}{4}$이므로 두 조각과 $\frac{1}{4}$조각을 먹으면 된다.

◑ 적용

(가) 민이가 출발한지 9분 후에 원이가 민이를 따라 나섰다. 민이는 분속 80m속도로 걷고, 원이는 분속 200m의 속도로 자전거를 타고 따라간다. 원이가 민이를 만나는 것은 집에서 몇 m 떨어진 지점인지 구하시오.

(나) 다음 그림은 성냥개비로 정삼각형 6개를 만든 것이다. 한 번에 두 개의 성냥개비만을 움직여 삼각형의 수를 하나씩 줄여보시오. 단 삼각형의 크기는 같지 않아도 됩니다.

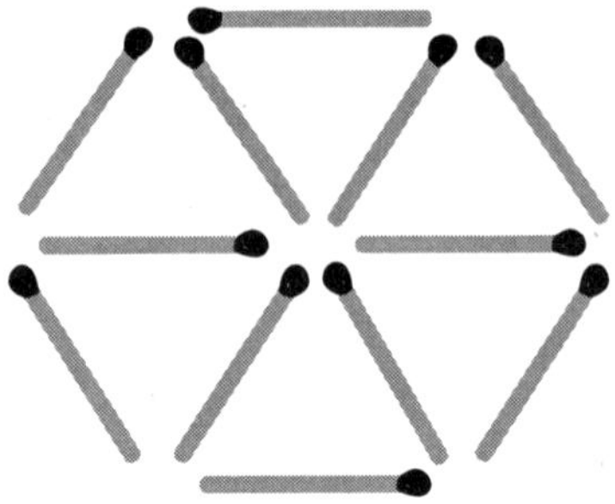

(다) 아래 모양의 도형을 크기와 모양이 같게 4등분하여 나누려고 한다. 수직선과 수평선만을 이용하여 나누어 보시오.

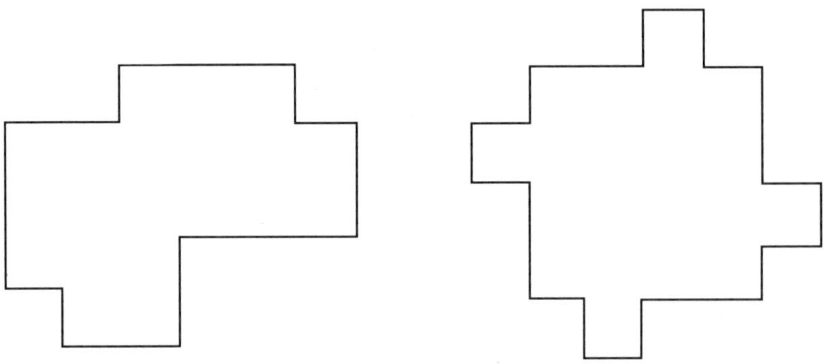

도전! 문제해결!

01 민이는 123456789×9를 계산하려다가 8을 빠트리고 12345679×9를 계산하였다가 화면에 나온 수를 보고 놀랐다. 계산기를 이용하여 12345679×9의 값을 구하시오. 그리고 그러한 결과가 나온 이유를 탐구해 보시오.

02 곱셈식 12345679×99,999,999의 값을 구하시오.

Math Cafe

생각을 바꾸면 수학이 쉬워진다.

수학을 하는 방법으로 문자를 사용하여 대수적으로 식을 만들어 해결하는 방법이 있다. 그렇지만 항상 식을 이용하여 해결하는 것이 유일한 길은 아니다. 예를 들어 민이가 집에서 학교를 가는데 매분 70m의 속도로 걸어간다. 원이는 집에서 학교를 가는데 매분 170m의 속도로 자전거를 타고 간다. 어느 날 민이가 집에서 출발한지 10분후에 원이가 집에서 출발하면 원이가 출발한지 몇 분 후에 둘은 만나게 되는가라는 문제를 생각하면 다음과 같은 식으로 해결할 수 있다.

$$10\times70+70x = 170x$$
$$700 = 100x$$
$$x = 10$$

따라서 원이가 집에서 출발한지 10분 후에 둘은 만나게 된다. 그렇지만 두 사람의 떨어진 간격과 두 사람의 움직임의 차이를 생각하면, 원이가 출발할 때 민이가 10분 동안 이미 움직였으므로 출발 당시에 700m의 차이가 있다. 그리고 두 사람의 속도 차이는 분당 100m이므로 700m의 차이를 없애는 데에는 10분이면 되는 것이다. 이와 같이 중등학교 수준에서 해결할 수 있는 문제도 생각을 바꾸면 초등학생들도 풀 수 있을 정도의 쉬운 문제가 되는 것이다. 이러한 방법으로 다음 문제를 해결해 보자.

'원이가 혼자 일을 마치는데 20분이 걸리고, 원이와 민이가 같이 하면 12분이 걸린다. 만약 민이가 혼자 일을 하면 몇 분이 걸리는지 구하시오.'

10장 문제해결과 평가

함께 해결할 탐구 문제

피자 8판을 5명에게 똑같이 나누어 줄 때 한 사람이 받을 양을 구하시오.

문제해결 전략 1 먼저 5명에게 피자를 1개씩 주고, 나머지 3개를 반으로 잘라 6개의 조각 중 5조각을 각각 한 조각씩 5명에게 준다. 그리고 남은 반절의 피자를 5등분하여 준다. 이를 식으로 나타내면 $1+\frac{1}{2}+\frac{1}{10}$ 이다.

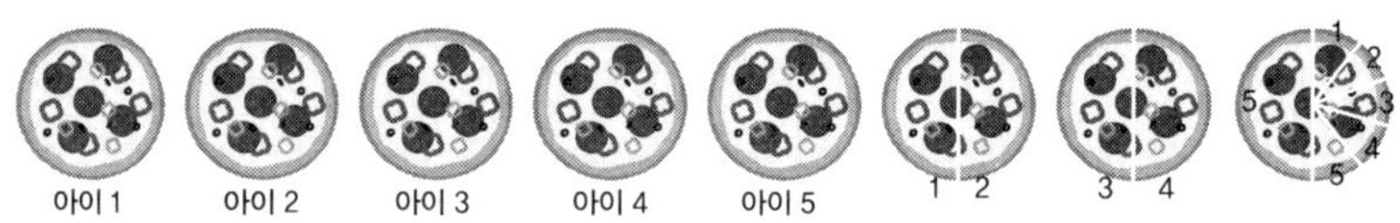

문제해결 전략 2 먼저 5명에게 피자를 1개씩 주고, 나머지 3개를 모두 5조각씩 나누어 각각에서 한 조각씩 5명에게 준다. 이를 식으로 나타내면 $1+\frac{1}{5}+\frac{1}{5}+\frac{1}{5}$ 이다.

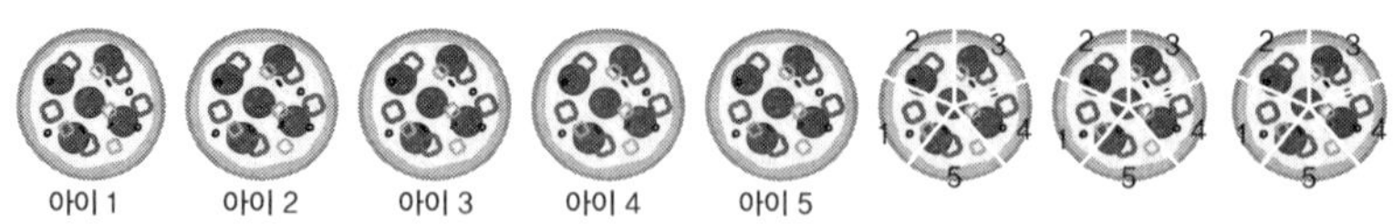

문제해결 전략 3 피자 8개를 모두 5조각씩 나누어 각각에서 한 조각씩 5명에게 준다. 이를 식으로 나타내면 $\frac{1}{5}+\frac{1}{5}+\frac{1}{5}+\frac{1}{5}+\frac{1}{5}+\frac{1}{5}+\frac{1}{5}+\frac{1}{5}=\frac{8}{5}$ 이다.

문제해결 전략 4 피자 8개를 5사람이 나누어 가지므로 $8 \div 5 = \frac{8}{5}$이다.

ㅁ 위의 문제와 유사한 문제를 만들어 보고, 그 문제를 해결해 보시오.

내가 만든 문제	문제해결 전략

10-1. 과정중심 평가

현재의 지필평가와 유사한 형태의 시험은 B.C 2200년경 중국에서 시작되었는데, 학생들의 양적인 학습결과에 대한 측정도구로서 지필평사는 평가 역사의 서두를 장식하게 되었다. 이후 평가는 정형화된 학습과 절차의 기계적인 이용에 초점을 둔 표준화된 평가에 의해 지배되어 왔다. 그러나 최근의 평가는 학생들의 인지구조의 계속적인 변화와 이해 과정에 대한 정확한 진단을 요구하는 방향으로 변화되어 왔다.

수업과 평가는 분리될 수 없으며, 수학 교육과정은 같은 맥락에서 평가가 수반될 때 효율적으로 운영될 수 있다는 맥락에서 대두된 것이 과정중심 평가이다. 과정중심 평가는 수업과 연동된 평가를 실시하고 그 결과를 교수·학습에 반영함으로써 학생의 수학 학습을 돕는 평가로 정의할 수 있다(이경화 외, 2016). 그 목적은 수업의 결과가 아닌 수업 중에 나타난 학생의 학습 과정이 평가 대상이어야 하며, 그 결과를 학생에게 알려줌과 동시에 수업에 반영함으로써 학생의 보다 나은 학습을 도모하는데 있다. 그리고 과정중심 평가의 방안으로는 문제를 해결하는 과정에서 관찰평가와 동료 평가, 면접 및 구술평가 등이 용이하다.

(1) 과정중심 평가

다음 두 문제를 보고, 다음 물음에 답하시오.

문제 1 과자 3개를 2명이 똑같이 나누어 먹을 때 한 사람이 먹는 과자의 양을 구하시오.

문제 2 과자 5개를 3명이 똑같이 나누어 먹을 때 한 사람이 먹는 과자의 양을 구하시오.

① 몫으로서 분수 개념을 배우지 않은 학생들이 위 문제를 어떻게 해결할 수 있을지 생각해 보고, 그 방법대로 문제를 해결하시오.

② 두 문제 중에서 어느 문제가 문제를 해결하기 쉬운지 판단해 보시오. 왜 그런지 이야기해 보시오.

③ 지수는 [문제 1번] 문제를 그림을 그려 해결하였으나, [문제 2번] 문제를 옳게 해결하지 못하였다. 그 이유를 생각해 보고 서로 이야기해 보시오. 지수가 [문제 2]에서 오류를 범

했을 내용을 생각해 보고 이야기하시오.

(2) 과정중심 평가를 위한 관찰 체크리스트 예시

과정중심 평가에서는 수업 중에 일어나는 학생들의 학습 활동과 문제해결 활동을 지속적으로 관찰하여 그 결과를 피드백 함으로써 목적을 달성할 수 있다. 그렇지만 수업의 매순간을 관찰하고 기록한다는 것은 쉬운 일이 아니다. 따라서 사전에 관찰할 항목을 체크리스트로 작성하여 활용하는 것이 좋다. 다음 표는 문제해결 활동이 이루어지는 상황에서 활용할 수 있는 체크리스트의 예이다.

관 찰 항 목	자주 그렇다	때때로	그렇지 않다
문제를 잘 이해하는가?			
문제해결 방법을 잘 선택하는가?			
자신이 선택한 방법으로 잘 실행하는가?			
올바른 답을 이끌어 내는가?			
문제해결 과정을 분석하고 평가하는가?			
새로운 문제를 만들려고 시도하는가?			
문제를 해결하려는 의지가 보이는가?			
문제해결에 자신감이 있는가?			

(3) 구술평가를 위한 개방형 문제 예시

구술평가는 평가자와 학생이 대화(질의와 응답)를 통하여 학생의 수학적 능력이나 이해 정도에 대한 자료와 정보를 수집하는 평가 유형이다. 이 유형은 지필고사나 서류만으로는 알 수 없는 사항들을 알아 낼 수 있는 방법이다. 구술평가의 장점은 심도 있는 정보를 얻을 수 있으며, 사전에 예상 할 수 없었던 정보나 자료를 얻을 수 있고, 평가 시 융통성을 발휘할 수 있다는 것이다.

구술평가를 할 때에는 채점의 객관성을 확보하기 위하여 평가목표와 점검목록, 평가기준, 등급채점표를 사전에 정해야 하고, 학생의 행동과 사고에 대한 자료의 기록 여부 및 학생에게 등급을 어떻게 줄 것인가를 결정하고, 평가자는 평가 시 결과를 객관적으로 즉시 기록해야 한다.

1. 다음 두 수의 공통점과 차이점을 말해 보시오.

   4, 16

2. 계산 결과가 20인 식이 있다. 이 식을 말해 보시오.

3. 두 분수를 곱한 결과가 $\frac{15}{24}$일 때 두 분수를 찾아보시오.

4. 적어도 3가지 다른 이름으로 불릴 수 있는 도형을 제시하고, 그 이유를 말해 보시오.

5. 넓이가 $100m^2$인 땅이 있다. 이 땅의 가로와 세로를 말해 보시오.

6. 직사각형에서 가로를 줄인 만큼 세로를 줄이면 어떻게 되는지 말해 보시오.

7. 2, 5, …로 계속 나열되는 수 패턴이 있다. 다음 수는 무엇이 될 것이며 왜 그런지 말해 보시오.

8. 여러 가지 모양의 단추가 있다. 이 단추를 분류할 수 있는 방법을 말해 보시오.

9. 평균보다 중앙값이 큰 자료를 만들어 보시오.

10. 주머니 속에서 특정 공을 꺼낼 가능성이 $\frac{1}{2}$일 때 주머니 속에 들어 있는 공의 종류를 말해 보시오.

10-2. TIMSS와 PISA의 문제 예시

TIMSS는 국제 교육성취도 평가 협회(International Association for the Evaluation of Educational Achievement; 이하 IEA)에서 실시하는 수학·과학 성취도 추이변화 국제비교 연구(Trends in International Mathematics and Science Study)[6)]로, 수학·과학 교육과정을 기반으로

교육 내용 및 정책에 대한 질 관리를 목적으로 실시하고 있다. TIMSS는 4년마다 본 검사가 시행되는 주기성 연구로 우리나라는 TIMSS 1995부터 중학교 2학년 평가에 지속적으로 참여하고 있으며, 초등학교 4학년 평가의 경우에는 1주기(TIMSS 1995)에 참여한 이후, 5주기(TIMSS 2011)부터 다시 참여하고 있다(김수진, 이재봉, 박지현, 이문수, 2015).

한편, PISA(Programme for International Student Assessment)는 경제협력개발기구(OECD; Organization for Economic Cooperation and Development)가 주관하는 만 15세 대상 학생의 읽기, 수학, 과학 소양을 측정하는 평가로, 학업성취도의 변화 추이를 장기적으로 살펴보고, 교육정책의 변화와 교육 결과의 관련성을 파악할 수 있는 중요한 정보들을 얻기 위해 실시하고 있다. PISA는 3년 주기로 실시되며, 2000, 2003, 2006년 순으로 실시되어오고 있다.

두 가지 국제 평가는 공개 문항을 통해 평가에 관한 정보를 제공하고 있는데, 이 절에서는 TIMSS와 PISA에 제시됐던 몇 가지 예시 문제를 제시하기로 한다.

(2) TIMSS-R 예시(1)(박정, 홍미영, 나귀수, 김성숙, 2001)

1. 다음 중에서 가장 작은 분수는?

① $\frac{1}{6}$ ② $\frac{2}{3}$ ③ $\frac{1}{3}$ ④ $\frac{1}{2}$

2. 다음 지도에서 1cm는 실제 거리 10km를 나타낸다. 도시 '가'와 도시 '다'는 실제로 얼마만큼 떨어져 있는가?

① 5km ② 30km

③ 40km ④ 50km

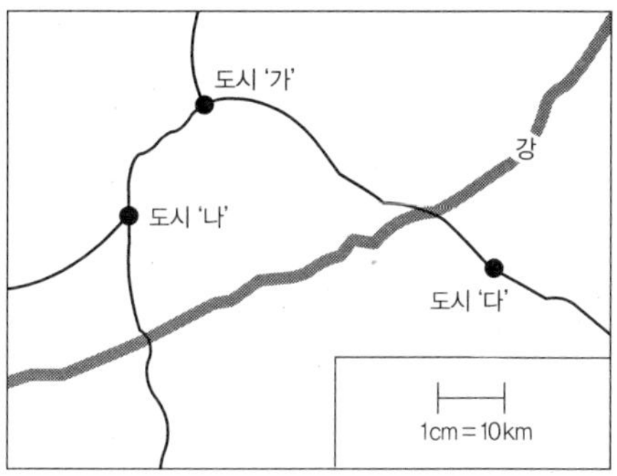

6) 국제평가는 1960년에 IEA의 주관 하에 6개 교과에 대한 타당성 연구로 시작되어, 1964년에는 제1차 국제수학비교연구(First International Mathematics Study; FIMS)와 1982-1983년에 제2차 국제수학비교연구(Second International Mathematics Study; SIMS)가 실시되었다. 1994-1995년에는 제3차 국제비교연구(Third International Mathematics and Science Study; TIMSS)가 실시되었고, 1999년에 실시한 TIMSS-R까지 3차를 뜻하는 Third를 사용하다가 2003년부터 Trends로 바꾸어 실시해 오고 있다.

3. 한 회사가 1996년에 17175대의 자동차를 생산하였다. 보고서에서는 이 수를 반올림하여 백의 자리까지 나타내었다. 이 보고서에 기록한 자동차의 수는 다음 중 어느 것인가?

① 17000 ② 17100 ③ 17200 ④ 17270

4. 혜수는 가지고 있는 구슬 중 $\frac{1}{3}$을 영전에게 주고, 나머지 중에서 $\frac{1}{4}$을 철민에게 주었다. 혜수에게 24개의 구슬이 남았다면 처음에 가지고 있던 구슬은 모두 몇 개인가?

① 36 ② 48 ③ 60 ④ 96

5. 소리는 1초에 약 330m 나아간다. 어떤 폭발음이 사람 귀에 들리는데 28초 걸렸다면, 사람과 폭발음까지의 거리에 가장 가까운 값은 다음 중 어느 것인가?

① 12000m ② 9000m ③ 8000m ④ 6000m

6. 500개의 소금 결정체의 무게가 6.5g이다. 소금 결정체 한 개의 평균 무게는 얼마인가?

① 0.0078g ② 0.013g ③ 0.0325g ④ 0.078g

7. 가영은 어떤 물건을 60개, 선희는 80개를 팔았다. 두 물건의 값은 모두 같으며, 물건을 판 총 판매 금액이 700원이라고 한다. 선희가 판매한 금액을 구하여라.

8. 한 출판업자가 서점에 어떤 책 140권을 보냈다. 출판업자는 책을 두 종류의 상자에 포장했다. 그 중 한 상자는 8권을 담을 수 있고 다른 상자는 12권을 담을 수 있다. 각 상자마다 책을 가득 채웠고, 두 종류의 상자의 개수는 같다고 한다.

1) 12권을 담은 상자는 모두 몇 상자가 서점으로 보내졌는가?

2) 서점으로 보내진 책 중에서 작은 상자에 포장되어 보내진 책의 비율은?

9. 종이 한 장의 두께가 0.012cm이다. 이 종이를 400장 쌓을 때, 그 높이는 얼마가 되는가?

① 0.048cm ② 0.48cm ③ 4.8cm ④ 48cm

10. 어떤 수를 4배 하였더니 48이 되었다. 그 수의 $\frac{1}{3}$은 얼마인가?

① 4 ② 8 ③ 12 ④ 16

11. □는 미애가 매주 읽는 잡지의 수를 나타낸다. 미애가 56주 동안 읽은 잡지의 총수를 나타내는 것은?

① 6+□ ② 6×□ ③ □+6 ④ (□+□)×6

12. 다음은 원으로 구성된 네 개의 도형이다.

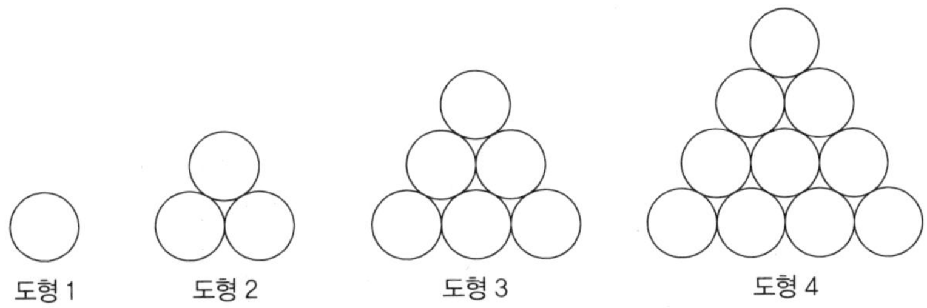

1) 다음의 표를 완성하여라. 우선 도형 4를 이루고 있는 원의 개수를 구하여라. 그리고 나서 동일한 방식으로 도형을 계속 그릴 때 5번째 도형을 구성하고 있는 원의 개수를 구하여라.

도형	원의 개수
1	1
2	3
3	6
4	
5	

2) 이와 같은 방법으로 도형을 계속 만들어 갈 때, 7번째 도형을 이루고 있는 원의 개수는 몇 개인가?

3) 이와 같은 방법으로 도형을 계속 만들어 가면 50번째 도형은 1275개의 원으로 구성된다. 51번째 도형을 구성하는 원의 개수를 구하여라. 51번째 도형을 그리지 말고, 어떻게 풀었는지 풀이 과정을 적어 보아라.

13. 다음 그림과 같이 눈금이 표시되어 있고 단위가 cm인 자를 이용하여 가장 정확하게 측정할 수 있는 최소 단위는?

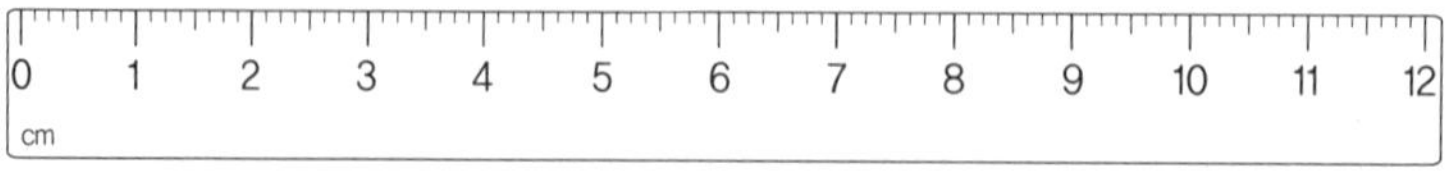

① 1mm ② 0.5mm ③ 1cm ④ 0.5cm

14. 다음 그림과 같이 어떤 건물에 접해 있는 직사각형 모양의 정원 둘레의 세 변을 따라 도로를 만들었다. 도로의 넓이는 얼마인가?

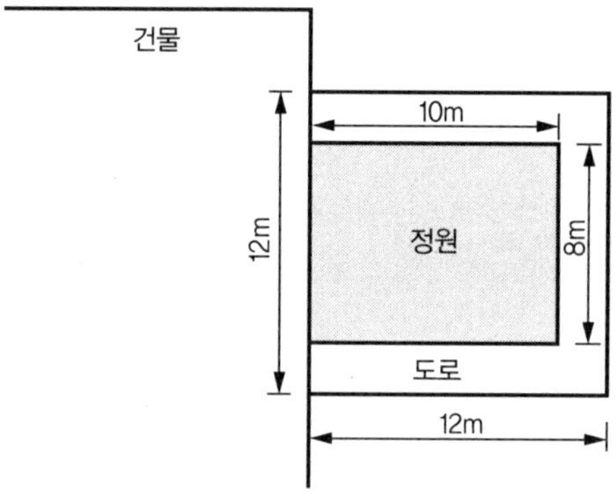

① 144m² ② 64m² ③ 44m² ④ 16m²

15. 다음 그림을 접었을 때 정육면체 모습으로 옳은 것은?

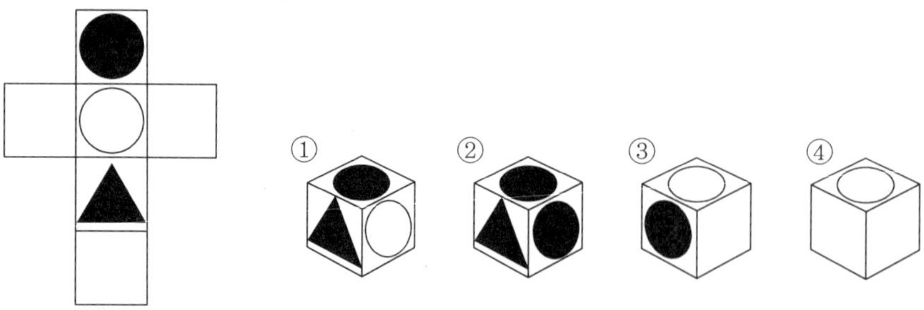

16. 어떤 사각형의 네 각 중 두 각의 크기가 모두 115°이다. 다른 한 각의 크기가 70°일 때, 나머지 각의 크기는 몇 도인가?

① 60° ② 70° ③ 130° ④ 140° ⑤ 위의 어느 것도 답이 아니다.

17. 다음 그래프는 학생들의 통학 시간을 나타낸 것이다. 통학 시간이 10분보다 더 많이 걸리는 학생은 모두 몇 명인가?

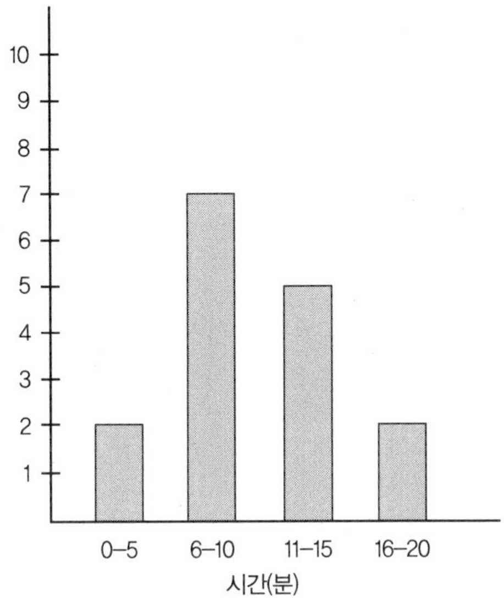

① 2 ② 5 ③ 7 ④ 8 ⑤ 1

18. 3000개의 전구 중 100개를 무작위로 뽑아 검사를 하였더니 5개의 불량품이 나왔다. 전구 전체에는 몇 개의 불량품이 있을 것으로 예상되는가?

① 15 ② 60 ③ 150 ④ 300 ⑤ 600

19. 다음 그래프는 어느 날 오전 방안의 습도를 나타낸 것이다. 그래프에 의하면 오전 6시부터 12시까지의 시간 동안 습도가 정확히 20%를 나타낸 것은 몇 번인가?

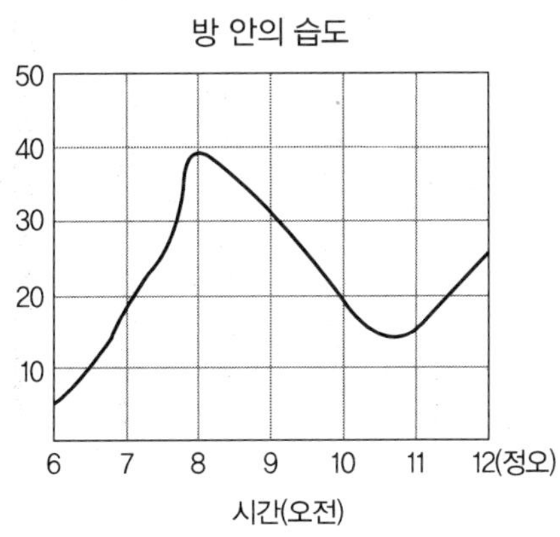

① 한 번 ② 두 번 ③ 세 번 ④ 네 번

20. 크리스는 다음 월간지 중 하나를 골라 24개월분을 모두 주문하려고 한다. 크리스는 두 종류의 월간지에 대한 다음과 같은 광고를 읽었다. 광고에 나오는 ceds는 크리스의 나라에서 쓰는 화폐의 단위이다. 24개월분에 대한 가격은 어느 월간지가 얼마만큼 더 싼가? 풀이 과정을 적어라.

잡지명 : 청소년 생활	잡지명 : 청소년 소식
24개월분 처음 4개월은 무료 그 후부터는 권당 3 *ceds*	24개월분 처음 6개월은 무료 그 후부터는 권당 3.5 *ceds*

(3) PISA 2012 예시(1)(송미영, 임해미, 최혁준, 박해영, 손수경, 2013)

1. 1월에 4U2밴드와 불사조 밴드의 새로운 CD가 발표되었다. 2월에는 신기루 밴드와 오아시스 밴드의 CD가 발표되었다. 다음 그래프는 1월에서 8월까지 밴드의 CD 판매량을 보여준다. 불사조 밴드의 매니저는 2월에서 6월까지의 CD 판매량이 감소한 것을 걱정하고 있다. 이러한 감소 추세가 계속된다면 7월의 판매량은 약 얼마가 되겠는가?

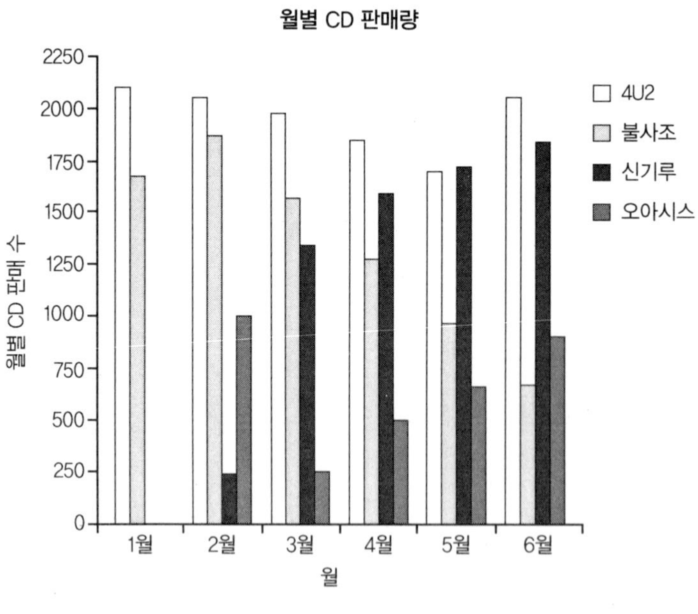

① 70장 ② 370장 ③ 670장 ④ 1340장

(4) PISA 2003 예시(1)(고상숙, 고호경, 박만구, 한혜숙, 홍예윤, 2012)

1. 다음은 1998년 네덜란드 청소년들의 평균 키를 나타낸 그래프이다. 여학생의 성장률이 평균적으로 12세 이후에 낮아지는 현상을 그래프에서 어떻게 알 수 있는지 설명하시오.

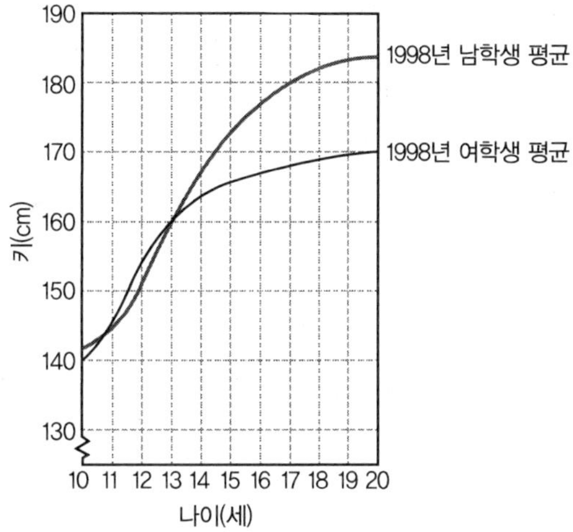

도전! 문제해결!

01 아래 그림에 있는 계단 모양의 그림에서 모든 정사각형의 개수를 구하시오.

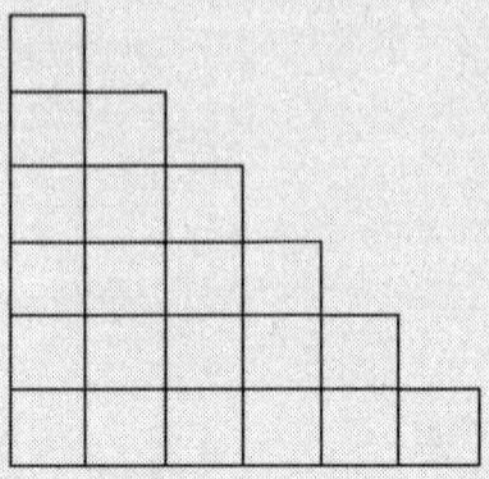

02 아래 그림에 있는 모든 정사각형의 개수를 구하시오.

03 크기와 색깔이 같은 3개의 유리구슬이 있다. 그 중 한 개는 다른 2개 구슬보다 가볍다고 한다. 수평저울을 이용하여 가벼운 구슬을 찾아낼 수 있는 최소한의 수를 구하시오.

04 크기와 색깔이 같은 9개의 유리구슬이 있다. 그 중 한 개는 다른 8개 구슬보다 가볍다고 한다. 수평저울을 이용하여 가벼운 구슬을 찾아낼 수 있는 최소한의 수를 구하시오.

05 크기와 색깔이 같은 27개의 쇠 구슬이 있다. 그 중 한 개는 다른 26개 구슬보다 가볍다고 한다. 수평저울을 이용하여 가벼운 구슬을 찾아낼 수 있는 최소한의 수를 구하시오.

Math Cafe

수 3의 조화

우리는 네 발 달린 의자가 가끔 삐걱거리는 것을 경험하기도 한다. 그런데 세 발 달린 의자는 절대 삐걱거리지 않는다. 그 이유는 무엇일까? 한 점을 지나는 선은 무수히 많이 그릴 수 있지만, 두 점을 지나는 직선은 오로지 한 개만 존재한다. 이것이 직선의 결정조건이 된다. 마찬가지로 세 점이 주어지면 하나의 평면을 구성한다. 이것이 평면의 결정조건인 것이다. 세 점으로는 하나의 평면이 결정되므로 세 발 달린 의자는 완전히 움직이지 않게 고정되는 것이다. 카메라 삼각대도 세 발인 이유이다.

수 3은 자기보다 작은 수를 모두 더한 것과 같은 유일한 수이고, 자기와 자기보다 작은 수를 더한 합과 자기와 자기보다 작은 수를 곱한 값이 같은 유일한 수이다. 고대의 철학자들은 1과 2를 부모의 수로 간주했기 때문에 그 사이에서 처음으로 태어난 3은 최초의 수이자, 가장 오래된 수로 인식하였다. 삼총사, 삼위일체, 세 가지 소원과 같이 3이 들어가는 곳에는 세 부분의 일체성을 나타낸다. 셋이서 하나가 되는 미스터리는 '보로메오 고리'에서 알 수 있다. 보로메오 고리에서는 적절히 선택한 세 번째 요소가 서로 반대되는 것들을 통합하여 서로 대립하는 둘과 이들을 결합시켜 균형을 이루게 하는 중립적인 제3의 요소의 가치를 말해준다. 너와 나, 그리고 우리와 같이 서로 다른 구성원들이 하나로 통합되는 조화로운 세상으로 나아가길 바란다.

참고문헌

강치형, 김수환, 라병소, 박성택, 이의원, 정은실(2008). 초등수학교육. 동명사.

고상숙, 고호경, 박만구, 한혜숙, 홍예윤(2012). 수학교육평가론. 서울: 경문사.

교육부(2015). 수학과 교육과정 2015-74호[별책 8]. 교육부.

교육부(2018). 수학 4-2. ㈜천재교육.

김수진, 박지현, 서지희(2013). TIMSS 2011 공개문항 분석 자료집-수학-. 한국교육과정평가원 연구자료 ORM 2013-48-1.

김수진, 이재봉, 박지현, 이문수(2015). 수학·과학 성취도 추이 변화 국제비교 연구: TIMSS 2015 본검사 시행. 한국교육과정평가원 연구보고 RRE 2015-11-2.

남승인, 류성림(2002). 문제해결 학습의 원리와 방법. 서울: 형설출판사.

박경미 외 41(2015). 2015 개정 수학과 교육과정 시안 개발 연구Ⅱ. 한국과학창의재단 연구보고서 BD15120005.

박선화, 김명화, 주미경(2010). 수학에 대한 정의적 특성 향상 방안 연구. 한국교육과정평가원 연구보고 RRI 2010-9.

박정, 홍미영, 나귀수, 김성숙(2001). 제3차 수학·과학 성취도 국제비교 반복 연구 (TIMSS-R) 공개 문항 분석자료집. 한국교육과정평가원 연구자료 ORM 2001-9.

백은자(2006). 초등수학에서 유시스킨의 반 힐레 수준 검사지의 문제점 분석 및 개선 연구. 전주교육대학교 교육대학원 석사학위논문.

송미영, 최혁준, 임해미, 박혜영(2013). OECD 국제 학업성취도 평가 연구--PISA 2012 결과 분석 및 PISA 2015 예비검사 시행 기반 구축. KICE 연구리포트 2013. 한국교육과정평가원.

우정호(2000). 수학 학습-지도 원리와 방법. 서울: 서울대학교 출판부.

이경화, 강현영, 고은성, 이동환, 신보미, 이환철, 김선희(2016). 과정 중심 평가의 실행을 위한 방향 탐색. 수학교육학연구, 26(4), 819-834.

이대현(2019a). CCSSM-CA와 미국 교과서에 제시된 분수의 연산 내용 분석. 초등수학교육, 22(2), 129-147.

이대현(2019b). 직관적·형식적 탐구 기반의 문제해결식 접근법에 따른 수학 문제해결 지도 방안 탐색. 한국수학사학회지, 32(6), 281-299.

이대현(2019c). 초등학교 수학 지도 방법론. 경기: 동명사.

이대현, 이봉주(2002). 수학 문제해결 과정에서 직관과 메타인지. 수학교육학연구, 12(2), 265–273.

이대현, 최승현(2011). 문제해결을 통한 수학적 경험–개정판. 서울: 경문사.

정동권, 김수미, 김지원(2009). 수학 문제해결 지도의 이해. 서울: 학지사.

정영옥(2017). 입체도형의 공간 감각 지도에 관한 논의. 한국초등수학교육학회지, 21(1), 161–194.

An, S., & Wu, Z. (2017). *Teaching Elementary and Middle School Mathematics Using the MSA Approach: Model, Strategy, and Application*. CA: Education for All.

Baroody, A. J. & Coslick, P. T. (1998). *Fostering children's mathematical power: An investigative approach to K-8 mathematics instruction*. Mahwah NJ: Lawrence Erlbaum Associates.

Charles, R. I. & Lester, F. K.(1982), *Teaching Problem Solving-What, Why & How*. Palo Alto, C. A.: Dale Seymour Publicating.

Empson, S. B., & Levi, L. (2011). *Extending Children's Mathematics-Fractions and Decimals–*. Portsmouth, NH: Heinemann.

Evynck, G. (1991). Mathematical Creativity. In D. Tall(Ed.), *Advanced Mathematical Thinking*(pp.42–53), Dordrecht: Kluwer Academic Publishers.

John A. Van de Walle, John A. & Lovin, LouAnn H. (2006). *Teaching Student-Centered Mathematics*, NY: Grade 3–5. Pearson Education, Inc.

John A. Van De Walle(2004). *Elementary and Middle School Mathematics: Teaching Developmentally*, 5th edition. New York: Allyn & Bacon.

Kantowski, M. G. (1981), *"Problem Solving," Mathematics Education Research: Implications for the 80's*. Alexandrai Virginia for Supervision and Curriculum Development, 1981.

Krulik, S., & Rudnick, J. A. (1984). *A Source for Teaching Problem Solving*. Allyn and Bacon.

Lannin, J., Ellis, A., Elliott, R., & Zbiek, R. M. (2011). *Developing Essential Understanding of Mathematical Reasoning for Teaching Mathematics in Grades Pre-K-8*. Reston, VA: The National Council of Teachers of Mathematics, Inc.

Lenchner, G. (1983). *Creative Problem Solving in School Mathematics*. Boston: Houghton Mifflin Company.

Lester, F. K. (1978). Mathematical Problm Solving in the Elementary School: Some Educational and Psychological Considerations. In L. L. Hatfield & D. A. Bradbard(Eds.),

Mathematical Problm Solving: Papers from a Research Workshop. Columbus, Ohio: ERIC/SMEAC.

Lester, F. K.(1994). Musings about Mathematical Problem-solving Research: 1970-1994. *Journal for Research in Mathematics Education*, 25(6), 660-675.

National Council of Teachers of Mathematics(1980). *An Agenda for Action: Recommendation for School Mathematics of the 1980's.* Reston, VA: The National Council of Teachers of Mathematics, Inc.

National Council of Teachers of Mathematics(1989). *Curriculum and Evaluation Standards for School Mathematics.* Reston, VA: The National Council of Teachers of Mathematics, Inc.

National Council of Teachers of Mathematics(2000). *Principles and Standards for School Mathematics.* Reston, VA: The National Council of Teachers of Mathematics, Inc.

Poincaré, H. (1905). *La Valeur de la Science.* 김형보 (역) (1983). 과학의 가치. 서울: 단대출판부.

Polya, G. (1957). *How to solve it:* a Vol. 2. New York: Doubleday. 우정호 (역) (1997). 어떻게 풀 것인가: 수학적 사고 방법. 서울: ㈜천재교육.

Polya, G(1990). *Mathematics and Plausible Reasoning Vol 1.* Princeton University Press.

Reys, R. E., Suydam, M. N., Limdquist, M. M., & Smith, N. L.(1998). *Helping Children Learn Mathematics.* Wiley.

Schneider, M. S.(1994). *A Beginner's Guide to Constructing the Universe-The Mathematical Archetypes of Nature, Art, and Science.* NY: Brockman Inc.

Schoenfeld, A. H. (1985). *Mathematical Problem Solving.* Academic Press, Inc.

The California Department of Education(2015). *Mathematics Framework for California Public Schools-Kindergarten through Grade Twelve-.* The California Department of Education.

VandenBos, G. R.(Ed.) (2015). APA *Dictionary of Psychology, 2nd edition.* Washington, DC: American Psychological Association.

Van De Walle, J. A. (2004). *Elementary and Middle School Mathematics: Teaching Developmentally 5th ed..* Pearson Education Inc.

Wittmann, E. (1981). The complementary roles of intuitive and reflective thinking in mathematics teaching. *Educational Studies in Mathematics, 12(3),* 389-397.